KB268387

KOREAN

보이는

VOCA

한글파크

보이는 VOCA

초판발행	2015년 6월 1일
초판 7쇄	2025년 3월 30일
저자	황재원, 박숙영, 황미연
편집	권이준, 김아영
펴낸이	엄태상
콘텐츠 제작	김선웅, 장형진
마케팅본부	이승욱, 노원준, 조성민, 이선민
경영기획	조성근, 최성훈, 김로은, 최수진, 오희연
물류	정종진, 윤덕현, 신승진, 구윤주
펴낸곳	한글파크
주소	서울시 종로구 자하문로 300 시사빌딩
주문 및 교재 문의	1588-1582
팩스	0502-989-9592
홈페이지	http://www.sisabooks.com
이메일	book_korean@sisadream.com
등록일자	2000년 8월 17일
등록번호	제300-2014-90호

ISBN 978-89-5518-753-3 13740

머리말

〈보이는 Voca〉는 한국어를 혼자 공부하는 학습자들의 어휘력을 향상시키기 위한 책입니다. 한국어 학습자의 증가로 많은 교재가 출판되었으나 대부분 통합 교재이며 어휘 교재의 경우 사전이나 단어장 형태가 대부분으로 체계적인 어휘 학습 교재가 얼마 되지 않습니다. 〈보이는 Voca〉는 한국어 학습자가 단계적으로 어휘를 확장할 수 있도록 하는 데 목적이 있습니다. 본 책의 특징은 다음과 같습니다.

첫째, 국립국어연구원의 한국어 학습 어휘와 주요 대학 교재의 공통 단어를 중심으로 초급에서 중급에 이르는 2,000여 개의 방대한 어휘를 수록하였습니다.

둘째, 상황 맥락에 따라 실생활에서 자주 접할 수 있는 60개의 주제로 나누어 구성하였습니다.

셋째, 어휘 학습은 단어에서 문장으로, 문장에서 담화로 단계별로 확장하여 연습할 수 있도록 구성하였습니다. 단순한 어휘의 의미 나열이 아니라 주제에 따라 관련된 어휘와 자주 사용되는 표현도 함께 제시하였습니다.

넷째, 새로운 단어는 굵은 글씨로 표시하였으며 뜻을 모르는 단어의 경우 색인에 단어의 의미를 영어 · 중국어 · 일어 번역을 병기하여 학습자가 빨리 이해할 수 있도록 하였습니다.

다섯째, 학습한 어휘는 다음 쪽의 연습문제를 통해 즉시 확인할 수 있도록 구성하였습니다. 또한 각 연습 문제는 어휘 제시의 구성과 동일하게 단어의 의미 확인은 물론이며 문장과 글로 확장하여 연습할 수 있도록 하였습니다.

여섯째, 한국어 문법 부분을 추가하여 한국어에 대한 전반적인 이해를 도울 수 있도록 하였습니다.

일곱째, 삽화와 도식 등의 시각 자료를 풍부하게 제공하여 어휘에 대한 이해를 돕고 한국어 학습에 대한 흥미를 높이고자 하였습니다.

〈보이는 Voca〉는 혼자 공부하는 학습자의 자습서로 활용할 수 있으며 한국어교육 기관에서 어휘 학습을 위한 부교재로도 활용할 수 있습니다.

이 책이 완성되기까지 많은 분의 노력과 수고가 있었습니다. 무엇보다 한국어 교재 분야의 대표적인 출판사인 한글파크에서 출간할 수 있도록 도와주신 한글파크 엄호열 회장님과 오랜 기간에 걸친 집필과 까다로운 편집 요구를 수용해 주신 편집부에도 진심으로 감사드립니다. 향후 본 교재가 한국어를 공부하는 학습자들이 어휘를 더 쉽고 재미있고 효율적으로 학습하여 한국어 능력 신장에 도움이 되기를 바랍니다.

저자 일동

일러두기

▶ 누가 공부하면 좋을까요?

▶ 어떻게 공부하면 좋을까요?

❶ 왼쪽에 있는 단어를 공부해요.
  (모르는 단어는 뒤에 색인을 보세요)

❷ 오른쪽에 있는 연습문제를 풀어 보세요.

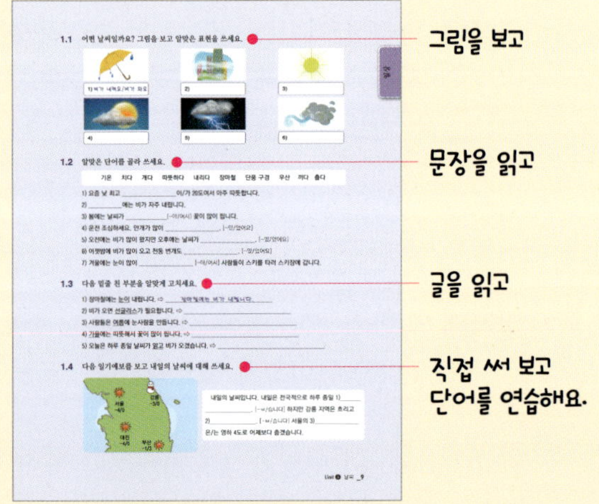

❸ 이 단어를 모두 알아요? 색인을 보고 다시
  확인해 보세요.

❹ 이것도 꼭 공부하세요.

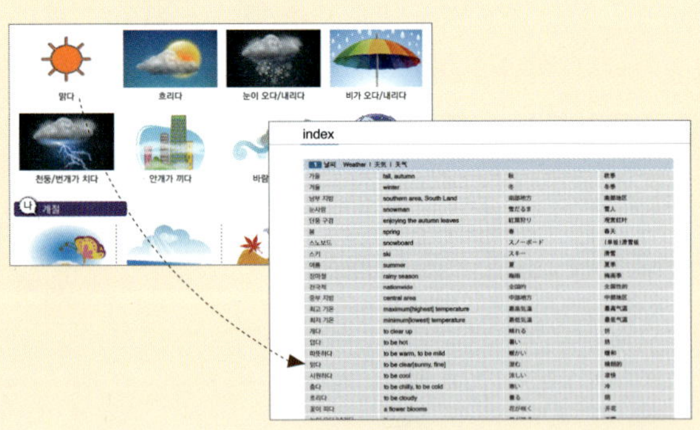

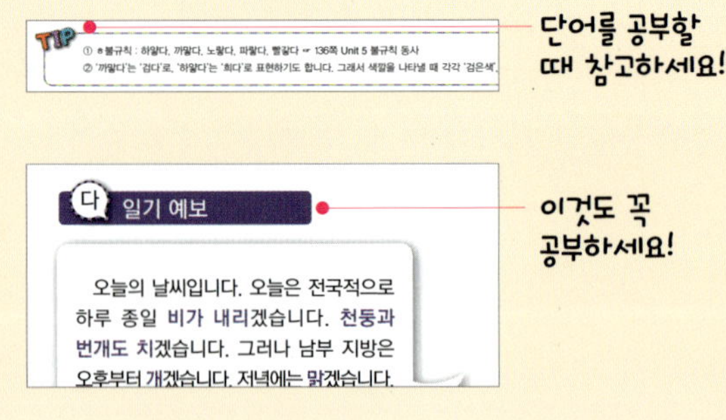

목차

Unit 1 날씨

맑다

흐리다

눈이 오다/내리다

비가 오다/내리다

천둥/번개가 치다

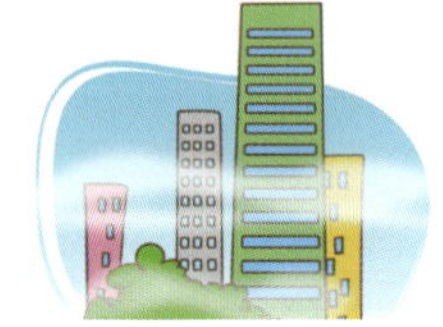
안개가 끼다

바람이 불다

태풍이 오다/불다

봄은 **따뜻합니다.**
꽃이 많이 핍니다. 사람들이 소풍을 많이 갑니다.

여름은 **덥습니다.**
특히 **장마철**에는 비가 자주 옵니다. 장마철이 끝나면 사람들은 휴가를 떠납니다.

가을은 **시원합니다.**
산에 단풍이 듭니다. 사람들은 단풍 구경을 갑니다.

겨울은 **춥습니다.**
눈이 많이 내립니다. 눈이 오면 사람들은 눈사람을 만듭니다. 그리고 스키나 스노보드를 타러 스키장에 갑니다.

다 일기 예보

오늘의 날씨입니다. 오늘은 전국적으로 하루 종일 **비가 내리겠습니다. 천둥과 번개도 치**겠습니다. 그러나 남부 지방은 오후부터 개겠습니다. 저녁에는 **맑**겠습니다.
남부 지방의 낮 **최고 기온**은 20도이고 아침 **최저 기온**은 14도입니다.

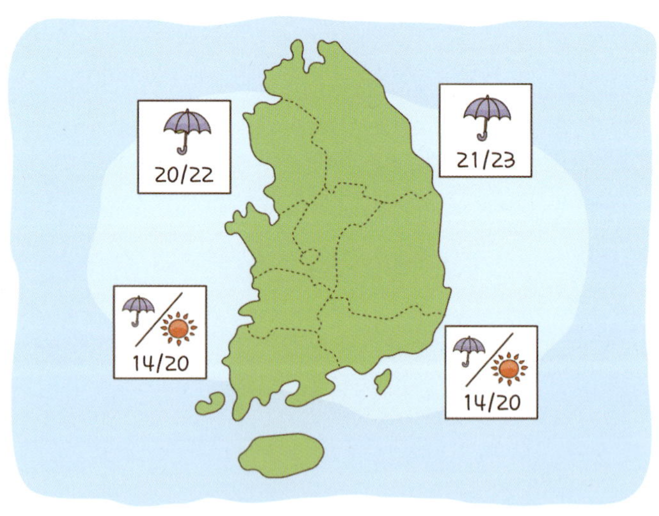

1.1 어떤 날씨일까요? 그림을 보고 알맞은 표현을 쓰세요.

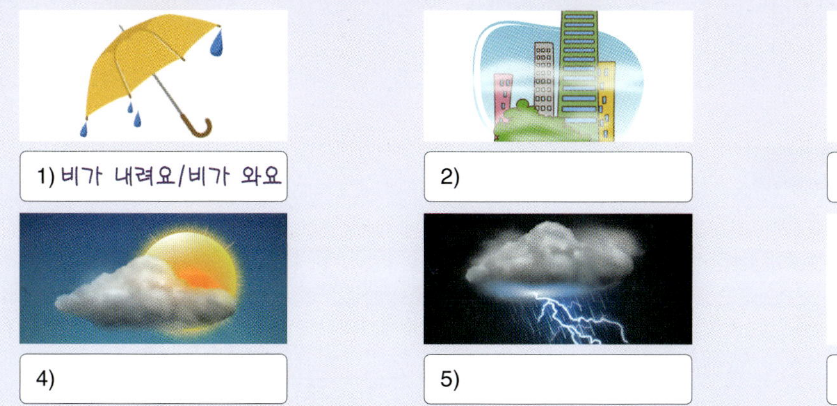

1) 비가 내려요/비가 와요	2)	3)
4)	5)	6)

1.2 알맞은 단어를 골라 쓰세요.

> 기온   치다   개다   따뜻하다   내리다   장마철   단풍 구경   우산   끼다   춥다

1) 요즘 낮 최고 ________________이/가 20도여서 아주 따뜻합니다.

2) __________에는 비가 자주 내립니다.

3) 봄에는 날씨가 ______________[-아/어서] 꽃이 많이 핍니다.

4) 운전 조심하세요. 안개가 많이 ________________. [-았/었어요]

5) 오전에는 비가 많이 왔지만 오후에는 날씨가 ________________. [-았/었어요]

6) 어젯밤에 비가 많이 오고 천둥 번개도 ________________. [-았/었어요]

7) 겨울에는 눈이 많이 ________________ [-아/어서] 사람들이 스키를 타러 스키장에 갑니다.

1.3 다음 밑줄 친 부분을 알맞게 고치세요.

1) 장마철에는 <u>눈이</u> 내립니다. ⇨ _____장마철에는 비가 내립니다._____

2) 비가 오면 <u>선글라스가</u> 필요합니다. ⇨ ________________________

3) 사람들은 <u>여름에</u> 눈사람을 만듭니다. ⇨ ________________________

4) <u>가을에는</u> 따뜻해서 꽃이 많이 핍니다. ⇨ ________________________

5) 오늘은 하루 종일 날씨가 <u>맑고</u> 비가 오겠습니다. ⇨ ________________________

1.4 다음 일기예보를 보고 내일의 날씨에 대해 쓰세요.

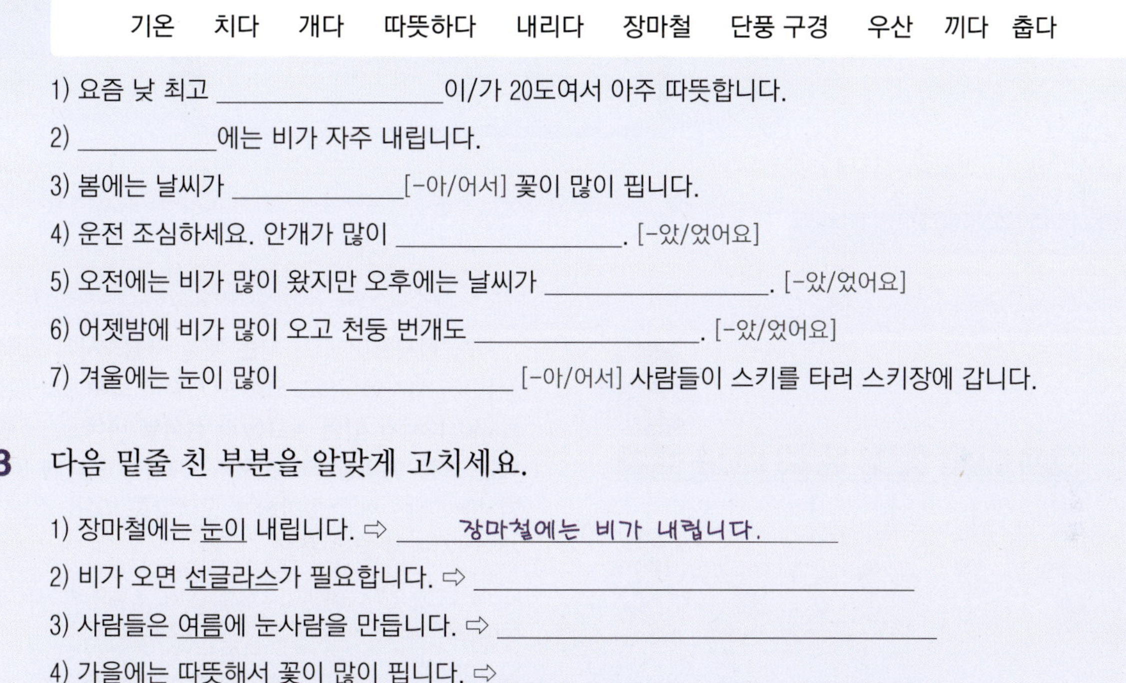

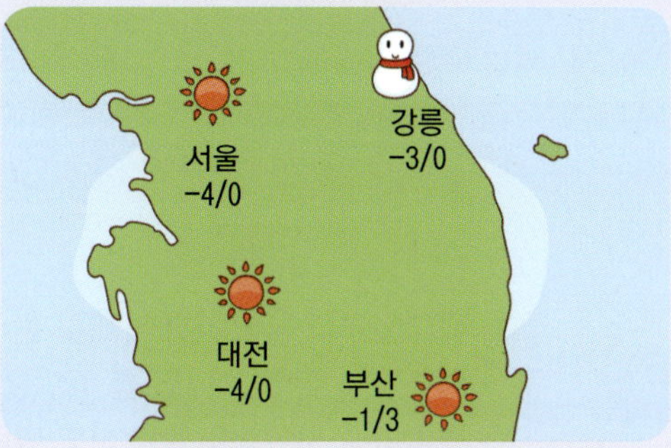

내일의 날씨입니다. 내일은 전국적으로 하루 종일 1)________ ________________. [-ㅂ/습니다] 하지만 강릉 지역은 흐리고 2)________________. [-ㅂ/습니다] 서울의 3)____________ 은/는 영하 4도로 어제보다 춥겠습니다.

가 오늘이 몇 월 며칠이에요?

나 몇 시에 무엇을 해요?

저는 회사원이에요. 저는 매일 **아침** 7시에 일어나서 9시까지 회사에 가요. **오전** 11시부터 회사에서 일을 해요. **낮** 12시가 되면 동료들과 점심을 먹어요. **오후** 3시에는 보통 회의를 해요. **저녁** 7시쯤에 저녁을 먹어요. **밤** 10시에는 제가 좋아하는 드라마를 봐요. 저는 보통 **새벽** 1시쯤에 잠을 자요.

시간을 오전과 오후로 표현하기도 하지만 '아침, 낮, 저녁, 밤, 새벽'과 같은 단어를 시간 앞에 써서 시간을 구체적으로 표현하기도 한다.

다 며칠 동안 여행했어요?

저는 이번 주 월요일부터 수요일까지 **사흘** 동안 여행을 했어요. 그런데 월요일에는 **하루** 종일 비가 내려서 잠만 잤어요. 화요일부터 **이틀** 동안 날씨가 좋아서 구경을 많이 했어요.

1일	2일	3일	4일	5일	10일
하루	이틀	사흘	나흘	닷새	열흘

라 얼마나 자주 영화를 봐요?

매일(=날마다)					주말마다	
월	화	수	목	금	토	일
한국어 태권도	한국어	한국어 태권도	한국어	한국어	아르바이트	아르바이트 테니스

- 월요일부터 금요일까지 **매일** 한국어를 공부해요.
- 일주일에 두 번 태권도를 배워요.
- **주말마다** 아르바이트를 하고 있어요.
- **매주** 일요일에 테니스를 쳐요.

2.1 다음 달력을 보고 질문에 대답하세요.

5월						
일	월	화	수	목	금	토
		1	2	3	4	5 어린이날
6	7	8 어버이날	9	10 오늘	11	12
13	14 영화	15 스승의날	16	17	18	19
20 나딤 생일	21	22	23	24	25	26 여행
27	28	29	30	31		

1) 오늘은 몇 월 며칠입니까?

2) 내일은 무슨 요일입니까?

3) 그저께는 무슨 날이었습니까?

4) 나딤의 생일은 언제입니까?

5) 어린이날은 무슨 요일입니까?

6) 무슨 요일에 영화를 봅니까?

7) 며칠에 여행을 갑니까?

8) 다음 주 화요일은 무슨 날입니까?

2.2 레항 씨의 하루입니다. 아래의 그림을 보고 맞으면 O, 틀리면 X 하세요.

AM 7:00

AM 7:40

AM 8:30

AM 9:00~12:00

PM 12:20

PM 1:00~3:00

PM 3:20

PM 5:00~7:00

PM 7:10

PM 10:00

1) 아침 일곱 시에 일어났습니다. (　　)
2) 오후 일곱 시 사십 분에 아침을 먹었습니다. (　　)
3) 아홉 시부터 열두 시까지 한국어를 공부했습니다. (　　)
4) 밤 열두 시 이십 분에 점심식사를 했습니다. (　　)
5) 오후 두 시에는 도서관에서 공부를 하고 있었습니다. (　　)
6) 오전 세 시 이십 분에 친구를 만나서 커피를 마셨습니다. (　　)
7) 저녁 열 시에 잠을 잤습니다. (　　)

2.3 다음은 제니 씨가 2주 동안 할 일입니다. 다음 질문에 대답하세요.

일	월	화	수	목	금	토
5	6	7	8	9	10	11
		시험			제주도 여행	
12	13	14	15	16	17	18
제주도 여행			방학			

1) 며칠 동안 시험을 봅니까?
2) 며칠 동안 제주도를 여행합니까?
3) 며칠 동안 방학입니까?

2.4 다음 질문에 대답하세요.

얼마나 자주 **한국어를 공부해요?**

한국어를 공부하다　　　영화를 보다　　　커피를 마시다

여행을 가다　　　부모님께 전화를 하다

색깔

가 색깔

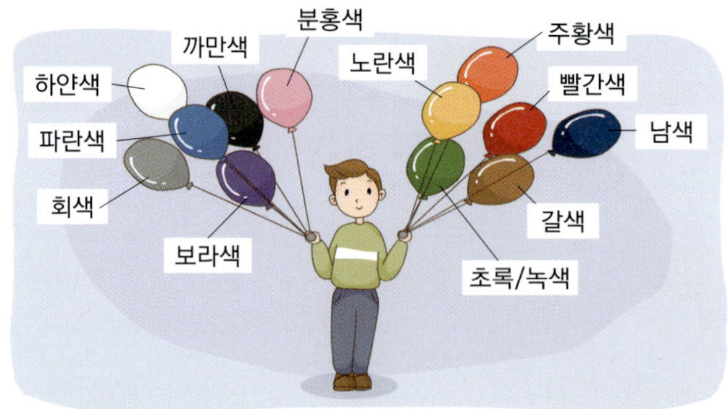

■ 색을 나타내는 형용사

빨갛다	까맣다	하얗다	노랗다	파랗다

 **TIP**

① ㅎ불규칙 : 하얗다, 까맣다, 노랗다, 파랗다, 빨갛다 ☞ 136쪽 Unit 5 불규칙 동사
② '까맣다'는 '검다'로, '하얗다'는 '희다'로 표현하기도 합니다. 그래서 색깔을 나타낼 때 각각 '검은색', '흰색'이라고 합니다.

나 예쁜 우리 집

우리 집은 아버지께서 직접 만드셨어요. 지붕은 **빨간색**이고 벽은 나무로 만들어서 **갈색**이에요. 정원에는 **초록색** 잔디가 있고 **분홍색** 튤립과 **노란** 장미꽃도 피어 있어요. 저는 정원에 있는 **하얀** 벤치에 앉아서 자주 하늘을 봐요. **파란** 하늘을 보면 기분이 좋아요. 밤에는 **까만** 하늘에 별들도 봐요.

다 좋아하는 색깔과 옷

저는 **밝은 색**을 좋아해요. 저는 얼굴이 **하얘서** 밝은 색 옷이 잘 어울려요. 오늘은 친구들과 여행을 가는 날이에요. 그래서 **빨간색** 티셔츠를 입고 **노란** 모자를 썼어요.

저는 **어두운 색** 옷을 자주 입어요. **분홍색과 보라색**을 좋아하지만 저한테는 잘 안 어울려요. 그래서 주로 **까만색과 회색** 옷을 입어요. **까만색** 옷을 입으면 날씬해 보여서 좋아요.

3.1 다음은 무슨 색입니까? 크레파스의 색깔을 쓰세요.

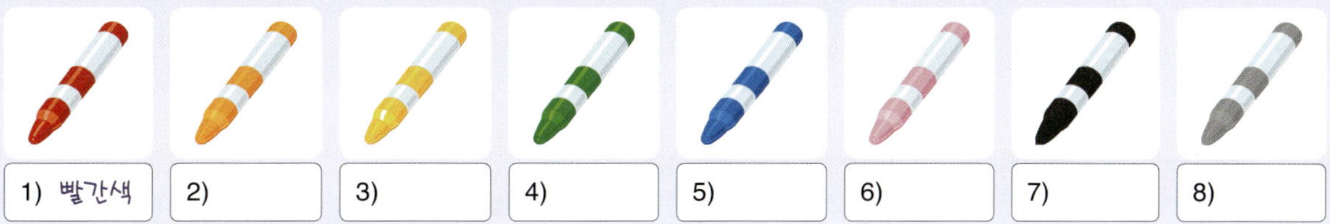

1) 빨간색 2) 3) 4) 5) 6) 7) 8)

3.2 다음 그림을 보고 알맞은 단어를 쓰세요.

1) ___빨간___ 장미 2) ________ 우산 3) ________ 눈 4) ________ 운동화

5) ________ 하늘 6) ________ 가방 7) ________ 원피스 8) ________ 코트

3.3 다음 문장을 읽고 알맞은 단어를 쓰세요.

1) 오늘은 날씨가 좋습니다. 하늘이 _____________. [-ㅂ/습니다]

2) 신호등이 _____________ [-일 때] 횡단보도를 건너세요.

3) 한국 사람들이 좋아하는 고추장은 _____________. [-아/어요]

4) 오렌지와 귤은 모두 _____________. [-이에요/-예요]

5) 어젯밤에 눈이 많이 왔습니다. 오늘 아침에 밖을 보니까 세상이 _____________. [-아/어요]

6) 한국에서는 장례식에 갈 때 _____________ [-(으)ㄴ] 옷을 입어요.

7) 무지개는 빨간색, 주황색, 노란색, 초록색, 파란색, 남색 그리고 _____________. [-이에요/-예요]

3.4 다음 질문에 대답하세요.

• 좋아하는 색깔과 성격

검은색 : 도시생활과 쇼핑을 좋아해요.
하얀색 : 무슨 일이든 열심히 노력해요.
회　색 : 다른 사람을 잘 도와줘요.
빨간색 : 성격이 밝고 운동을 잘해요.
파란색 : 예의가 있고 계획을 잘 세워요.
노란색 : 다른 사람들에게 인기가 많아요.
초록색 : 음식을 좋아하고 성격이 조용해요.
보라색 : 그림을 잘 그리고 노래도 잘해요.

1) 여러분은 어떤 색을 좋아해요?

2) 어떤 색의 물건을 많이 가지고 있어요?

3) '좋아하는 색깔'과 '성격'을 읽어 보세요.
　　여러분이 좋아하는 색깔과 성격이 비슷해요?

가 입다/신다/쓰다/끼다/메다/차다/하다

입다		신다			쓰다		메다	들다
티셔츠 외투		구두 운동화 슬리퍼			우산	모자 안경	배낭	핸드백
바지 원피스		샌들 양말						
코트 반바지		끼다		하다			차다	
속옷 정장		장갑 반지		귀걸이 넥타이 목걸이 목도리			시계 벨트/허리띠	

- 여름에는 **반바지를 입고** 샌들을 **신어요.**
- 날씨가 추우면 **목도리를 하고** 장갑을 **껴요.**
- 왼손에 **시계를 차고** 안경을 **쓴** 남자는 누구예요?
- **모자를 썼는데** 너무 더워서 **벗었어요.**

[반대말]
- 옷, 신발, 배낭 – 벗다
- 액세서리 – 빼다
- 넥타이, 벨트, 시계 – 풀다

나 무늬

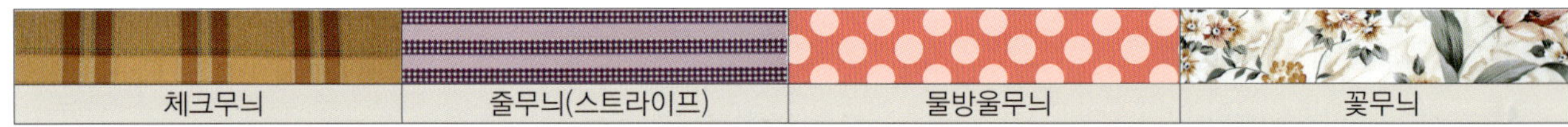

체크무늬	줄무늬(스트라이프)	물방울무늬	꽃무늬

제　니 : 나오코 씨는 어떤 무늬를 좋아하세요?

나오코 : 저는 **줄무늬**를 좋아해요. 줄무늬 옷을 입으면 날씬해 보여요. 제니 씨는요?

제　니 : 저는 **물방울무늬**가 귀여워서 물방울무늬를 좋아해요.

다 이야기해 봅시다!

점원 : 손님, 어서 오세요. 뭐 찾으세요?

손님 : 정장에 신을 검은색 구두나 샌들을 하나 사려고 하는데요.

점원 : 이건 어떠세요? 한번 **신어 보세요.**

손님 : 아주 예쁘네요. **마음에 들어요.**

점원 : 네. 손님한테 아주 **잘 어울려요.**

손님 : 요즘 유행하는 스타일이 뭐예요?

점원 : 봄이라서 **꽃무늬 치마가** 아주 인기가 많아요.

손님 : 한번 **입어 봐도 돼요?**

점원 : 그럼요. 저기에 탈의실이 있으니까 입어 보세요.

4.1 다음 동사와 관련이 <u>없는</u> 어휘를 찾아 모두 ✔ 하세요.

1) 신다 : 스타킹, 구두, 운동화, 바지, 슬리퍼   4) 하다 : 스카프, 넥타이, 목걸이, 시계, 속옷

2) 쓰다 : 장갑, 모자, 우산, 안경, 반지   5) 메다 : 지갑, 핸드백, 신발끈, 배낭, 가방

3) 입다 : 티셔츠, 코트, 정장, 양말, 허리띠

4.2 다음 그림을 보고 대화를 완성하세요.

1) 

친구1 : 티셔츠를 새로 샀네요?

친구2 : 네, _______________ 티셔츠가 입고 싶었어요.

2)

친구1 : 어떤 우산이 더 예뻐요?

친구2 : _______________ 우산이 더 예뻐요.

3)

친구1 : 우리 엄마한테 이 _______________ 스카프가 어울릴까요?

친구2 : 저 스카프는 어때요? 저게 더 잘 어울리실 것 같아요.

4.3 다음 그림을 보고 맞으면 O, 틀리면 X 하세요.

1) 이 여자는 줄무늬 원피스를 입었습니다.   (   )

2) 이 남자를 선글라스를 썼습니다.   (   )

3) 이 여자는 귀걸이를 했습니다.   (   )

4) 이 남자는 시계를 찼습니다.   (   )

5) 이 남자는 반바지를 입었습니다.   (   )

6) 이 여자는 작은 가방을 들었습니다.   (   )

7) 이 남자는 운동화를 신었습니다.   (   )

4.4 다음 대화를 완성하세요.

점원 : 어서 오세요. 무엇을 찾으세요?

손님 : 겨울에 입을 1)_______________을/를 찾는데요.

점원 : 그럼, 이 검은색 코트는 어떠세요? 요즘 유행하는 스타일이에요.

손님 : 그래요? 한번 2)_______________?

점원 : 그럼요. 탈의실에서 입어 보세요.

손님 : 저, 이 시계 좀 1)_______________?

점원 : 그럼요. 한번 차 보세요. 마음에 드세요?

손님 : 네. 정말 2)_______________. 얼마예요?

점원 : 10만 원이에요.

Unit 5　돈

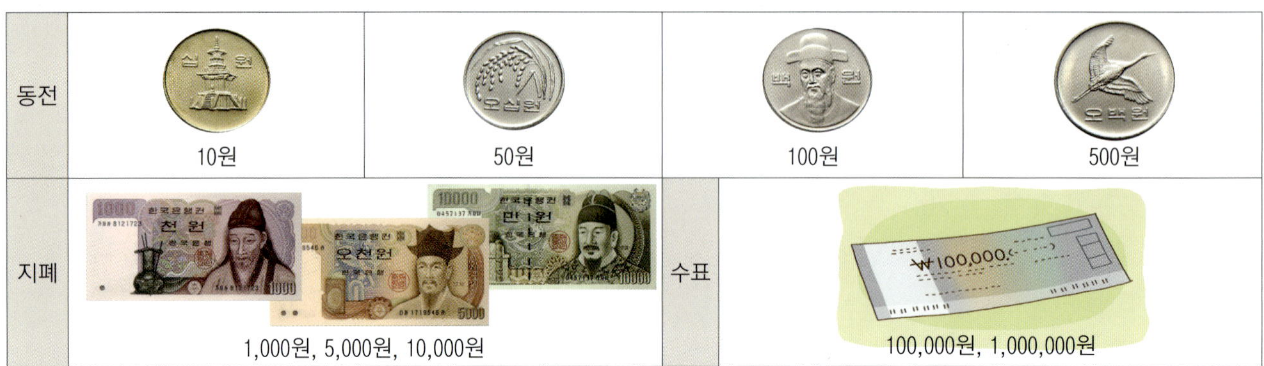

동전				
	10원	50원	100원	500원
지폐	1,000원, 5,000원, 10,000원		수표	100,000원, 1,000,000원

'-짜리' refers to 'a thing worth the number or the amount' or 'a thing having value as much as the quantity.'
예 10원짜리, 100원짜리, 1,000원짜리

나　세계 돈의 단위

원(Won)	달러(Dollar)	위엔(Yuan)	엔(Yen)	루피(Rupee)
한국	미국	중국	일본	인도
유로(Euro)	페소(Peso)	파운드(Pound)	바트(Baut)	링깃(Ringgit)
유럽	필리핀/멕시코	영국	태국	말레이시아

다　카드 종류

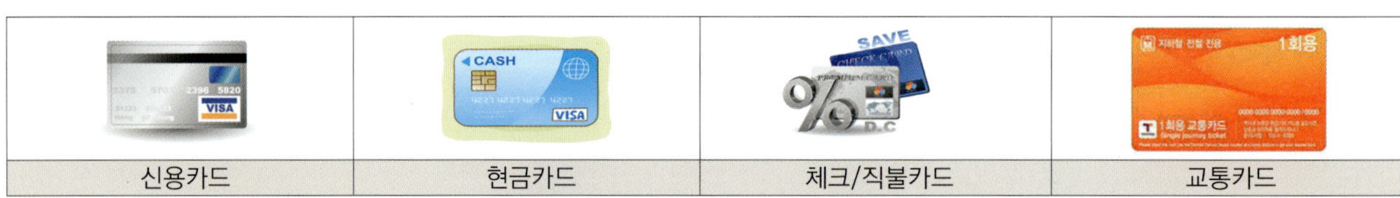

신용카드	현금카드	체크/직불카드	교통카드

You can use '현금 카드' only when withdrawing your money, but it is possible to use '체크/직불카드' not only when withdrawing money but also purchasing goods like '신용카드'.

라　더 배워 봅시다

- 레항 씨는 **현금**이 필요합니다. 그래서 은행에 가서 **돈을 찾았습니다.**
- 성태 씨는 식당에서 밥을 먹고 **돈을 냈습니다.**
- 제니 씨는 과일 가게에서 사과를 사고 **거스름돈**을 받았습니다.
- 로버트 씨는 컴퓨터 값을 **카드로 계산했습니다.**
- 나딤 씨는 커피를 마시려고 천 원짜리를 **잔돈으로 바꿨습니다.**

In colloquial language, people sometimes say '카드를 긁다' when making a purchase. The expression is said to friends or juniors.

5.1 다음 그림을 보고 알맞은 것을 쓰세요.

 1) _______________

 2) _______________

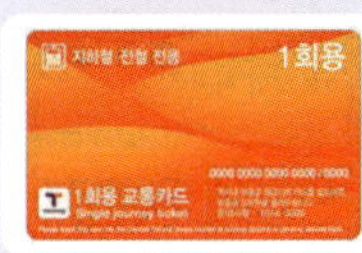 3) _______________

 4) _______________

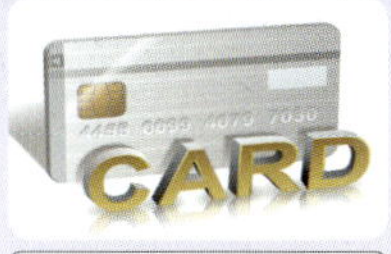 5) _______________

5.2 다음 그림을 보고 대화를 완성하세요.

1) 

손님 : 사과 1개에 얼마예요?

주인 : ① ___________________________

손님 : 사과 10개 주세요. 모두 얼마예요?

주인 : ② ___________________________

2) 주인 : 뭘 드릴까요?

손님 : 맥주 8병 주세요. 모두 얼마예요?

주인 : ___________________________

손님 : 여기 있어요.

5.3 다음을 읽고 알맞은 동사를 넣으세요.

계산하다	바꾸다	찾다	받다	내다

오늘 저는 나딤 씨와 같이 저녁을 먹으러 식당에 갔습니다. 밥을 먹은 후 카드로 1)___________. 그리고 현금이 필요해서 은행에 가서 돈을 2)_________. 우리는 옷 가게에 가서 쇼핑했습니다. 저는 스웨터가 마음에 들었습니다. 스웨터는 2만 5000원이었습니다. 3만 원을 내고 거스름돈을 3)___________. 우리는 목이 말라서 자판기에서 콜라를 뽑아 마시고 싶었습니다. 그런데 잔돈이 없어서 근처 가게에서 지폐를 동전으로 4)___________. 콜라가 아주 시원했습니다.

5.4 다음 대화를 완성하세요.

1) 동료1 : 오늘 밥값은 제가 ______________.

동료2 : 왜요? 오늘 월급 받았어요?

동료1 : 아니요. 제가 사고 싶어서요.

2) 고　객 : 미국에서 쓰려고 하는데 환전 좀 해 주세요.

은행원 : 얼마나 바꿔 드릴까요?

고　객 : 50만 원을 ______________.

3) 손　　님 : 기사님, 카드로 계산해도 돼요?

택시 기사 : 죄송합니다. 기계가 고장 나서 ______________.

가 일상 인사

나 특별한 날

특별한 날	인사말
생일	생일 축하합니다! 축하해요!
설날	새해 복 많이 받으세요.
좋은 일이 있을 때	결혼/입학/승진 축하합니다!
술 마실 때	건배!
시험 보는 사람에게	시험 잘 보세요.
오랜만에 만났을 때	오랜만입니다 / 오래간만입니다

6.1 다음 그림을 보고 알맞은 인사말을 쓰세요.

1)

2)

3)

4)

5)

6)

6.2 다음 대화를 완성하세요.

1) 동료 1 : 안녕하세요?
   동료 2 : 안녕하세요?

2) 친구 1 : 오늘 제 생일이에요.
   친구 2 : 그래요? ______________________________.

3) 친구 1 : 맛있게 드세요.
   친구 2 : ______________________________.

4) 동료 1 : 감사합니다.
   동료 2 : ______________________________.

5) 동료 1 : 출장 다녀오겠습니다.
   동료 2 : ______________________________.

6) 엄마 : 잘 자라.
   아들 : ______________________.

TIP

- "안녕히 주무세요." is a greeting said to your elders before going to bed. However, "잘 자." should be used to your friends or younger people.
- Before holidays such as 'days off, vacations, Christmas,' people say "○○ 잘 보내세요."
- When a class of school or business in work is finished, people usually say "수고하셨습니다." to their colleagues.

6.3 다음 상황에 어떻게 말할까요? 알맞은 표현을 쓰세요.

1) 생일 선물을 받았을 때 : 고맙습니다 / 감사합니다 / 고마워요.

2) 회사 동료가 휴가를 갈 때 : ______________________________

3) 설날 아침 : ______________________________

4) 전철 안에서 다른 사람의 발을 밟았을 때 : ______________________________

5) 내일 한국어 능력 시험을 보는 친구에게 : ______________________________

6) 아버지께서 회사에 출근하실 때 : ______________________________

7) 1년 동안 못 만난 친구를 우연히 만났을 때 : ______________________________

8) 회의가 끝났을 때 : ______________________________

가 쇼핑 장소

나 쇼핑 종류

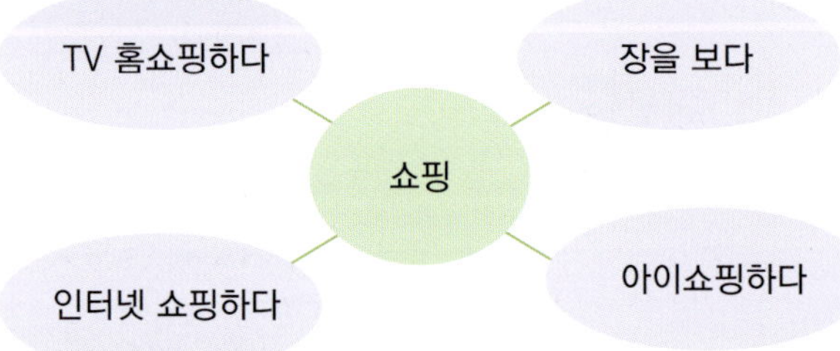

TIP

Looking around merchandises without buying them is called '아이쇼핑.'

- It is said '장을 보다' in case you buy necessaries at markets or supermarkets. 예 시장에서 장 봐 왔어요.

다 결제 방법

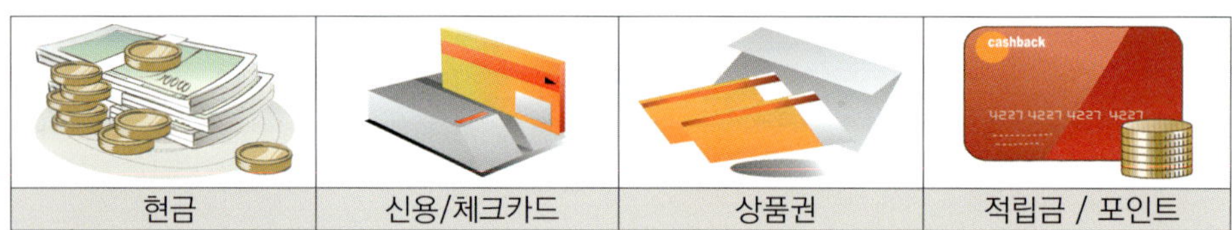

라 이야기해 봅시다!

■ 쇼핑과 결제

고객 : 이거 주세요. 얼마예요?
직원 : **세일**해서 50,000원입니다.
고객 : 여기 카드요.
직원 : **결제**는 어떻게 도와 드릴까요?
고객 : **일시불**로 해 주세요.
직원 : 고객님, 여기에 **사인**해 주세요. 여기 **영수증** 있습니다. **쇼핑백** 필요하세요?
고객 : 네, **쇼핑백** 주세요.

■ 교환할 때

고객 : 지난번에 산 물건인데요. **바꾸고** 싶어서요.
직원 : 어떤 걸로 **교환해** 드릴까요?
고객 : 이것보다 좀 더 큰 걸로 바꾸고 싶어요.

■ 환불할 때

고객 : **환불** 좀 해 주세요.
직원 : 고객님, **영수증** 가지고 오셨습니까?
고객 : 네, 여기 **영수증** 있어요.
직원 : 아, 카드로 **결제**하셨네요? **결제**한 카드 좀 주시겠습니까?
고객 : 네. 여기 있어요.

TIP

In Korea, you should pay for a shopping bag, a plastic bag, or recycling garbage bag if you don't have your own grocery bag.

7.1 다음 단어와 관계있는 문장을 연결하세요.

1) 백화점 •　　　　• ㉮ 화장품, 옷, 신발 등을 한곳에서 쇼핑할 수 있어서 아주 편합니다.

2) 대형 마트 •　　　　• ㉯ 생활에 필요한 물건들을 싸게 살 수 있습니다.

3) 아울렛 •　　　　• ㉰ 유행하는 옷들을 아주 싸게 살 수 있어서 사람들이 쇼핑을 많이 하러 갑니다.

4) 동대문 시장 •　　　　• ㉱ 계절이 지난 물건들을 싸게 파는 가게들이 모여 있습니다.

7.2 다음을 읽고 알맞은 단어를 쓰세요.

현금　　사인　　쇼핑백　　세일　　상품권　　결제　　영수증

1) 물건을 교환하거나 환불할 때 ＿＿＿＿＿＿＿＿이/가 필요합니다.

2) 카드로 물건 값을 계산한 후에 ＿＿＿＿＿＿＿＿을/를 해야 합니다.

3) 요즘 백화점에서 ＿＿＿＿＿＿＿＿을/를 해서 물건을 싸게 살 수 있습니다.

4) 물건을 담을 ＿＿＿＿＿＿＿＿이/가 필요하면 돈을 내고 사야 합니다.

5) 백화점에서 계산할 때 ＿＿＿＿＿＿＿＿을/를 돈처럼 사용할 수 있습니다.

7.3 무슨 쇼핑입니까? 다음을 읽고 알맞은 쇼핑의 종류를 쓰세요.

1) ＿＿＿＿＿＿＿＿＿＿＿＿＿

> 　어떤 사람들은 취미로 쇼핑을 합니다. 그 사람들은 물건을 사지 않지만 백화점이나 마트에 가서 구경하는 것을 좋아합니다. 또 쇼핑을 하면서 스트레스를 풀기도 합니다.

2) ＿＿＿＿＿＿＿＿＿＿＿＿＿

> 　텔레비전에서 여러 가지 물건을 살 수 있습니다. 텔레비전에서 물건을 파는 사람들은 직접 화장품을 바르거나 옷을 입어 봅니다. 또 음식을 먹기도 합니다.

7.4 다음 대화를 완성하세요.

1) 직원 : 고객님, 결제됐습니다. 여기에 ①＿＿＿＿＿＿＿＿＿＿＿＿＿. 여기 영수증 있습니다.

　　고객 : ②＿＿＿＿＿＿＿＿＿＿＿.

　　직원 : 쇼핑백 값은 100원입니다.

2) 고객 : 이 옷 좀 ＿＿＿＿＿＿＿＿＿＿＿＿＿.

　　직원 : 어떤 걸로 교환해 드릴까요?

　　고객 : 사이즈가 좀 커서 작은 것으로 바꾸고 싶어요.

3) 고객 : 환불하려고 하는데요.

　　직원 : ＿＿＿＿＿＿＿＿＿＿＿＿＿?

　　고객 : 네, 여기 영수증 있어요.

Unit 8 장소

가 여기가 어디입니까?

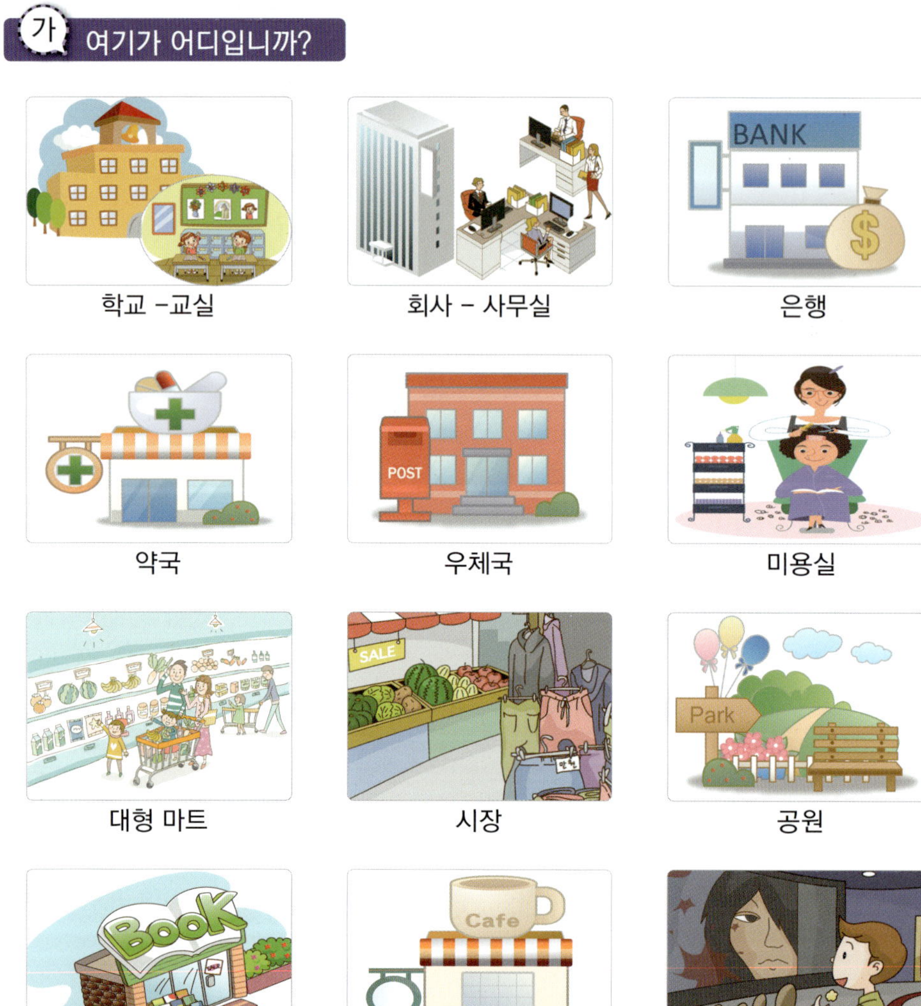

학교 -교실

회사 - 사무실

은행

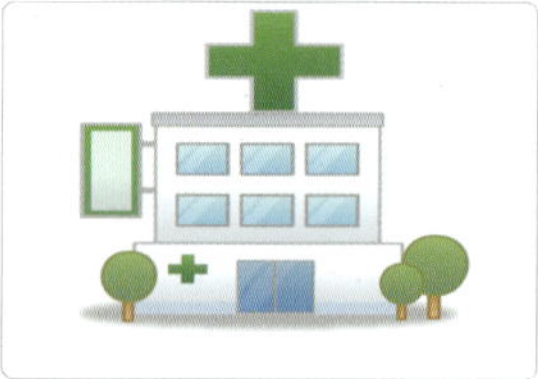

병원

약국

우체국

미용실

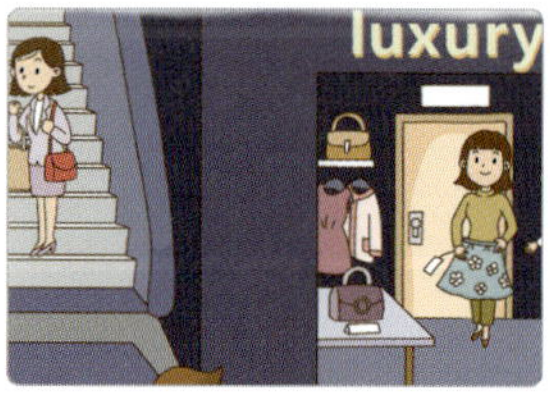

백화점

대형 마트

시장

공원

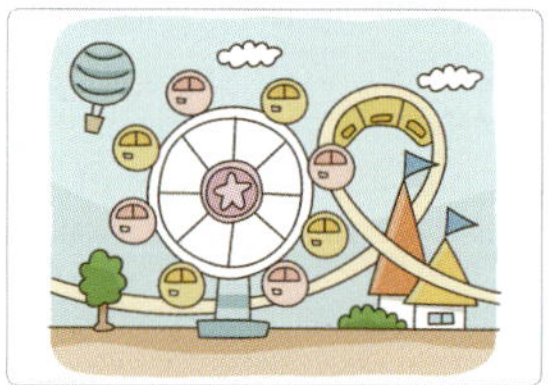

놀이공원

서점

커피숍

극장

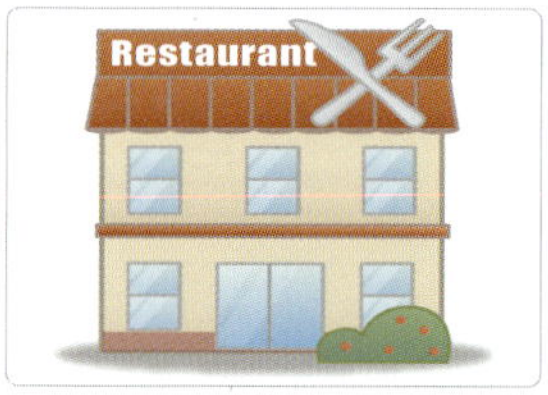

식당

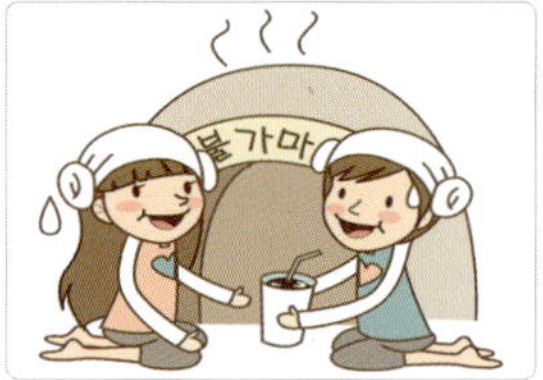

찜질방

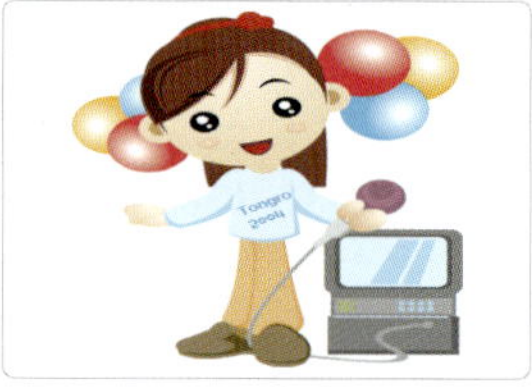

노래방

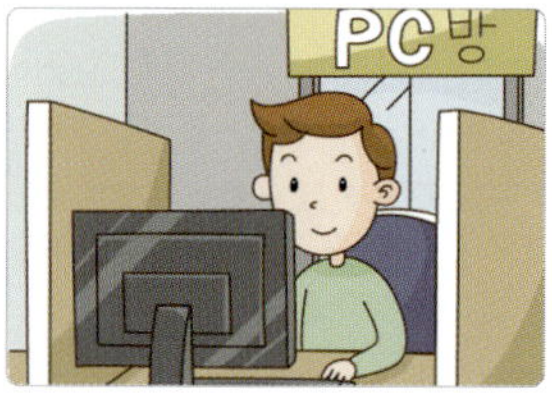

PC방

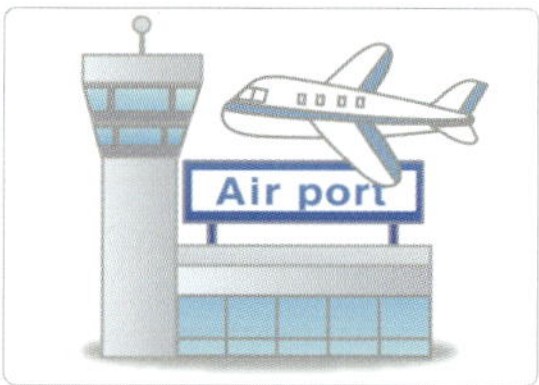

공항

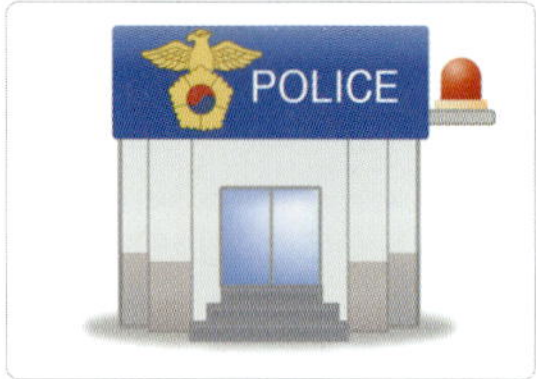

경찰서

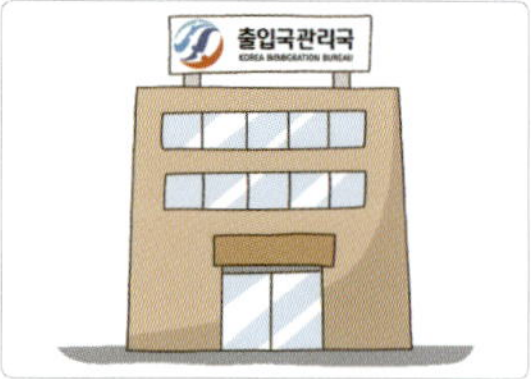

출입국관리사무소

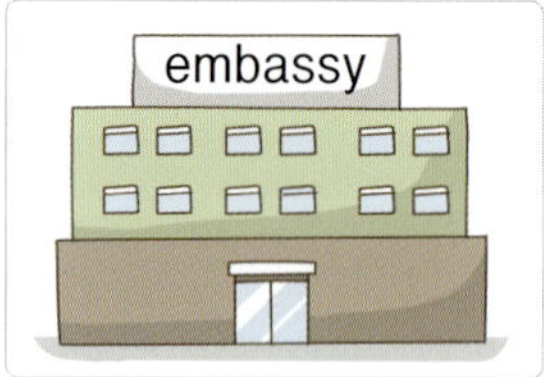

대사관

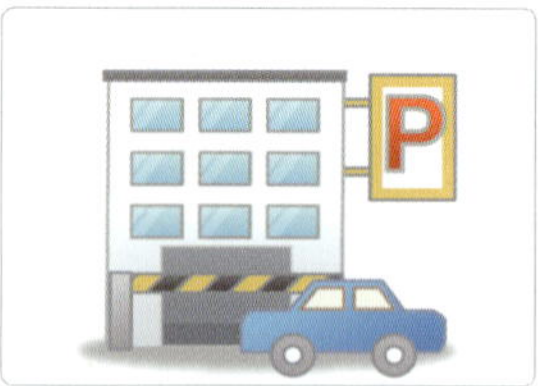

주차장

8.1 다음 장소와 관계있는 문장을 연결하세요.

1) 우체국 • • ㉮ 산책합니다.
2) 공원 • • ㉯ 일합니다.
3) 학교 • • ㉰ 소포를 부칩니다.
4) 출입국관리사무소 • • ㉱ 책을 삽니다.
5) 서점 • • ㉲ 공부합니다.
6) 회사 • • ㉳ 비자를 받습니다.
7) 병원 • • ㉴ 아플 때 갑니다.

8.2 장소 이름을 10개 이상 찾아 쓰세요.

찜	관	회	사	원
학	질	무	공	병
교	실	방	행	시
서	장	주	차	장
점	화	백	공	극

사무실		

8.3 다음 문장을 읽고 알맞은 단어를 쓰세요.

1) 오늘 저는 비자를 연장하러 _______________에 갈 거예요.

2) 머리를 자르러 _____________에 왔는데 사람이 너무 많습니다.

3) 현금이 필요해서 ____________에 돈을 찾으러 갈 겁니다.

4) 주말이라서 ____________에는 영화를 보러 온 사람들이 많았어요.

5) 오후에 친구를 기다리면서 ____________에서 커피를 마셨습니다.

6) 내일 아침에 비행기를 타러 ____________에 일찍 가야 합니다.

7) 어머니께서 쇼핑하러 ____________에 가셨습니다.

8) 주말에 친구들과 ____________에 가서 놀이기구를 많이 탔어요.

9) 제 친구는 여권을 잃어버려서 ____________에 여권을 다시 만들러 갔어요.

10) ____________에 가면 여러 가지 물건을 한곳에서 싸게 살 수 있습니다.

8.4 다음을 읽고 알맞은 장소를 쓰세요.

저는 한국에 오면 찜질방에 가 보고 싶었어요. 그래서 지난주에 친구들과 같이 찜질방에 갔어요. 찜질방 건물 지하에는 크고 넓은 1)____________이/가 있어서 주차하기가 참 편했어요. 찜질방에는 사우나를 할 수 있는 곳도 있고 밥을 먹을 수 있는 2)____________도 있었어요. 또 가족들이나 친구들과 함께 노래를 부를 수 있는 3)____________도 있어서 우리는 신나게 놀았어요. 그리고 인터넷 게임을 할 수 있는 4)____________도 있고 머리를 자를 수 있는 5)____________도 있었어요. 다음에 또 가고 싶어요. 여러분도 한번 가 보세요.

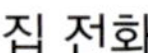 가 · 전화의 종류

집 전화

휴대전화/핸드폰

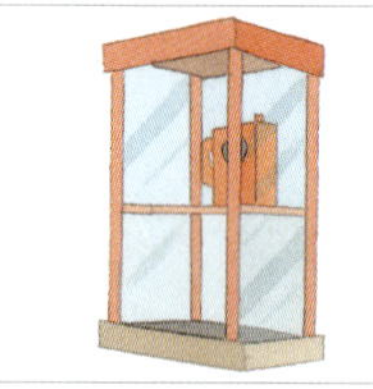
공중전화

인터넷 전화

- 예전에는 사람들이 **집 전화**와 **공중전화**를 많이 사용했습니다.
- **휴대전화**는 언제 어디서나 통화할 수 있어서 편리합니다.
- 요즘은 요금이 싸서 **인터넷 전화**를 사용하는 사람이 많습니다.

> **TIP**
> A cell phone which is convenient to use the Internet and capable of downloading and utilizing various applications like a computer is called '스마트폰' in Korea.

나 · 더 배워 봅시다.

- 도서관에서 **전화벨이 울리면** 시끄러워요. **진동으로 바꿔** 주세요.
- 친구에게 전화를 했는데 **통화중**이에요. 다른 사람하고 전화를 하는 것 같아요.
- 어머니께 **전화를 걸었어요**. 그런데 어머니께서 **전화를 받지** 않으세요.
- 남자 친구한테서 **문자 메시지**가 왔어요. 그래서 저도 **답장을 보냈어요**.

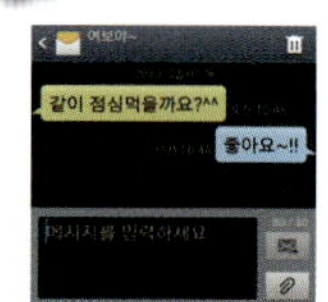

> **TIP**
> When replying to a text message, sometimes people express it as '답문을 보내다' which is an abbreviated form of '답장 + 문자.' However, please note that it is not a correct expression.
> Leaving a voice mail on the cell phone is said '음성 메시지를 남기다.'

다 · 이야기해 봅시다!

■ 전화를 잘못 걸었을 때

로버트 : 여보세요?
　　　　서영 씨 핸드폰 **맞나요?**
아저씨 : **아닌데요. 전화 잘못 거셨습니다.**
로버트 : 죄송합니다.

■ 집에 전화를 걸 때

왕신 : 여보세요? 거기 준모네 집이죠?
준모 동생 : 네, **그런데요.** 누구세요?
왕신 : 안녕하세요.
　　　저는 준모 친구 왕신인데요.
　　　준모 좀 **바꿔** 주세요.
준모 동생 : 네. 잠시만 **기다리세요.**

■ 회사에 전화를 걸 때

라니아 : 여보세요?
　　　　거기 해외영업팀**이지요?**
회사원 : 네, **맞는데요.** 누구세요?
라니아 : 저는 인사부의 라니아라고 **하는데요.**
　　　　최철규 부장님 좀 **부탁드립니다.**
회사원 : 최 부장님이요?
　　　　지금 자리에 안 계신데요.
라니아 : 그럼, 김성태 과장님은 **계십니까?**
회사원 : 죄송하지만 김 과장님은 회의중이세요.
　　　　메모를 남겨 드릴까요?
라니아 : 아니요. 괜찮습니다.
　　　　제가 나중에 다시 **전화 드리겠습니다.**

9.1 다음 설명에 알맞은 그림을 연결하세요.

1) 휴대전화가 없을 때 사용합니다.
   동전이나 전화 카드를 넣어서 전화를 겁니다.

2) 인터넷으로 전화를 합니다. 전화비가 일반 전화보다
   싸서 사람들이 많이 사용합니다.

3) 매일 가지고 다니는 전화기입니다. 요즘은 이 전화로
   인터넷도 사용하고 음악도 듣고 사진도 찍습니다.

4) 가게나 집에 있는 전화입니다. 서울에 전화를 할
   때는 지역번호 02를 누릅니다.

9.2 알맞은 동사를 골라 쓰세요.

보내다	남기다	오다	받다	걸다	바꾸다	울리다

1) 오늘은 오랜만에 고향 친구한테 전화를 ___________. [았/었어요]

2) 극장 안에서는 핸드폰을 끄거나 벨소리를 진동으로 ___________. [-(으)세요]

3) 급한 일로 전화를 했는데 받지 않아서 음성 메시지를 ___________. [-았/었어요]

4) 친구에게 문자를 보냈는데 바로 답장이 ___________. [-았/었어요]

5) 지하철 안에서 시끄럽게 벨소리가 ___________. [-아/어요]

6) 어머니, 할머니께서 전화하셨어요. 전화 ___________. [-(으)세요]

7) 남자 친구는 저에게 하루에 10통 이상 문자 메시지를 ___________. [-ㅂ/습니다]

9.3 다음 대화를 완성하세요.

1) 사람 1 : 거기 전주식당이지요?

   사람 2 : 아닌데요. _____________.

   사람 1 : 아, 죄송합니다.

2) 제니 : 여보세요? 성태 씨 핸드폰이죠?

   성태 : 네, _______________. 누구세요?

   제니 : 저는 제니예요.

3) 나딤 : 저는 로버트 친구인데요. 로버트 좀 바꿔 주세요.

   로버트 동생 : 네, _____________.

4) 사람 1 : 김일섭 부장님 좀 _______________.

   사람 2 : 지금 자리에 안 계시는데요.

   사람 1 : 그래요? 그럼 나중에 _______________.

Unit 10 컴퓨터와 인터넷

가 무엇으로 인터넷을 할 수 있어요?

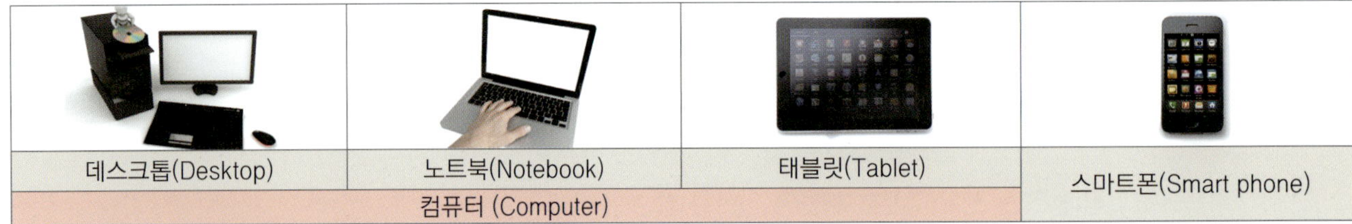

데스크톱(Desktop)	노트북(Notebook)	태블릿(Tablet)	스마트폰(Smart phone)
컴퓨터 (Computer)			

- 인터넷을 하는데 갑자기 **컴퓨터가 다운**되었습니다.
- 컴퓨터가 **바이러스에 걸려서 백신으로 바이러스를 치료**했습니다.
- **와이파이(Wi-Fi)가** 되는 곳에서는 무료로 **인터넷을** 할 수 있습니다.

나 컴퓨터 주변에 어떤 것들이 있어요?

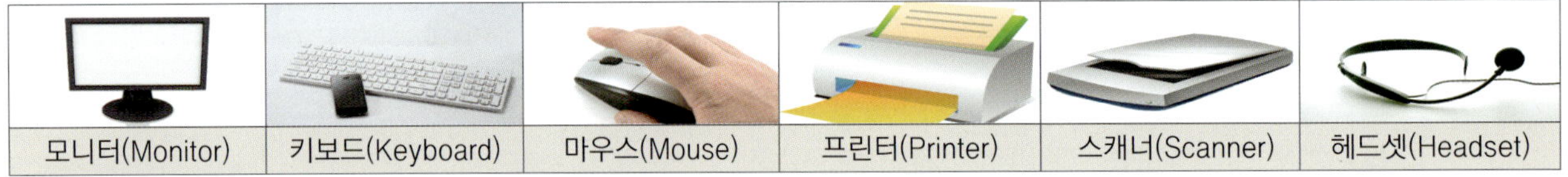

모니터(Monitor)	키보드(Keyboard)	마우스(Mouse)	프린터(Printer)	스캐너(Scanner)	헤드셋(Headset)

- **블루투스(Bluetooth)로 마우스나 키보드를 연결**할 수 있습니다.
- 스마트폰에 있는 사진을 바로 **프린터로 프린트**할 수 있습니다.
- 사진을 **스캐너로 스캔**해서 이메일을 보냈습니다.
- **마우스로** 빠르게 두 번 **클릭**하면 문서가 열립니다.

다 인터넷으로 무엇을 해요?

■ 소셜 네트워크 서비스(Social Network Service)

소셜 네트워크 서비스(SNS)에 자신의 **사진이나 글을 올리면** 친구에게 나의 소식을 전할 수 있습니다. 그리고 새로운 뉴스나 정보를 빨리 알 수 있습니다.

■ 인터넷 쇼핑(Internet Shopping)

집에서도 인터넷으로 쇼핑을 할 수 있습니다. 인터넷으로 물건의 가격을 **검색**하면 좀 더 싸게 물건을 살 수 있습니다.

■ 인터넷 카페(Internet Cafe)나 블로그(Blog)

인터넷 카페나 블로그에 들어가서 다른 사람이 올린 사진이나 글을 볼 수 있습니다. 그리고 **댓글도 달** 수 있습니다.

■ 채팅(Chatting)

메신저(Messenger)로 친구들과 **채팅을 하면서** 이야기할 수 있습니다. 또 해외에 있는 친구들과는 **음성 채팅이나 화상 채팅을** 할 수 있어서 더욱 편리합니다.

■ 파일 검색과 다운로드(Download)

보고 싶은 영화나 듣고 싶은 음악 **파일**을 찾아서 **다운로드할** 수 있습니다.

10.1 다음 그림을 보고 알맞은 단어를 쓰세요.

| 1) 태블릿 | 2) | 3) | 4) | 5) |

10.2 다음 단어와 관계있는 문장을 연결하세요.

1) 키보드　　　　　•　　　　　• ㉮ 프린트해요.

2) 프린터　　　　　•　　　　　• ㉯ 사진을 스캔해요.

3) 스캐너　　　　　•　　　　　• ㉰ 문서를 작성해요.

4) 마우스　　　　　•　　　　　• ㉱ 음성 채팅해요.

5) 헤드셋　　　　　•　　　　　• ㉲ 클릭해요.

10.3 다음에 알맞은 단어를 골라 쓰세요.

| 하다　　달다　　되다　　올리다　　걸리다　　검색하다　　다운되다 |

1) 컴퓨터가 갑자기 이상해요. 바이러스에 ＿＿＿＿＿＿＿＿. [-(으)ㄴ 것 같아요]

2) 듣고 싶은 MP3 파일을 ＿＿＿＿＿＿＿ [-아/어서] 다운로드했어요.

3) 요즘은 와이파이가 ＿＿＿＿＿＿＿ [-는] 곳이 많아서 아주 편리합니다.

4) 블로그에 있는 글 아래에 댓글을 ＿＿＿＿＿＿＿. [-았/었어요]

5) 제 홈페이지에 지난 여행에서 찍은 사진을 ＿＿＿＿＿＿＿. [-았/었어요]

6) 컴퓨터가 갑자기 ＿＿＿＿＿＿＿ [-아/어서] 3시간 동안 쓴 보고서가 날아갔어요.

10.4 다음에 알맞은 단어를 골라 쓰세요.

| 백신　　채팅　　바이러스　　인터넷　　인터넷 카페　　소셜 네트워크 서비스 |

　저는 지난주에 1)＿＿＿＿＿을/를 다운로드해서 컴퓨터를 치료했습니다. 하지만 아직도 컴퓨터가 이상합니다. 그래서 저는 요즘 스마트폰으로 2)＿＿＿＿＿을/를 합니다. 오늘 아침에는 지하철에서 이메일을 확인하고 답장을 보냈습니다. 그리고 오늘의 뉴스를 봤습니다. 새로운 뉴스나 정보를 빨리 알 수 있어서 아주 좋았습니다.

　저는 지난주에 한국 드라마 카페에 가입했습니다. 그래서 오늘 오후에는 스마트폰으로 제가 가입한 3)＿＿＿＿＿에 들어가서 한국 드라마를 봤습니다. 그리고 메신저로 고향에 있는 친구들과 4)＿＿＿＿＿도 했습니다. 스마트폰은 참 편리합니다.

10.5 이야기해 봅시다.

1) 여러분은 주로 무엇으로 인터넷을 해요? 어떤 점이 좋아요?

2) 여러분은 인터넷으로 주로 뭐 해요?

가 편지와 카드

		편지지	편지 봉투		
엽서	카드	편지		우표	우체통

- 편지를 다 쓴 후에 **편지 봉투**에 받는 사람과 보내는 사람의 주소를 씁니다.
- **편지 봉투**에 **우표**를 붙입니다. 그리고 **우체통**에 **편지**를 넣습니다.

나 이메일 (E-mail)

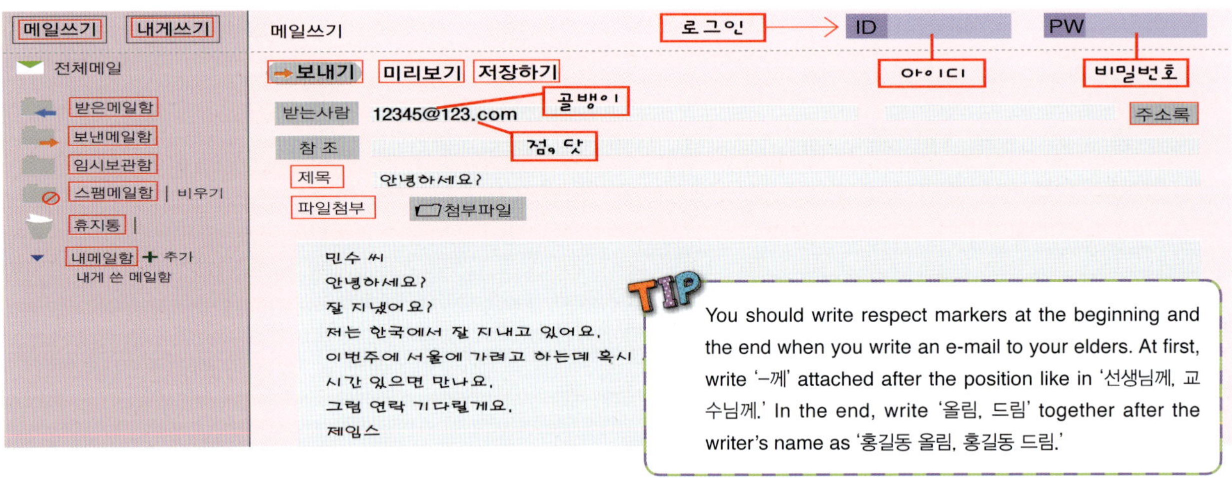

You should write respect markers at the beginning and the end when you write an e-mail to your elders. At first, write '-께' attached after the position like in '선생님께, 교수님께.' In the end, write '올림, 드림' together after the writer's name as '홍길동 올림, 홍길동 드림.'

다 이메일을 어떻게 보내요?

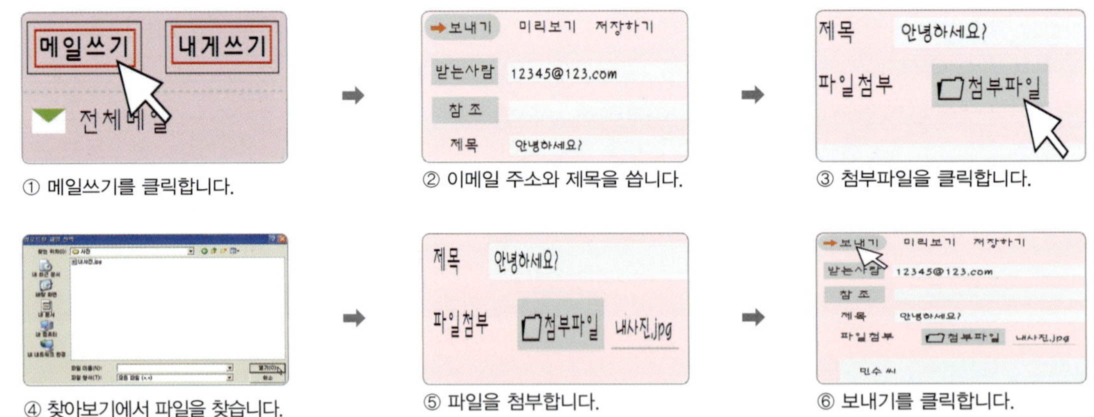

① 메일쓰기를 클릭합니다. | ② 이메일 주소와 제목을 씁니다. | ③ 첨부파일을 클릭합니다.

④ 찾아보기에서 파일을 찾습니다. | ⑤ 파일을 첨부합니다. | ⑥ 보내기를 클릭합니다.

11.1 질문을 읽고 알맞은 단어를 왼쪽에서 찾아서 쓰세요.

1) 편지를 보낼 때 편지 봉투에 무엇을 붙여야 합니까?　　　　　　　　(　　　)

2) 우체국에 가지 않고 편지를 보낼 때 편지를 어디에 넣어야 합니까?　(　　　)

3) 한국 사람들은 '@'을 어떻게 읽습니까?　　　　　　　　　　　　　(　　　)

4) 로그인할 때 아이디와 무엇이 필요합니까?　　　　　　　　　　　(　　　)

5) 보낸 메일을 확인하는 곳은 어디입니까?　　　　　　　　　　　　(　　　)

6) 이메일을 쓸 때 친구의 메일 주소를 어디에서 찾을 수 있습니까?　(　　　)

11.2 다음을 읽고 알맞은 단어를 골라 쓰세요.

첨부하다	받은 메일함	찾다	로그인	이메일 주소	스팸 메일함	붙이다

　　저는 선생님께 이메일을 보내려고 합니다. 선생님께 숙제를 이메일로 드려야 합니다. 그래서 컴퓨터를 켜고 아이디와 비밀번호를 친 후 1)＿＿＿＿＿＿ 을/를 했습니다. 그리고 메일쓰기를 클릭한 후 선생님의 2)＿＿＿＿＿＿ 을/를 넣었습니다. 그리고 제목에 '목요일 숙제입니다'라고 썼습니다. 그다음 먼저 숙제 파일을 내 컴퓨터에서 3)＿＿＿＿＿＿. 그리고 그 파일을 이메일에 4)＿＿＿＿＿＿. 마지막으로 선생님께 간단히 글을 써서 보냈습니다. 그리고 편한 마음으로 잠을 잤습니다.

11.3 다음은 무엇입니까? 다음을 보고 맞으면 O, 틀리면 X 하세요.

편지쓰기 내게쓰기	보낸 사람 : 서영 2012.03.22
받은메일함(20) 보낸메일함(3) 스팸메일함(5) 휴지통(50)	⊞ 제목 : 나딤 씨, 안녕하세요?　　　　대용량 첨부 : 사진 파일 나딤 씨, 잘 지냈어요? 지난주에 찍은 사진이에요. 사진이 참 잘 나왔어요. 한 번 보세요. 또 이메일 보낼게요. - 서영이가

1) 나딤 씨는 5통의 스팸메일을 받았습니다.　　　　　(　　　)

2) 나딤 씨는 서영 씨에게 20통의 편지를 보냈습니다.　(　　　)

3) 서영 씨는 3월 22일에 이메일을 썼습니다.　　　　　(　　　)

4) 나딤 씨는 서영 씨한테서 사진 파일도 받았습니다.　(　　　)

11.4 11.2의 나딤 씨는 선생님께 어떻게 이메일을 썼을까요? 이메일을 써 보세요.

편지쓰기 내게쓰기	보내는 사람 : 나딤 〈nadim1234@email.com〉
받은메일함 보낸메일함 스팸메일함 휴지통	받는 사람　: Korean teacher@email.com 제목　　　　: 목요일 숙제입니다.

가 대중교통 수단의 종류

타는 곳	교통수단	종류
버스 정류장	버스	마을버스, 시외버스, 시내버스, 좌석버스
고속버스 터미널	고속버스	일반버스, 우등버스
지하철역/전철역	지하철/전철	
택시 승강장	택시	택시, 모범택시
기차역	기차	KTX, 무궁화호, 새마을호, 누리로
공항	비행기	
선착장	배	

TIP Reserved seats for the elderly, pregnant women, or disabled people in the bus or subway are called '노약자석.'

나 버스 안에 무엇이 있어요?

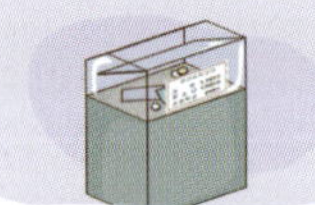

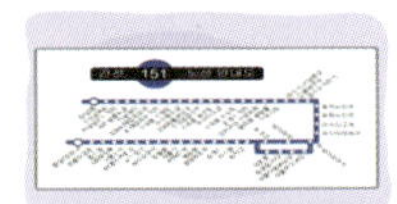

| 카드 단말기 | 요금함 | 벨 | 자리(좌석) | 손잡이 | 버스 노선도 |

다 더 배워 봅시다!

지하철을 탑니다. → 안내방송을 듣습니다. → 환승역에서 내립니다. → 2호선으로 갈아탑니다. → 지하철에서 내립니다. → 1번 출구로 나갑니다.

버스를 탑니다. → 교통카드를 댑니다. → 벨을 누릅니다. → 교통카드를 댑니다. → 버스에서 내립니다.

TIP You touch your transportation card on the card reader when getting off the bus or subway, and it is said '교통 카드를 찍다' in colloquial language.

- 1호선에서 2호선으로 **갈아탈** 때에는 **환승역에서 내려서** 2호선으로 갈아타야 합니다.
- 한국에서 버스나 지하철을 타고 내릴 때에는 꼭 **카드 단말기**에 **교통 카드를 대야** 합니다.
- 교통 카드의 **잔액이 부족할** 때에는 **충전하여** 다시 사용할 수 있습니다.

12.1 다음 그림을 보고 관계있는 것과 연결하세요.

1) 　2) 　3) 　4) (그림)

　㉮ 벨을 누릅니다.　　㉯ 카드 단말기에 카드를 댑니다.　　㉰ 버스 손잡이를 잡습니다.　　㉱ 지하철에 타서 자리에 앉습니다.

12.2 이것은 무엇일까요? 다음을 읽고 알맞은 것을 쓰세요.

1) 버스에서 내리기 전에 이것을 꼭 누르고 내려야 합니다.　　(　　　)

2) 버스나 지하철을 탈 때 이것에 카드를 대야 합니다.　　(　　　)

3) 버스나 지하철에서는 이것을 잡고 서 있어야 합니다.　　(　　　)

4) 버스에서 현금을 낼 때는 이것에 돈을 넣습니다.　　(　　　)

5) 버스에서 이것을 보면 내릴 곳을 알 수 있습니다.　　(　　　)

12.3 어디에서 갈아타야 할까요? 그림을 보고 대화를 완성하세요.

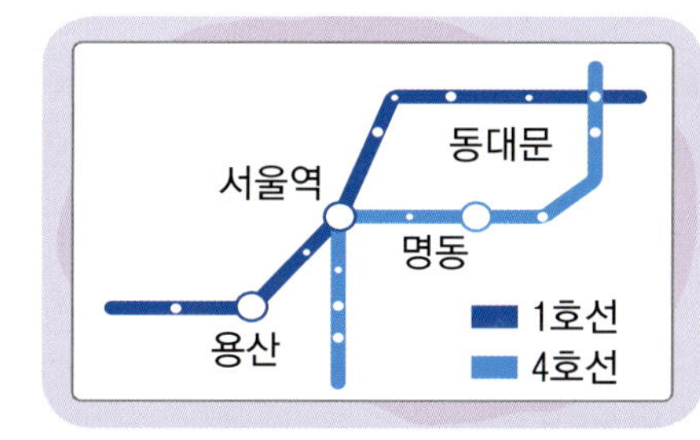

(용산역에서 1호선을 탔습니다.)

사람 1 : 명동에 가려고 하는데요. 어디에서 갈아타야 돼요?
사람 2 : 서울역에서 내려서 1)______________________.
사람 1 : 그리고 어디에서 내려야 해요?
사람 2 : 2)______________________.

12.4 다음은 안내 방송입니다. 어디에서 나오는 안내 방송일까요? 관계있는 것과 연결하세요.

1) 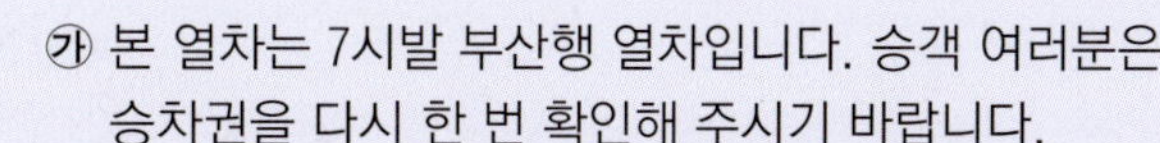

　㉮ 본 열차는 7시발 부산행 열차입니다. 승객 여러분은 승차권을 다시 한 번 확인해 주시기 바랍니다.

2) 

　㉯ 서울역으로 가실 승객께서는 이번 역에 내려서 갈아타시기 바랍니다.

3) 

　㉰ 카드를 한 장만 대 주세요.

4) 

　㉱ 곧 인천국제공항에 착륙하겠습니다. 안전벨트를 매 주십시오.

가 · 식당의 종류

한식집	일식집	중국집	패밀리 레스토랑 (family restaurant)	패스트푸드점 (fast-food restaurant)	분식집

Family restaurant was for families before, but it is visited by young people who want to enjoy western food these days.

나 · 한식집

- 식당에서 **물수건**으로 손을 닦습니다.
- 한국에서는 식당에서 식사할 때 무료로 **반찬**을 더 먹을 수 있습니다.
- 한국 사람들은 **숟가락**으로 국이나 **찌개**를 먹고 **젓가락**으로 **반찬**을 먹습니다.

다 · 이야기해 봅시다!

■ 음식 주문할 때

직원 : 뭘 드릴까요?
성태 : 불고기 이 **인분**하고 냉면 두 **그릇** 주세요.
직원 : 더 필요하신 건 없으세요?
성태 : **물수건** 좀 주세요.
직원 : 네, 잠시만 기다리세요.

■ 반찬이 더 필요할 때

나딤 : 여기요.
직원 : 네, 필요하신 거 있으세요?
나딤 : 네, 여기 김치 좀 **더 주세요.**
직원 : 네, 알겠습니다.
　　　 (잠시 후)
직원 : 김치 여기 있습니다. 맛있게 드세요.

When you have foods such as pork belly, ribs, or jjigae (Korean stew), a serving for one person is called '1인분.' In addition, a serving of foods such as naengmyeon, samgyetang, and bibimbap is said '그릇.'

13.1 어디에서 음식을 먹을까요? 관계있는 단어와 연결하세요. (☞ 참고 Unit 39 음식)

1) 시간이 없어서 점심에 햄버거를 먹을 거예요. •   • ㉮ 패밀리 레스토랑

2) 자장면과 탕수육을 먹으러 갈 거예요. •   • ㉯ 중국집

3) 김밥이랑 라면을 먹을 거예요. •   • ㉰ 패스트푸드점

4) 오랜만에 가족들과 외식을 하려고 해요. •   • ㉱ 일식집

5) 초밥하고 회가 먹고 싶어요. •   • ㉲ 분식집

13.2 무엇일까요? 다음 질문을 읽고 알맞은 단어를 쓰세요.

1) 한국에서는 국이나 찌개를 먹을 때 무엇을 사용합니까?   (   )

2) 한국 사람들은 반찬을 먹을 때 무엇을 사용합니까?   (   )

3) 식당에서 손을 닦을 때 무엇을 사용합니까?   (   )

4) 음식을 주문할 때 무엇을 보고 이야기합니까?   (   )

5) 식당에서 식사할 때 무엇을 무료로 더 먹을 수 있습니까?   (   )

13.3 다음을 읽고 알맞은 단어를 쓰세요.

중국집	한식집	포크	젓가락	물수건	반찬	무료

　저는 한국에 와서 1)＿＿＿＿＿＿에 처음 가 봤습니다. 불고기를 주문했는데 다른 음식도 같이 나왔습니다. 그래서 식당 사장님께 "여기요, 이거 안 시켰는데요."라고 말했습니다. 그런데 사장님이 "그건 주문하신 음식이 아니고 2)＿＿＿＿＿＿예요/이에요."라고 말했습니다. 그래서 사장님께 "그럼 반찬은 3)＿＿＿＿＿＿예요/이에요?"라고 물었습니다. 사장님은 웃으시면서 "네, 돈을 안 받습니다."라고 말했습니다. 그리고 우리는 4)＿＿＿＿＿＿(으)로 손을 닦고 밥을 먹기 시작했습니다. 5)＿＿＿＿＿을/를 처음 사용해 봐서 음식을 먹기가 힘들었습니다. 하지만 신기하고 재미있었습니다.

13.4 다음 대화를 보고 연습해 보세요. (☞ 참고 Unit 39 음식)

제니 : 레항 씨, 우리 뭐 먹을까요?

레항 : ① **한국 음식**은 어때요?

제니 : 좋아요. 가까운 ② **한식집**으로 가요.

　　　(잠시 후)

직원 : 주문하시겠어요?

제니 : 네, 여기 ③ **삼겹살 삼 인분**하고 ④ **비빔냉면 두 그릇** 주세요.

직원 : 더 필요하신 거 없으세요?

제니 : 네, 없습니다.

1)	2)	3)	4)
① 분식 ② 분식집 ③ 떡볶이 3인분 ④ 김밥 1줄	① 한식 ② 한식집 ③ 불고기 1인분 ④ 맥주 5병	① 중국 음식 ② 중국집 ③ 자장면 4그릇 ④ 탕수육 1그릇	① 일식 ② 일식집 ③ 초밥 1인분 ④ 샤브샤브 2인분

Unit 14   미용실

가 미용실 안에 무엇이 있어요?

- 샴푸와 린스로 머리를 감습니다.
- 드라이어로 머리를 말리고 머리에 왁스를 발랐습니다.
- 빗으로 앞머리를 잘 빗고 가위로 잘랐습니다.
- 드라이한 후 스프레이를 머리에 뿌렸습니다.

TIP
Though '드라이어' is a standard word registered in the dictionary, it is usually said '드라이기.'

나 머리를 어떻게 해요?

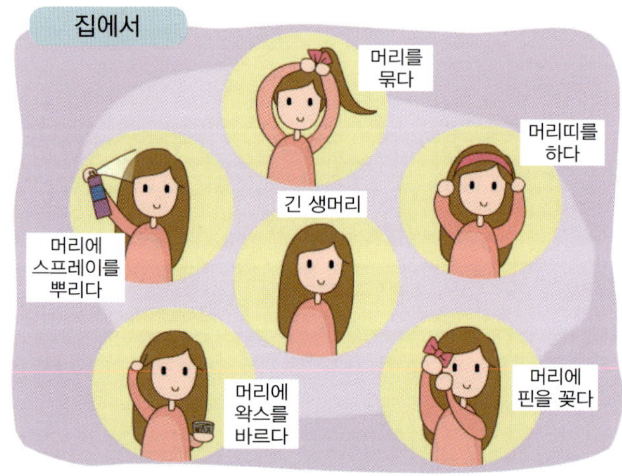

다 이야기해 봅시다!

손님 : 머리를 좀 하려고 하는데요.
미용사: 이쪽으로 앉으세요. 어떻게 해 드릴까요?
손님 : 이 사진하고 비슷하게 해 주세요.
미용사: 이렇게 짧게 자를 거예요?
손님 : 앞머리는 조금만 다듬어 주시고 뒷머리는 사진처럼 잘라 주세요.
미용사: 네, 알겠습니다. 오늘 샴푸하셨어요?
손님 : 아니요, 어젯밤에 감고 잤는데요.
미용사: 그럼 먼저 샴푸해 드릴게요. 이쪽으로 오세요.

TIP
'샴푸/린스하다' means to wash one's hair with them, and '드라이하다' means to blow-dry one's hair with a hair drier.

14.1 이것은 무엇입니까? 다음 그림을 보고 알맞은 단어를 쓰세요.

1) ____________ 2) ____________ 3) ____________ 4) ____________ 5) ____________

14.2 다음을 읽고 알맞은 동사를 골라 쓰세요.

> 자르다   빗다   감다   말리다   바르다   뿌리다

1) 먼저 샴푸로 머리를 ________________. [-ㅂ/습니다]

2) 미용실에서 머리를 ________________ [-(으)ㄴ 후에] 왁스를 발라 줬습니다.

3) 겨울에는 꼭 드라이어로 머리를 ________________ [-고] 외출해야 해요.

4) 저는 자주 거울을 보고 머리를 ________________ [-기 때문에] 가방에 빗을 가지고 다녀요.

5) 어렸을 때 가위로 동생 머리를 ________________ [-아/어서] 엄마한테 혼났어요.

14.3 이 여자는 머리를 어떻게 했을까요? 알맞은 표현을 쓰세요.

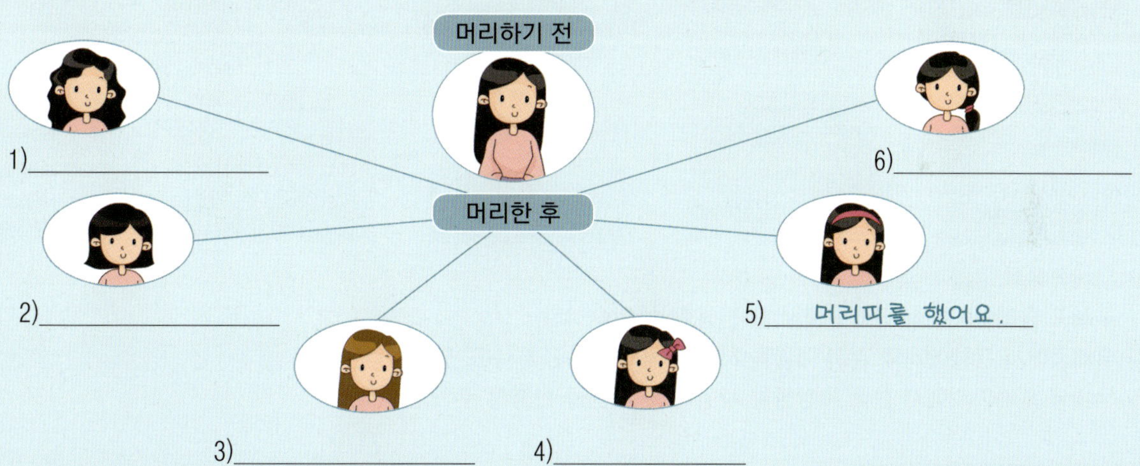

14.4 미용실에서 머리를 하려고 합니다. 다음 대화를 완성하세요.

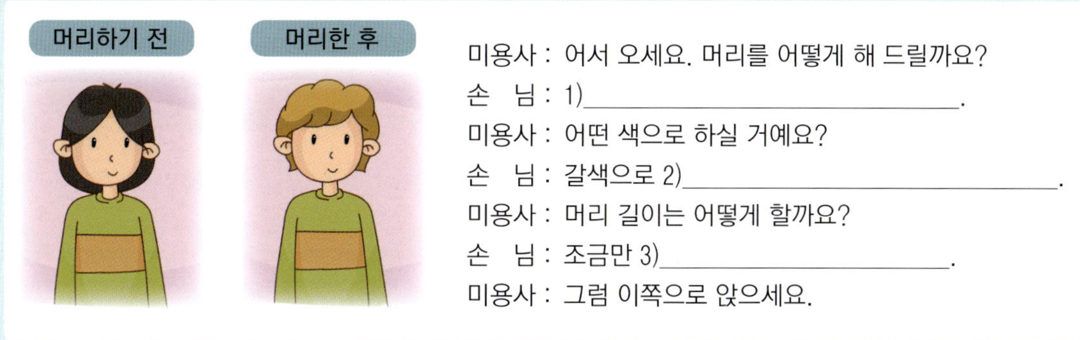

미용사 : 어서 오세요. 머리를 어떻게 해 드릴까요?

손 님 : 1)____________________________.

미용사 : 어떤 색으로 하실 거예요?

손 님 : 갈색으로 2)____________________________.

미용사 : 머리 길이는 어떻게 할까요?

손 님 : 조금만 3)____________________________.

미용사 : 그럼 이쪽으로 앉으세요.

가 우체국 안에 무엇이 있어요?

나 우체국에서 무엇을 해요?

- 우체국에서도 **공과금을 낼** 수 있습니다.
- 우체국 홈페이지에서 **택배 서비스를 신청할** 수 있습니다.
- 우체국에서 은행에서와 같이 **예금을** 하거나 해외로 **송금할** 수도 있습니다.
- 우체국 홈페이지에서 전국 **특산물을** 사거나 **꽃 배달을 신청할** 수 있습니다.

다 이야기해 봅시다!

직원 : 어디로 보내실 거예요?
손님 : 중국으로 **소포를 보내려고** 하는데요.
직원 : 안에 뭐가 들어 있어요?
손님 : 화장품하고 옷이요.
직원 : **일반 항공**으로 하실 거예요? **EMS**로 하실 거예요?
손님 : EMS로 보낼 거예요
직원 : 소포를 **저울** 위에 올려놓으세요.
손님 : EMS로 보내면 얼마나 걸려요?
직원 : 3~4일쯤 걸릴 거예요.

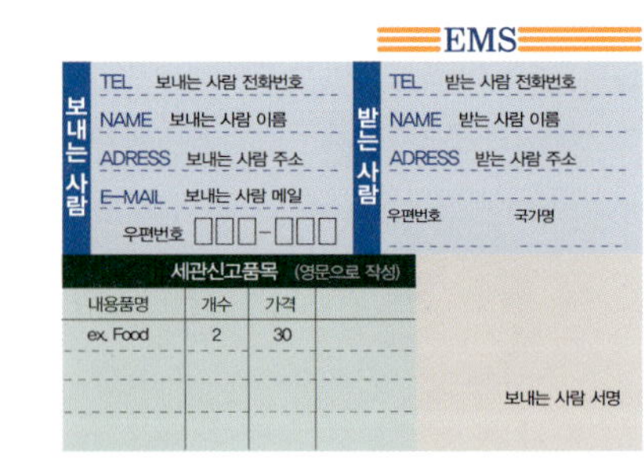

TIP
Ways to send a package/ airmail, surface mail, EMS

15.1 다음 그림을 보고 알맞은 단어를 쓰세요.

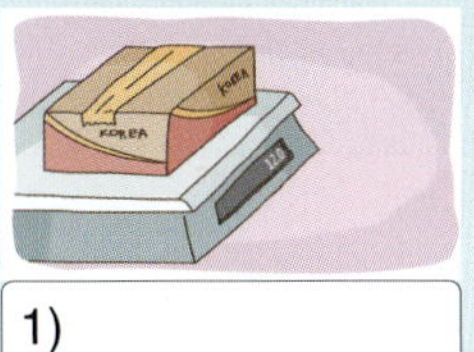
1)

2)

3)

4)

15.2 다음을 읽고 알맞은 동사를 골라 쓰세요.

뽑다	내다	쓰다	재다	배달하다	신청하다	예금하다

1) 오늘까지 은행이나 우체국에 공과금을 ________________. [-아/어야 합니다]

2) 우체국에 가서 저울에 소포의 무게를 ________________. [-았/었습니다]

3) 고향에 물건을 보내려고 우체국에 택배 서비스를 ________________. [-았/었습니다]

4) 편지 봉투에는 받는 사람과 보내는 사람의 주소를 모두 ________________. [-아/어야 합니다]

5) 우체국에서도 은행과 같이 돈을 ________________. [-(으)ㄹ 수 있습니다]

6) 우체국에 도착하면 제일 먼저 순번 대기표를 ________________ [-고] 기다려야 합니다.

15.3 다음을 읽고 알맞은 단어를 쓰세요.

소포	금융	공과금	송금	특산물	영수증

　예전에는 우체국에서 주로 편지나 1)__________을/를 보냈습니다. 그러나 요즘은 우편 서비스에서 택배 서비스와 2)__________ 서비스까지 하고 있습니다. 우체국에서도 3)__________을/를 모두 낼 수 있기 때문에 은행에 꼭 가지 않아도 됩니다. 또 해외로 돈을 보내야 할 때에도 우체국에서 4)__________을/를 할 수 있어서 아주 편리합니다. 그리고 우체국 홈페이지에서 쌀, 김치, 농산물, 수산물 등의 전국 5)__________을/를 쉽게 살 수 있습니다. 홈페이지가 한국어, 영어, 일본어로 되어 있어서 외국인들도 쇼핑하기가 편리합니다.

15.4 다음 대화를 보고 연습해 보세요.

직원 : 어디로 보내실 거예요?

손님 : ① **중국**으로 보내려고 하는데요.

직원 : 안에 뭐가 들어 있어요?

손님 : ② **화장품하고 옷**이요.

직원 : 일반 항공으로 하실 거예요? EMS로 하실 거예요?

손님 : ③ **EMS**로 보내면 얼마나 걸려요?

직원 : 3~4일쯤 걸릴 거예요.

1) ① 호주
　② 책, 신발
　③ 일반 항공

2) ① 베트남
　② 카메라, CD
　③ EMS

3) ① 독일
　② 화장품, 초콜릿
　③ 배

4) ① 인도
　② 차, 핸드폰
　③ 일반 항공

Unit 16 대형 마트

가 대형 마트

4층 미용실, 놀이방
3층 패션&잡화
2층 식품&생활용품
1층 푸드코트
지하1층 주차장

TIP

한국에서는 '대형 마트' 또는 '마트'로도 부릅니다. '대형 마트'는 '대형 할인매장' 또는 '대형 할인점'으로도 말합니다.

나 대형 마트에서 무엇을 해요?

- 저는 마트에서 자주 **장을 봐요**.
- **전단지**를 보면 오늘 할인하는 물건을 알 수 있어요.
- 오늘은 수박과 닭고기를 싸게 팔아요.

- **쿠폰**을 잘 사용하면 물건을 싸게 살 수 있어요.
- 보디로션을 살 때 이 쿠폰을 보여 주면 2,000원을 **할인받을** 수 있어요.

- 마트에는 **시식 코너**가 많이 있어요.
- 먼저 음식의 **맛을 볼** 수 있어서 좋아요.
- 오늘은 만두를 먹어 봤는데 너무 맛있어서 하나 샀어요.

다 이야기해 봅시다!

(카운터에서)

계산원 : 모두 4만 5,000원입니다. **포인트 카드**가 있으세요?

서 영 : 여기요.

계산원 : **현금 영수증**을 해 드릴까요?

서 영 : 네.

계산원 : 그럼, 여기에 전화번호나 주민등록번호를 눌러 주세요.

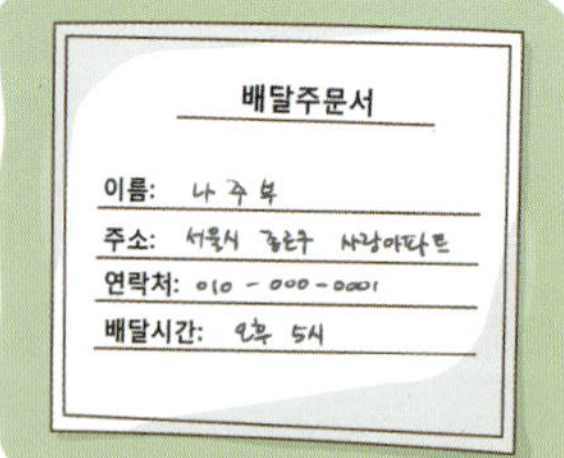

(고객센터에서)

레항 : 오늘 산 물건들이 너무 무거운데 배달돼요?

직원 : 그럼요. 3만 원 이상 **구매한** 손님들에게는 **무료로 배달해** 드립니다. 손님의 주소와 연락처 좀 여기에 적어 주세요.

레항 : 네, 여기 있습니다.

직원 : 오늘 오후 5시쯤 배달해 드릴 겁니다. 괜찮으시겠어요?

레항 : 네. 그때 집에 있을 거예요.

직원 : 그럼, 전화드리고 배달해 드리겠습니다.

16.1 다음 그림을 보고 알맞은 단어를 쓰세요.

1)

3)

2)

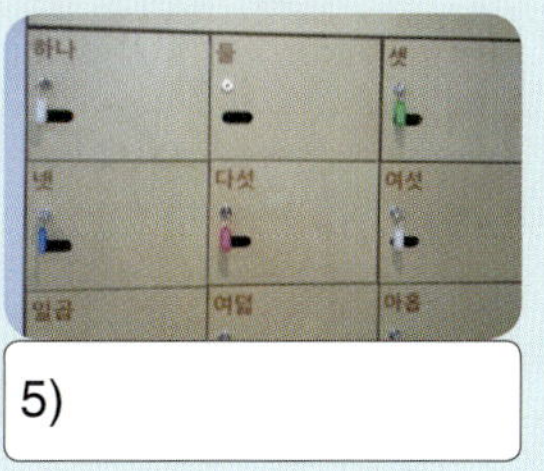

4)

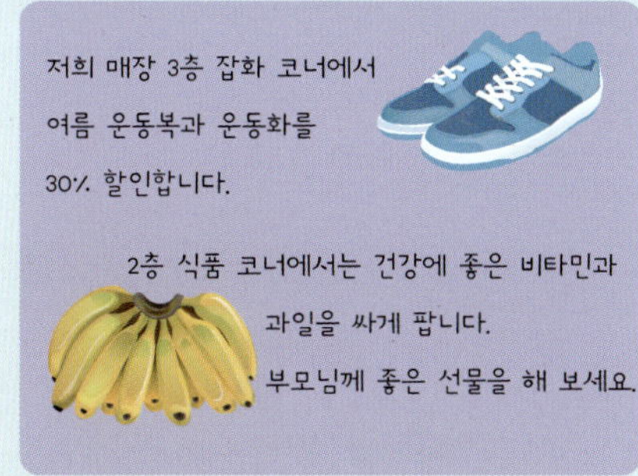

5)

16.2 몇 층 어디로 가야 합니까? 왼쪽에 있는 그림을 보고 대답하세요.

1) 배가 고파요. 친구들과 떡볶이와 만두를 먹을 거예요.   ___1층 푸드코트___

2) 제가 쇼핑을 하는 동안 아이들이 놀 곳이에요.   __________________

3) 양말과 속옷을 사고 싶어요.   __________________

4) 쇼핑을 다 했어요. 이제 제 차로 집에 갈 거예요.   __________________

5) 야채와 고기를 사서 맛있는 음식을 만들 거예요.   __________________

16.3 다음 광고를 읽고 맞으면 O, 틀리면 X 하세요.

1) 음식을 사려면 2층으로 가야 합니다.   (   )

2) 3층에서 모든 운동화를 할인합니다.   (   )

3) 이 마트에서는 과일을 싸게 살 수 있습니다.   (   )

4) 부모님에게만 비타민과 과일을 싸게 팝니다.   (   )

5) 식품 코너에서 비타민을 30% 할인받을 수 있습니다.   (   )

16.4 다음 글을 읽고 알맞은 단어를 쓰세요.

사물함	장	배달	쿠폰	시식 코너	전단지	카트	맛

  오늘은 1)__________을/를 보러 마트에 갔어요. 2)__________을/를 봤는데 오늘은 딸기와 삼겹살을 싸게 팔아요. 그래서 먼저 매장에 갔어요. 필요한 것들을 3)________에 넣었어요. 4)________에서 새로 나온 우유를 마셔 봤어요. 너무 맛있어서 하나 샀어요. 그리고 5)__________(으)로 샴푸도 2,000원 할인받았어요. 오늘 산 물건이 너무 많아서 6)__________을/를 시켰어요. 마트에서 쇼핑하면 참 편리한 것 같아요.

 은행

 은행에서 무엇을 했어요?

저는 ATM에서 5만 원을 찾았어요. / 뽑았어요.	환전하러 은행에 갔습니다. 달러를 한국 돈으로 바꿨어요.	인터넷 뱅킹을 신청했어요. 오늘부터 인터넷으로 돈을 보낼 수 있어요.	저는 은행에서 핸드폰 요금을 냈어요. 은행에서 공과금도 낼 수 있어요.

TIP

Nowadays, different banking activities can be carried out without visiting a bank. Accordingly, you can make an application at the bank for '텔레뱅킹' which enables conducting banking activities with telephones, '인터넷뱅킹' with the Internet, or '스마트폰뱅킹' with smartphones, and then conduct banking activities conveniently.

 이야기해 봅시다!

경비원 : 어떻게 오셨어요?
미나코 : 통장을 만들려고 하는데요.
경비원 : 번호표를 뽑고 잠시만 기다려 주세요.
　　　　 ("221번 손님 3번 창구로 오십시오.")
미나코 : 한국은행 통장을 만들고 싶은데요.
은행원 : 여기 있는 신청서를 작성해 주세요.
　　　　 그리고 신분증 좀 보여 주시겠어요?
미나코 : 여기 있습니다.
은행원 : 현금카드도 만들어 드릴까요?
미나코 : 체크카드로 만들어 주세요.

로버트 : 제가 카드 비밀번호를 잊어버렸는데요.
은행원 : 신분증 좀 보여 주시겠어요?
로버트 : 여기 있습니다.
은행원 : 여기에 새로운 비밀번호 4자리를 누르고 확인 버튼을 눌러 주세요.

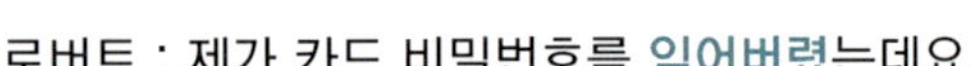

17.1 알맞은 동사를 골라 쓰세요.

신청하다　누르다　만들다　뽑다　찾다　내다　잊어버리다

1) 번호표를 ＿＿＿＿＿＿ [-고] 순서를 기다려요.

2) 은행에 가서 핸드폰 요금을 ＿＿＿＿＿＿. [-았/었어요]

3) 현금카드 비밀번호를 ＿＿＿＿＿＿ [-아/어서] 은행에 가야 해요.

4) 통장을 ＿＿＿＿＿＿ [-(으)려면] 신분증이 필요해요.

5) 새로운 비밀번호 4자리를 ＿＿＿＿＿＿. [-아/어 주세요]

6) 지갑에 현금이 없어서 ATM에서 10만 원을 ＿＿＿＿＿＿. [-았/었어요]

7) 인터넷 뱅킹을 ＿＿＿＿＿＿ [-아/어서] 오늘부터는 인터넷으로 돈을 보낼 수 있어요.

17.2 다음 글을 읽고 알맞은 단어를 쓰세요.

환전　번호표　신분증　통장　창구　신청서

　학교에 있는 은행에는 항상 사람들이 많아요. 그래서 항상 1)＿＿＿＿＿＿을/를 뽑고 기다려야 해요. 오늘은 인터넷 뱅킹을 신청하려고 해요. 인터넷 뱅킹을 신청하면 은행에 오지 않아도 되고 스마트폰 뱅킹도 할 수 있어서 편리할 것 같아요. 은행원이 "112번 손님" 제 번호를 불러요. 그래서 2)＿＿＿＿＿＿(으)로 갔어요. 먼저 인터넷 뱅킹 3)＿＿＿＿＿＿을/를 쓰고 4)＿＿＿＿＿＿을/를 보여 줬어요. ID와 비밀번호도 만들었어요. 이제부터는 편리하게 계좌이체를 할 수 있어요.

*계좌이체 Credit transfer

17.3 다음 대화를 완성하세요.

1) 직원 : 무엇을 도와드릴까요?

　고객 : 인터넷 뱅킹을 ＿＿＿＿＿＿.

　직원 : 한국은행 통장은 있으세요?

　고객 : 네, 있어요.

　직원 : 그럼, 신분증 좀 ＿＿＿＿＿＿?

2) 고객 : 한국은행 통장을 ＿＿＿＿＿＿.

　직원 : 그럼 여기에 있는 신청서를 작성해 주세요.

　　　　체크카드도 만들어 드릴까요?

　고객 : 네, ＿＿＿＿＿＿.

은행 거래 신청서

17.4 다음 질문에 대답하세요.

1) 최근에 언제 은행에 갔습니까? 은행에서 무엇을 했습니까?

2) 인터넷 뱅킹이나 스마트폰 뱅킹을 사용합니까? 사용하면 ①, 사용하지 않으면 ②로 가세요.

　① 어떤 점이 좋습니까?

　② 왜 사용하지 않습니까?

가 공항

나 공항에서 무엇을 해요?

출국

체크인 카운터에서
짐을 부칩니다.

탑승권을 확인합니다.

출국 심사를
받습니다.

면세점에서
쇼핑을 합니다.

탑승권을 보여 주고
비행기를 탑니다.

입국

비행기에서 내립니다.

입국 심사를
받습니다.

짐을 찾습니다.

출구로 나와서
친구를 만납니다.

공항 리무진을 타고
서울에 갑니다.

다 이야기해 봅시다!

(항공사)

직원 : 고객님, 죄송하지만 20kg를 초과하셨습니다.
지금 25kg이라서 짐을 빼거나 5kg의 추가 요금
을 내야 합니다.

성태 : 카드로 내도 돼요?

직원 : 네. 저기에 있는 카운터에 가서 요금을 지불하
고 다시 오세요.

(공항 리무진 매표소)

후위펑 : 서울 시청 앞으로 가는 공항 리무진을 타려고
하는데요.

안내원 : 5B 출구로 나가셔서 6005번 버스를 타시면 됩
니다. 가격은 만 원입니다.

후위펑 : 얼마나 자주 버스가 있어요?

안내원 : 40분에 한 대씩 있습니다.

후위펑 : 감사합니다.

18.1 여기가 어디입니까? 설명을 잘 읽고 알맞은 장소와 연결하세요.

1) 화장품이나 향수를 백화점보다 싸게 살 수 있습니다. •   • ㉮ 은행

2) 짐을 부치고 탑승권을 받을 수 있습니다. •   • ㉯ 안내 데스크

3) 다른 나라에 가기 전에 환전할 수 있습니다. •   • ㉰ 체크인 카운터

4) 비행기를 타기 전에 신문을 보거나 커피를 마시면서 쉴 수 있습니다. •   • ㉱ 라운지

5) 대중교통이나 한국 여행에 대해 물어볼 수 있습니다. •   • ㉲ 면세점

18.2 다음 문장을 읽고 알맞은 단어를 쓰세요.

1) 짐이 20kg을 초과해서 카운터에 가서 _____________을/를 냈습니다.

2) 비행기를 타기 전에 승무원에게 _____________을/를 보여 줬습니다.

3) 비행기에서 내려서 _____________을/를 받고 짐을 찾았습니다.

4) 인천공항에서 _____________을/를 타면 서울까지 쉽게 갈 수 있습니다.

5) 공항에 일찍 도착해서 _____________을/를 부쳤습니다.

6) _____________(으)로 나오니까 친구들이 저를 기다리고 있었습니다.

18.3 다음은 공항에서 출국할 때 하는 일입니다. 순서대로 고르세요.

1) 공항에 도착했습니다.   (1)

2) 면세점에서 친구들에게 줄 선물을 샀습니다.   (   )

3) 체크인 카운터에서 탑승권을 받았습니다.   (   )

4) 승무원에게 탑승권을 보여 주고 비행기에 탔습니다.   (   )

5) 출국 심사를 받으려고 여권과 가방을 보여 줬습니다.   (   )

18.4 다음 글을 읽고 알맞은 단어를 쓰세요.

안내 데스크	면세점	체크인 카운터	은행	라운지	출국

　여기는 인천공항입니다. 오늘부터 사흘 동안 휴가라서 태국으로 여행을 가려고 합니다. 먼저 1)__________에서 짐을 부치고 2)__________에 가서 돈을 바꿨습니다. 그런데 아직 출발 시간이 많이 남았습니다. 그래서 3)__________에 가서 잠깐 커피를 마시거나 신문을 읽을 겁니다. 그리고 4)__________ 심사를 받고 5)__________에서 쇼핑을 할 겁니다. 아차, 아직 핸드폰 로밍 서비스를 신청하지 않았습니다. 그런데 어디에서 로밍 서비스를 신청해야 할까요? 6)__________에 가서 물어봐야겠습니다.

가 커피숍에 무엇이 있어요?

나 더 배워 봅시다.

- 아메리카노 한 잔 **테이크아웃(take-out)해** 주세요.
- **주문하신** 아메리카노 한 잔 나왔습니다.
- **진동벨**이 울리면 가지러 오세요.
- **리필(refill)해** 주세요.
- **할인 카드**로 **할인**받으실 수 있습니다.
- **시럽(syrup)**은 **빼고** 주세요.

- 빵 좀 따뜻하게 **데워** 주세요.
- **쿠폰(coupon)**에 도장 좀 **찍어** 주세요.
- 커피에 크림, 설탕을 **넣어** 드릴까요?
- **샷(shot)** 추가해 주세요.

TIP
If you want your coffee without cream, sugar, or syrup when you drink it, you can say '빼고 주세요.'

TIP
In the coffee shop, "shot" means a cup of espresso. You say this when you want to drink it deep.

다 이야기해 봅시다!

■ 주문할 때

점원 : 뭘 드릴까요?
손님 : **아이스 아메리카노** 한 잔 주세요.
점원 : **테이크아웃하실 거예요?**
손님 : 네, **테이크아웃해** 주세요.

■ 할인 받을 때

손님 : 와플 **세트** 하나 주세요.
점원 : **할인**되는 카드 있으세요?
손님 : 네, 여기 있어요.
점원 : **할인**돼서 3,500원입니다.

TIP
When purchasing things in fast food restaurants or coffee shops, you can get a discount if you use a credit card providing a discount or show a membership card offered by your mobile carrier.

19.1 다음 그림을 보고 알맞은 단어를 쓰세요.

1)
2)
3)
4)
5)
6)
7)
8)

19.2 이것은 무엇입니까? 다음을 읽고 쓰세요.

1) 이것을 보고 주문합니다.   (   )

2) 이것이 울리면 주문한 음식을 가지러 갑니다.   (   )

3) 이것에 도장을 많이 찍으면 무료로 커피를 마실 수 있습니다.   (   )

4) 계산할 때 이것을 사용하면 좀 더 싸게 먹을 수 있습니다.   (   )

5) 케이크나 와플을 먹을 때 이것을 사용합니다.   (   )

6) 콜라나 주스를 마실 때 이것을 사용합니다.   (   )

19.3 다음 대화를 완성하세요.

1) 손님 : 카페모카 한 잔 주세요.
   점원 : 크림 올려 드릴까요?
   손님 : 아니요, ①_______________.
   점원 : 시럽은 넣어 드릴까요?
   손님 : 네, ②_______________.
   점원 : 여기에서 드시고 가세요?
   손님 : 아니요, ③_______________.

2) 손님 : 빵이 다 식었는데 좀 따뜻하게 ①_______________.
   점원 : 네, 알겠습니다. 더 필요하신 거 없으세요?
   손님 : 참, 아메리카노도 ②_______________.
   점원 : 한 잔만 리필하세요?
   손님 : 네.
   점원 : 여기 ③_______________ 가지러 오세요.

19.4 질문에 대답해 보세요.

1) 여러분은 언제 커피숍에 가세요? 커피숍에서 주로 무엇을 하세요?

2) 테이크아웃을 자주 하세요? 언제 주로 테이크아웃을 하세요?

 Unit **20** 백화점

8F 문화센터, 회원 서비스센터
7F 전문 식당가
6F 가전제품
5F 유아/아동복, 스포츠용품
4F 신사복
3F 숙녀복
2F 영캐주얼
1F 가방, 신발, 보석, 액세서리, 화장품
B1 식품
B2~B3 주차장

고객 여러분 안녕하십니까? 잠시 안내 방송을 하겠습니다. 오늘부터 백화점 **세일 기간**입니다. 8층 **행사장**에서는 가을철을 맞아 **숙녀복**, **남성복**, 그리고 **스포츠용품** 세일 행사를 진행하고 있습니다. 본 행사에서는 고객님들께 10월 1일부터 10월 7일까지 일주일간 최고 70%까지 **할인을 해** 드립니다. 또한 저희 백화점 **멤버십(membership) 카드**를 가지고 계신 고객님들께는 5%를 더 할인해 드리고 있습니다. 8층 행사장에서 즐거운 쇼핑하시기 바랍니다.

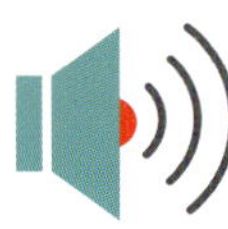

■ 안내 데스크에서 물어볼 때

고객 : **숙녀복 매장**은 몇 층에 있어요?
직원 : 2층으로 가시면 됩니다.
고객 : 엘리베이터는 어디에 있나요?
직원 : 앞으로 쭉 가시면 신발 매장이 있습니다. 신발 코너 바로 옆에 있습니다.

■ 계산대에서 계산할 때

고객 : 이거 계산 좀 해 주세요.
직원 : 몇 개월로 해 드릴까요?
고객 : **무이자 할부**되는 카드가 뭐 있어요?
직원 : 고객님, 여기 보시면 나와 있습니다.
고객 : ○○카드로 할게요.
직원 : 몇 개월로 해 드릴까요?
고객 : 3개월로 해 주세요.

- '무이자 할부' means the benefit that you can pay in installments without paying any interest when you buy merchandises.
- Cash receipt is a system providing the benefit of income tax deduction or tax credit for the cash receipts of specific limit. When issuing a cash receipt, you should show your cash receipt card, ID, or phone number as an identification method.

20.1 다음 단어와 관계없는 것에 ✔하세요.

1) 액세서리 : 반지, 장갑, 목걸이, 귀걸이

2) 신발　　 : 구두, 부츠, 샌들, 양말

3) 가전제품 : 냉장고, 침대, 세탁기, 에어컨

4) 식품　　 : 과일, 채소, 우유, 세제

5) 화장품　 : 로션, 스킨, 샴푸, 립스틱

20.2 몇 층에 가야 합니까? 왼쪽의 (가)에 있는 그림을 보고 대답하세요.

1) 면접 때 입고 갈 양복을 사야 합니다.　　　　　　　 (　　　)

2) 친구 결혼식 때 신을 구두가 필요합니다.　　　　　　 (　　　)

3) 텔레비전이 고장 나서 한 대 사려고 합니다.　　　　　 (　　　)

4) 요즘 운동을 시작했는데 운동화가 필요합니다.　　　　 (　　　)

5) 언니가 아이를 낳아서 조카에게 옷을 사 주려고 합니다　 (　　　)

6) 고향에 갈 때 할머니께 드릴 녹차를 사고 싶습니다.　　 (　　　)

20.3 여기는 어디입니까? 다음을 읽고 연결하세요.

1) 탈의실　　　 •　　　 • ㉮ 백화점 멤버십 카드를 만들 수 있습니다.

2) 안내 데스크　 •　　　 • ㉯ 고객들에게 백화점 안내를 해 줍니다.

3) 문화센터　　 •　　　 • ㉰ 차를 세우는 곳입니다.

4) 고객센터　　 •　　　 • ㉱ 옷을 갈아입을 수 있습니다.

5) 주차장　　　 •　　　 • ㉲ 노래 교실, 꽃꽂이, 요리 등을 배울 수 있습니다.

6) 포장 코너　　 •　　　 • ㉳ 선물할 물건을 예쁘게 포장할 수 있습니다.

20.4 다음을 읽고 알맞은 단어를 쓰세요.

현금 영수증　　계산대　　행사장　　무이자 할부　　멤버십 카드　　세일 기간

1) 요즘 ＿＿＿＿＿＿＿＿＿(이)라서 백화점에 사람이 아주 많습니다.

2) 고객님, ＿＿＿＿＿＿＿＿(으)로 오셔서 카드 결제를 취소하셔야 합니다. 이쪽으로 오세요.

3) ＿＿＿＿＿＿＿＿을/를 받을 때 카드가 없으면 주민등록번호나 전화번호가 필요합니다.

4) 고객님, ＿＿＿＿＿＿＿＿ 이/가 되는데 몇 개월로 해 드릴까요?

5) 저희 백화점 ＿＿＿＿＿＿＿＿이/가 있으면 더 할인을 받으실 수 있어요.

20.5 다음 질문에 대답하세요.

1) 쇼핑을 얼마나 자주 하세요? ＿＿＿＿＿＿＿＿＿＿＿＿＿＿＿＿＿＿＿＿＿＿＿＿＿＿＿

2) 어디에서 쇼핑을 해요? 왜 거기에서 쇼핑을 자주 해요? ＿＿＿＿＿＿＿＿＿＿＿＿＿＿＿＿

3) 백화점과 시장의 장점과 단점은 뭐예요?　예) 백화점은 교환이나 환불이 편한데 시장은 불편해요.

Unit 21   병원

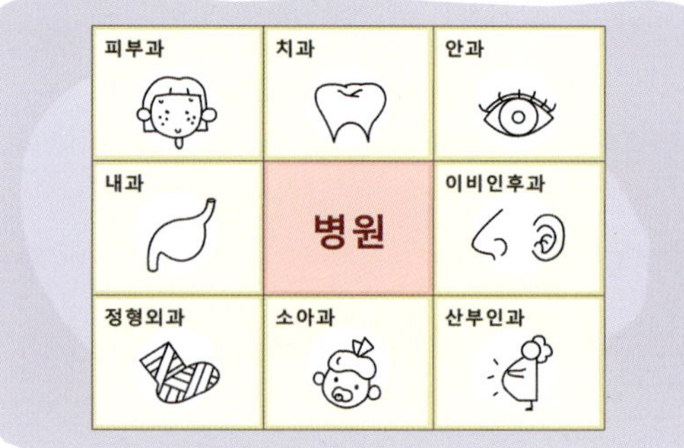

나 병원에서 무엇을 해요?

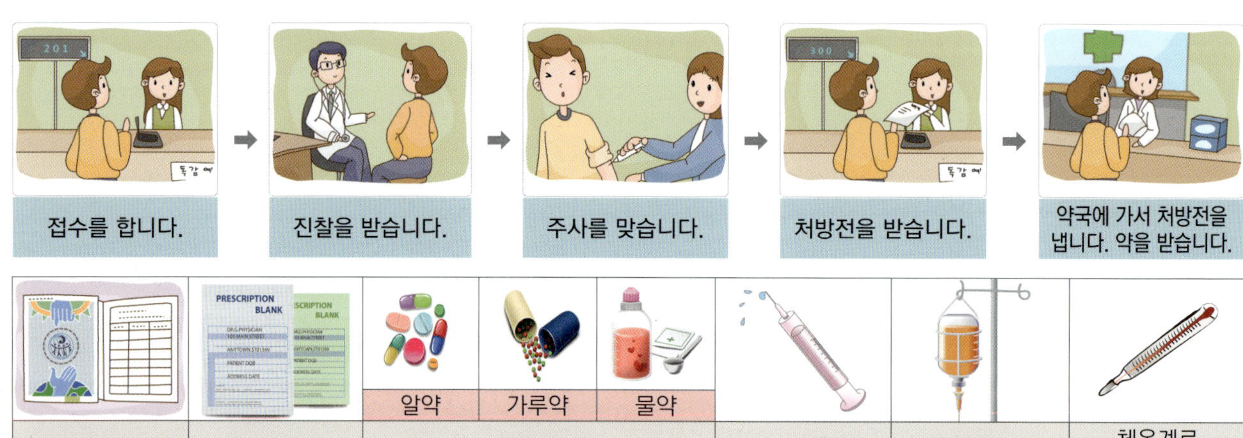

다 이야기해 봅시다!

■ 병원에서 접수할 때

간호사 : 어떻게 오셨어요?
환　자 : 소화가 잘 안 돼요.
간호사 : 저희 병원에 처음 오셨어요?
환　자 : 네, 처음 왔어요.
간호사 : 그럼 여기에 주민등록번호와 연락처를 써 주세요.

■ 병원에서 진찰받을 때

의사 : 어디가 아프세요?
환자 : 콧물이 나오고 머리가 아파요.
의사 : 기침도 하세요?
환자 : 기침은 별로 안 해요.
의사 : 요즘 감기가 유행이에요. 약을 3일분 처방해 드릴게요.

TIP You don't need to bring an medical insurance card today. You can register with resident registration number and contact number.

21.1 어느 병원에 가야 합니까? 관계있는 것과 연결하세요. (☞ 참고 Unit 26 병)

1) 이가 썩은 것 같아요. •　　　• ㉮ 내과

2) 밥만 먹으면 자주 체해요. •　　　• ㉯ 치과

3) 눈이 빨갛고 가려워요. •　　　• ㉰ 피부과

4) 아이가 아파요. •　　　• ㉱ 안과

5) 코가 가렵고 재채기가 나요. •　　　• ㉲ 소아과

6) 피부가 가려워요. •　　　• ㉳ 산부인과

7) 다리를 다쳤어요. •　　　• ㉴ 정형외과

8) 아이를 낳으려고 해요. •　　　• ㉵ 이비인후과

21.2 다음을 읽고 알맞은 단어를 쓰세요.

수술실	수납처	건강 보험증	처방전	체온계	주사

1) 어제 병원에 가서 의사 선생님께 진찰을 받고 ____________도 맞았습니다.

2) 약국에서 약을 살 때 ____________이/가 필요합니다.

3) 아이가 갑자기 열이 많이 나서 ____________(으)로 쟀습니다.

4) 진료를 받은 후에 ____________에서 돈을 냈습니다.

5) 의사와 간호사는 ____________에 들어가기 전에 손을 깨끗이 씻습니다.

21.3 다음 그림을 보고 맞으면 O, 틀리면 X 하세요.

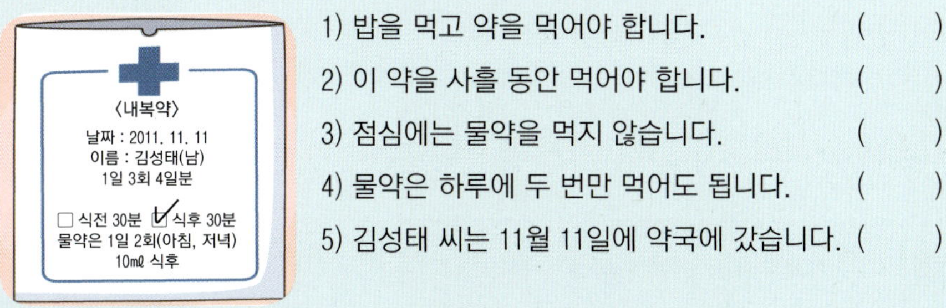

1) 밥을 먹고 약을 먹어야 합니다. (　　)

2) 이 약을 사흘 동안 먹어야 합니다. (　　)

3) 점심에는 물약을 먹지 않습니다. (　　)

4) 물약은 하루에 두 번만 먹어도 됩니다. (　　)

5) 김성태 씨는 11월 11일에 약국에 갔습니다. (　　)

21.4 다음 그림을 보고 알맞은 단어를 쓰세요.

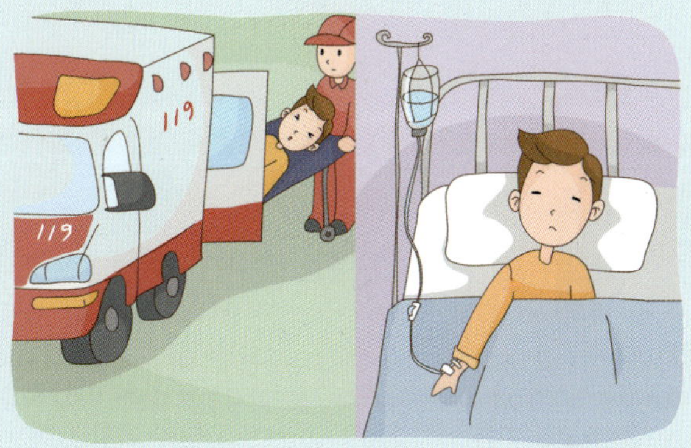

　　밤에 갑자기 배가 아팠습니다. 그래서 119에 전화를 했습니다. 조금 후에 119에서 차가 왔습니다. 그 차를 타고 1)__________(으)로 갔습니다. 의사 선생님께 2)__________을/를 받았습니다. 그리고 병실로 가서 3)__________을/를 맞았습니다. 그 다음날 나는 4)__________에 병원비를 내고 퇴원했습니다.

Unit 22 일생

성태는 부산에서
태어났습니다.

성태의 첫 번째 생일날입니다.
그래서 가족과 친구들과 함께
돌잔치를 합니다.

성태가 여덟 살에 **초등학교에
입학합니다.**

대학교에 입학했습니다.
전공은 경영학입니다.

고등학교에서는 대학교에 가려
고 열심히 공부합니다. 대학교
입학을 위한 **수능 시험** 때문에
스트레스가 많습니다.

14살이 되면 **중학교에
들어갑니다.** 3년 동안
중학교에 다닙니다.

1학년을 마치고 **군대에 갑니다.**
그리고 2년 후에 **제대합니다.**

다시 **대학생활**을 시작합니다.
그리고 **동아리**에서 예쁜
지원이를 만납니다.

2월에 대학교를
졸업합니다.

성태와 지원이는 할아버지,
할머니가 되었습니다. 그리고
90세에 **세상을 떠납니다.**

성태와 지원이는
결혼을 합니다. 그리고
아이를 낳습니다.

회사에 들어갑니다.
일은 힘들지만
아주 재미있습니다.

22.1 다음 단어에 알맞은 동사를 연결하세요.

1) 아기를 •
2) 결혼을 •
3) 회사에 •
4) 제대를 •
5) 대학교에 •
6) 돌잔치를 •
7) 세상을 •
8) 동아리에서 •
9) 중학교에 •
10) 일을 •

• ㉮ 들어가다
• ㉯ 하다
• ㉰ 떠나다
• ㉱ 만나다
• ㉲ 낳다

22.2 알맞은 단어를 쓰세요. 동사는 기본형으로 쓰세요.

〈세로〉

1. 매년 11월에 고등학생들은 대학교에 들어가기
   전에 ____________을/를 봅니다.
3. 저희 할아버지는 작년에 세상을 ____________.
5. 저는 1990년 5월 4일에 서울에서 ____________.
7. 내년에 중학교에 들어갑니다.
   중학생이 ____________.
8. ____________에 가면 자신이 원하는 전공을
   4년 동안 공부합니다.
10. 중학교를 졸업한 후에 ____________에 갑니다.

(Crossword grid) 2. 시작하다

〈가로〉

2. 자, 여러분 자리에 앉으세요. 수업을 ____시작합시다____.
4. 대학교를 졸업하고 회사에 ____________.
6. 저희 오빠는 1년 전에 군대에 갔습니다. 그래서 내년에 ____________.
9. 어린이들은 ____________에서 1학년부터 6학년까지 공부합니다.

22.3 미나코 씨와 나딤 씨는 어떻게 되었을까요? 다음 그림을 보고 이야기를 만들어 보세요.

____미나코와 나딤은 대학교에서 처음 만났습니다.____
____
____

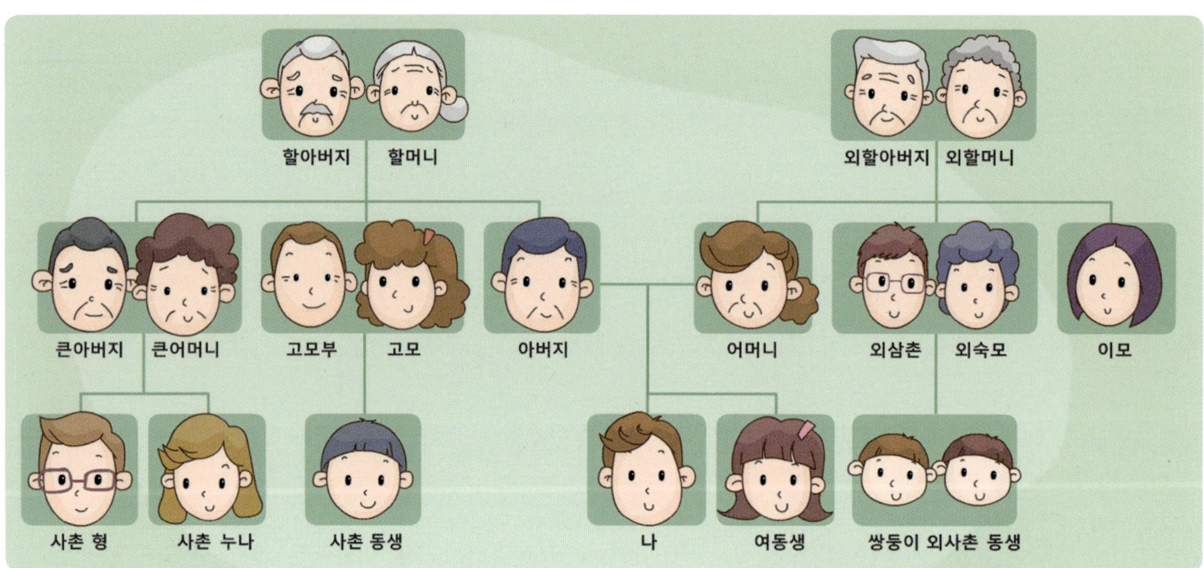

우리 **가족**을 소개하겠습니다.

우리 집에는 **아버지**, **어머니**, **여동생**, 그리고 제가 살고 있습니다.
아버지는 회사원이시고 어머니는 주부이십니다.
저는 고등학생이고 여동생은 중학교에 다니고 있습니다.

아버지는 형제가 3명입니다.
그래서 저는 **큰아버지**와 **고모**가 있습니다.
할아버지와 **할머니**께서는 시골에서 큰아버지, **큰어머니**와 살고 계십니다.
큰집에는 대학생인 **사촌 형**과 **사촌 누나**도 있습니다.

고모와 **고모부**는 우리 집 근처에 사셔서 자주 만납니다.
고모의 아들인 **사촌 동생**과도 매우 친합니다.

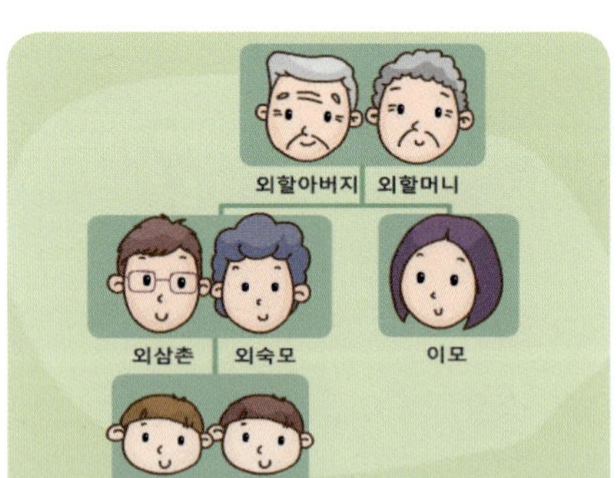

어머니도 형제가 3명입니다.
어머니는 남동생과 여동생이 있습니다.
그래서 저는 **외삼촌**과 **이모**가 있습니다.
외삼촌은 5년 전에 **외숙모**와 결혼해서 아이가 있습니다.
아들 **쌍둥이**입니다.

하지만 이모는 아직 결혼하지 않았습니다.
이모가 빨리 결혼해서 저도 **이모부**가 있었으면 좋겠습니다.

23.1 왼쪽의 그림을 보고 알맞은 단어를 쓰세요.

1) 할아버지는 아버지의 ___아버지___ 입니다.

2) 할머니는 아버지의 __________ 입니다.

3) __________은/는 아버지의 형입니다.

4) __________은/는 고모의 남편입니다.

5) 큰아버지 아들은 제게 __________ 입니다.

6) 할아버지의 딸은 __________ 입니다.

7) 어머니의 오빠는 __________ 입니다.

8) 어머니는 외할아버지의 __________ 입니다.

9) 외숙모는 __________의 아내입니다.

10) 어머니의 언니와 여동생은 __________ 입니다.

11) 이모부는 __________의 남편입니다.

12) 외삼촌의 아이들은 제게 __________ 입니다.

23.2 다음 글을 잘 읽고 질문에 대답하세요.

> 저는 일본에서 온 미나코입니다. 5년 전에 한국 남자와 결혼해서 지금 한국에서 살고 있습니다. 일본에서는 부모님과 여동생이랑 살았습니다. 결혼 후에는 시어머니, 시아버지 그리고 남편의 남동생과 함께 살고 있습니다. 그리고 남편의 누나는 이미 결혼을 했습니다. 저는 3살이 된 아들과 한 달 전에 태어난 쌍둥이 딸이 있습니다. 아들과 딸이 너무나 예쁘고 귀엽습니다. 시부모님은 모두 초등학교 선생님이십니다. 남편은 컴퓨터 회사에서 일을 하고 있고 시동생은 지금 대학원에서 공부를 하고 있습니다. 한국 생활은 조금 힘들지만 가족들이 저를 많이 도와줍니다. 그래서 결혼 생활이 아주 즐겁습니다.

1) 미나코는 일본에서 누구와 살았습니까?

2) 결혼 후에 함께 사는 가족이 몇 명입니까? 누구입니까?

3) 누가 대학원에 다닙니까?

4) 미나코의 아들과 딸은 몇 명입니까?

23.3 다음 가족 사진을 보고 가족을 소개해 보세요.

우리 가족을 소개하겠습니다.

____

____

____

____

____

____

23.4 다음 질문에 대답하세요.

1) 가족이 몇 명입니까?

2) 가족을 소개해 보세요.

Unit 24 신체

■ 머리와 얼굴

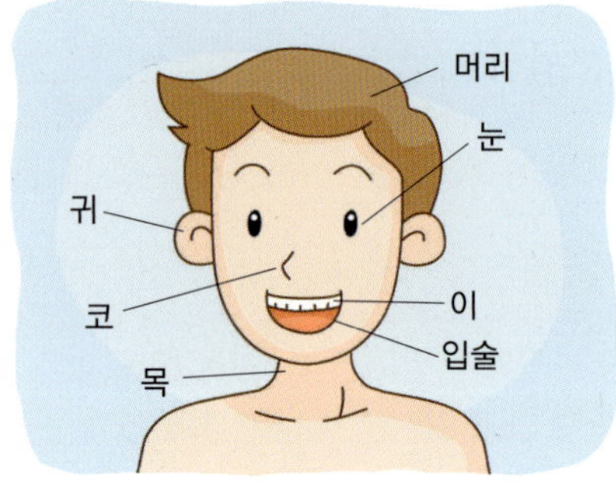

■ 팔과 다리

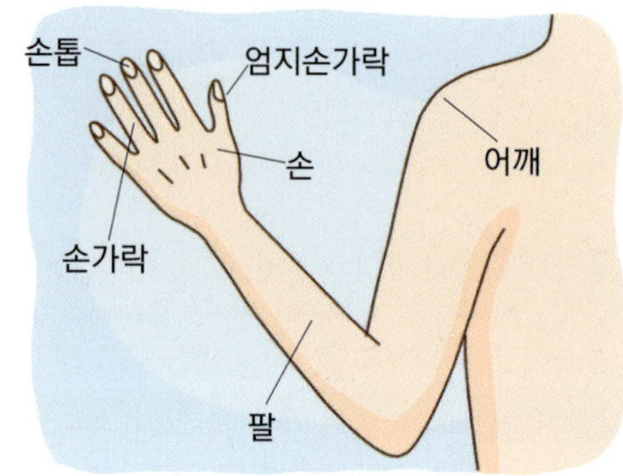

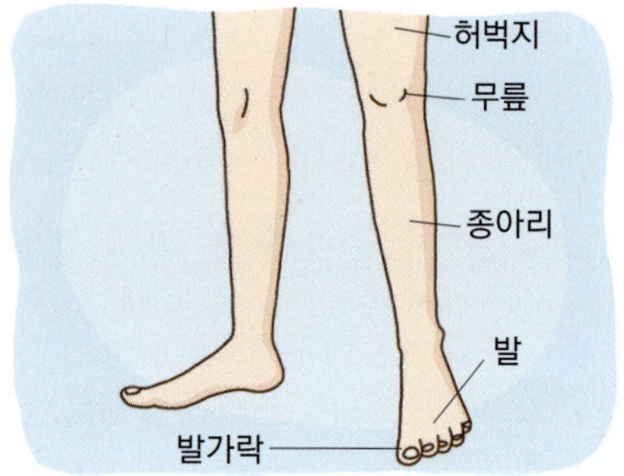

■ 내부 기관

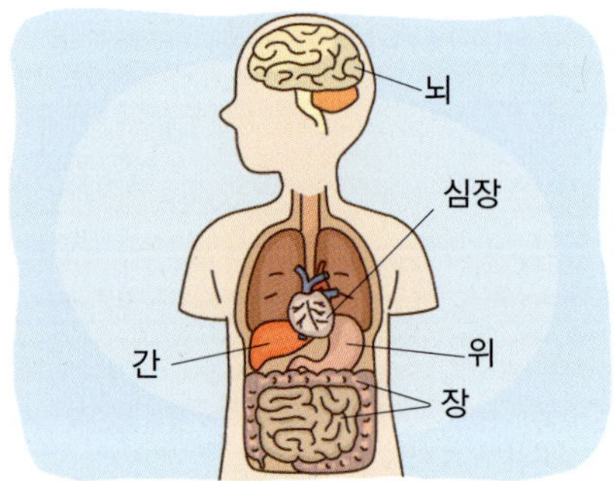

■ 몸

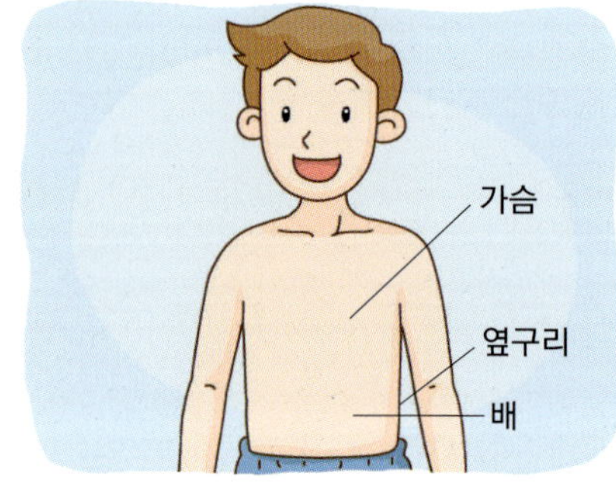

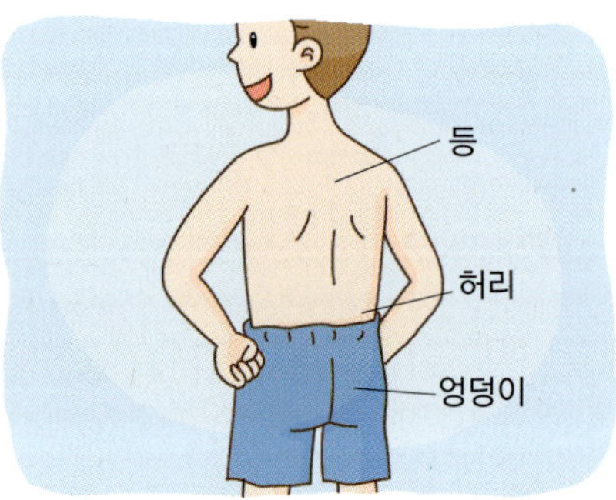

나 · 더 배워 봅시다.

- 이로 음식을 씹습니다.
- 남자 친구와 손을 잡고 걸어갑니다.
- 손가락으로 벨을 누릅니다.
- 눈이 아플 때는 잠깐 눈을 감으세요.
- 콧물이 나와서 코를 풀었어요.

- 코나 입으로 숨을 쉽니다.
- 입술에 립스틱을 바릅니다.
- 허리를 굽혀서 인사를 합니다.
- 옷을 입고 머리카락을 빗습니다.
- 심장이 빨리 뜁니다.

'머리를 빗다' is said more frequently instead of '머리카락을 빗다.'

24.1 다음 그림을 보고 알맞은 단어를 쓰세요.

24.2 알맞은 단어를 쓰세요.

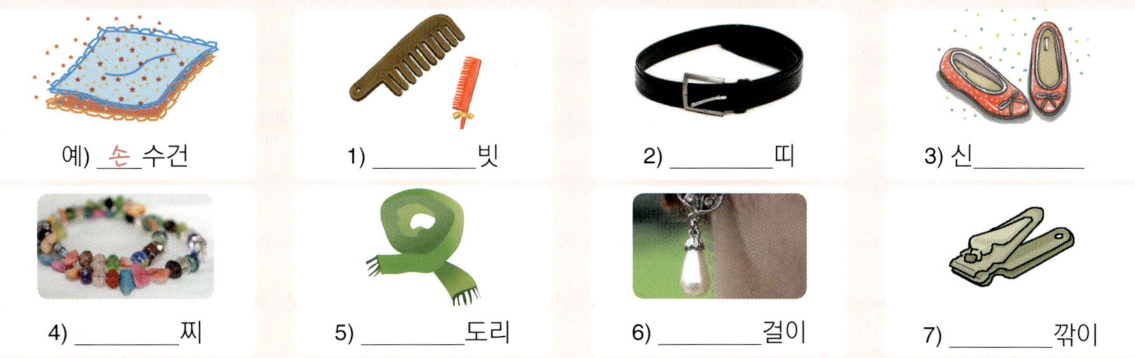

24.3 알맞은 단어를 쓰세요.

1) 아침에 일어나서 ______을/를 닦고 ______을/를 빗었습니다.

2) 자꾸 콧물이 나와서 ______을/를 풀었어요.

3) 어제 노래를 3시간 동안 불러서 ______이/가 아파요.

4) 배낭을 ______에 메고 등산을 해서 힘들었습니다.

5) 수영하다가 ______에 물이 들어가서 잘 안 들려요.

6) 컴퓨터 게임을 할 때 마우스를 많이 클릭해서 ______이/가 너무 아파요.

7) 주말에 남자 친구와 ______을/를 잡고 공원에서 산책했어요.

8) 어렸을 때 사탕을 많이 먹어서 ______이/가 다 썩었어요.

9) 피곤하면 잠시 ______을/를 감고 쉬어 보세요.

10) 우리 언니는 ______에 립스틱을 예쁘게 바르고 데이트를 하러 갔어요.

24.4 다음을 읽고 알맞은 단어를 쓰세요.

머리	눈	얼굴	심장	입술

   오늘은 회사 취직 면접이 있습니다. 시험 때문에 걱정이 많아서 어제 잠을 잘 못 잤습니다. 그래서 1)______이/가 아파서 두통약을 먹었습니다. 2)______도 빨개서 안약을 넣었습니다. 면접을 보러 면접장에 들어갔습니다. 너무 긴장이 돼서 3)______이/가 빨리 뛰었습니다. 그리고 면접관이 어려운 질문을 해서 4)______이/가 빨개졌습니다. 대답을 잘 못해서 너무 부끄러웠습니다.

가 외모

얼굴이 동그랗다

얼굴이 길다

눈이 크다

눈이 작다

쌍까풀이 있다

코가 높다

코가 낮다

입술이 두껍다

입술이 얇다

점이 있다

뚱뚱하다

날씬하다

마르다

키가 크다

키가 작다

예쁘다

잘생기다

귀엽다

멋있다

못생기다

> **TIP**
> '잘생기다, 못생기다, 마르다' are mainly used in a perfect form as '잘생겼어요, 못생겼어요, 말랐어요.'

나 서영 씨를 소개합니다.

서영 씨는 키가 크고 날씬합니다.
얼굴이 길고 눈이 큽니다. 쌍까풀도 있습니다.
코는 높고 입술이 얇습니다. 서영 씨는 어머니를 많이 닮았습니다.
사람들이 서영 씨에게 모두 예쁘다고 합니다.

다 이상형에 대해서 이야기해 봅시다.

미나코 : 서영 씨는 이상형이 어떻게 되세요?
서　영 : 저는 키가 180cm(센티미터) 이상이고 체격이 좋은 사람이 좋아요.
미나코 : 얼굴은요?
서　영 : 얼굴이 좀 길고 코가 높고 입술이 두꺼운 사람이 좋아요.
　　　　쌍까풀은 없는 사람이 좋고요.
미나코 : 어머, 저랑 비슷하네요.

25.1 그림을 보고 왼쪽에서 알맞은 단어를 골라 쓰세요.

1) 
   로버트

   - 로버트 씨는 얼굴이 길어요.
   - 머리가 ①_________. [아/어요]
   - 눈이 크고 ②_________이/가 있어요.
   - 입술이 얇고 ③_________이/가 있어요.

2)
   라니아

   - 라니아 씨는 얼굴이 ①_________. [-아/어요]
   - 머리가 ②_________ [-고] 까매요.
   - 눈 아래에 ③_________이/가 있어요.

25.2 알맞은 단어를 골라 쓰세요.

작다	크다	좋다	뚱뚱하다	마르다	닮다	두껍다

1) 농구 선수들은 보통 키가 _____________.

2) 로버트 씨는 키도 크고 체격이 _____________.

3) 지원 씨는 키가 150cm예요. 키가 _____________.

4) 성태 씨는 키가 180cm인데 몸무게는 65kg이에요. _____________.

5) 나딤 씨는 얼굴이 아버지하고 비슷해요. 아버지를 _____________.

6) 왕신 씨는 키가 170cm인데 몸무게는 95kg이에요. 아주 _____________.

25.3 다음 글을 읽고 맞으면 O, 틀리면 X하세요.

> 저는 후위펑입니다. 저는 키가 작기 때문에 키 큰 사람을 좋아합니다. 하지만 너무 마른 사람보다는 체격이 좋은 사람이 좋습니다. 그리고 제 눈이 작아서 눈이 크고 쌍까풀이 있는 사람이 좋습니다. 또 남자 친구가 운동을 좋아하면 좋겠습니다. 남자 친구와 같이 운동해서 날씬해지고 싶습니다.

1) 후위펑 씨는 키가 큽니다. ( )
2) 후위펑 씨는 눈이 작습니다. ( )
3) 후위펑 씨는 마른 남자를 좋아합니다. ( )
4) 후위펑 씨는 운동을 하고 싶어 합니다. ( )
5) 후위펑 씨의 이상형은 쌍까풀이 있는 남자입니다. ( )

Unit 26 병

■ 감기에 걸렸어요.

열이 나서
머리가 아파요.

코가 막혔어요.

콧물이 나와요.

목이 부었어요.

기침을 해요.
기침이 나요.

■ 배가 아파요.　　　　　　　　■ 눈병이 났어요.

소화가 안 돼요.
체했어요.

배탈이 나서
설사를 해요.

눈이 가려워요.

눈이 빨개요.

■ 피부병이 났어요.　　　　　　■ 이가 아파요.

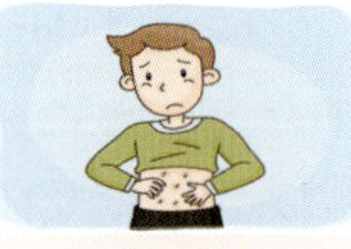
두드러기가
났어요.

가려워요.

이가 썩었어요.

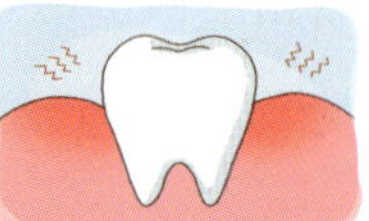
잇몸이 부었어요.

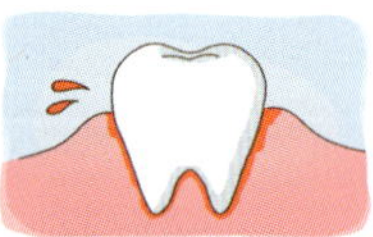
잇몸에서
피가 나요.

■ 다쳤어요.

칼에 손가락을 베
였어요.

교통사고가 나서
다리가 부러졌어요.

발목을 삐었어요.

무릎에서
피가 났어요.

- 머리가 아프면 두통약을 드세요.
- 감기에 걸렸어요. 밥을 먹고 감기약을 먹어야 해요.
- 배탈이 나서 설사를 해요. 지사제 좀 주세요.
- 소화가 안 돼요. 체했어요. 조금 전에 소화제를 먹었어요.
- 칼에 손을 베였어요? 빨리 연고를 바르고 밴드를 붙이세요.
- 발목을 삐었어요. 파스 좀 붙여 주세요.
- 눈이 빨개요. 안약 좀 넣으세요.
- 다리를 다쳐서 깁스를 했어요.

• 'N통' N-ache

두　통 : 머리가 아파요. I have a headache.
복　통 : 배가 아파요. I have a stomachache.
요　통 : 허리가 아파요. I have a backache.
치　통 : 이가 아파요. I have a toothache.
근육통 : 근육이 아파요. I have muscle aches.
생리통 : 여자들의 생리와 관련된 통증을 말한다.
　　　　 referring to pains related to women's periods.

26.1 보기에서 알맞은 단어를 골라 쓰세요.

| 보기 | 코 다리 이 손가락 콧물 피 기침 열 감기 발목 |

명사	동사	명사	동사
1) 열이 ,	나요	5)	부러졌어요
2)	나와요	6)	삐었어요
3)	막혔어요	7)	썩었어요
4)	걸렸어요	8)	베였어요

26.2 왜 병원에 갔습니까? 알맞은 증상을 쓰세요.

1) ______________ [-아/어서] 치과에 가야 해요.

2) 어제 저녁을 너무 많이 먹어서 ______________. [-아/어요] 그래서 오늘 내과에 가서 진찰을 받았어요.

3) 친구들하고 축구를 하다가 ______________. [-았/었어요] 그래서 외과에 가서 깁스를 했어요.

4) 어제부터 ______________ [-아/어서] 안과에 갔어요.

5) 팔에 ______________ [-아/어서] 가려워요. 그래서 피부과에 가서 진찰을 받았어요.

26.3 어디가 아파요? 어떻게 할까요? 알맞은 처방을 쓰세요.

1) 눈이 가려워서 ____________을/를 넣었어요.

2) 어머니께서 머리가 아프셔서 ____________을/를 드셨어요.

3) 제니 씨는 요리를 하다가 손을 베였어요. 그래서 ____________을/를 바르고 밴드를 붙였어요.

4) 레항 씨는 교통사고가 나서 다리가 부러졌어요. 지금 다리에 ____________을/를 해서 못 걸어요.

5) 어제 테니스를 치다가 발목을 삐었어요. 약국에서 ____________을/를 사서 붙였어요.

6) 동생이 혼자 삼겹살을 3인분을 먹고 체했어요. 그런데 ____________을/를 먹고 괜찮아졌어요.

26.4 다음 그림을 보고 이야기를 만드세요.

어제 저녁에 비가 왔습니다. 그런데 우산이 없어서 비를 맞았습니다.

그 다음날 ____

그래서 병원에 가서 ______________________________________

____

____

한국에서 좋은 친구들을 많이 만나서 정말 **기뻤습니다**. 친구들과 즐거운 시간을 보내서 **행복했습니다**.

이제 고향으로 돌아갑니다. 너무 **슬픕니다**. 친구들이 저를 위해 공항에 나왔습니다. 너무 **고마웠습니다**.

집에 들어갔는데 아무도 없습니다. 밖에 바람도 불고 비도 많이 내립니다. 혼자 집에 있으니까 정말 **무섭습니다**.

갑자기 문 뒤에서 동생이 나타났습니다. 깜짝 **놀랐습니다**. 하지만 동생과 함께 있어서 정말 **다행입니다**.

이번 주말에도 약속이 없습니다. 너무 **심심합니다**. 친구들은 모두 남자 친구가 있지만 저는 없습니다. 정말 **외롭습니다**.

사실 **좋아하는** 사람이 있습니다. 그 사람을 사랑하지만 **부끄러워서** 이야기할 수 없습니다. 저는 용기가 없습니다.

친구와 싸웠습니다. 정말 **화가 났습니다**. 그래서 다시 친구와 이야기하고 싶지 않았습니다. **기분이** 너무 **나빴습니다**.

친구가 저에게 사과했습니다. 저도 갑자기 친구에게 너무 **미안했습니다**. 지금은 친구랑 잘 지냅니다. 친구와 같이 있는 시간이 가장 **재미있습니다**.

27.1 다음 그림을 보고 알맞은 단어를 골라 쓰세요.

| 슬프다 | 화가 나다 | 외롭다 | 다행이다 | 부끄럽다 | 놀라다 | 행복하다 |

1) ___다행이다___

2) ____________

3) ____________

4) ____________

5) ____________

6) ____________

27.2 다음 문장을 읽고 알맞은 단어와 연결하세요.

1) 오늘 귀신 영화를 봤어요. •   • ㉮ 재미있었어요.

2) 친구가 약속 시간에 늦었어요. •   • ㉯ 기뻤어요.

3) 부모님과 부산을 여행했어요. •   • ㉰ 무서웠어요.

4) 첫 월급을 받았어요. •   • ㉱ 화가 났어요.

5) 회사 동료가 제 일을 도와 줬어요. •   • ㉲ 고마웠어요.

27.3 알맞은 형용사를 골라 쓰세요.

| 고맙다 | 슬프다 | 부끄럽다 | 미안하다 | 무섭다 | 심심하다 |

1) 정말 열심히 공부했는데 시험을 못 봤어요. 그래서 ____________. [-았/었어요]

2) 오늘 하루 종일 집에 있었어요. 할 일이 없어서 조금 ____________. [-았/었어요]

3) 오늘은 제 생일인데 친구들이 깜짝 파티를 해 줬어요. 그래서 정말 ____________. [-았/었어요]

4) 갑자기 비가 내리고 천둥 번개가 쳤어요. 혼자 집에 있으니까 정말 ____________. [-았/었어요]

5) 명동에서 좋아하는 가수를 봤어요. 그런데 ____________ [-아/어서] 사인도 못 받았어요.

27.4 다음 질문에 대답하세요.

1) 화가 나면 어떻게 해요? ___저는 화가 나면 조용한 음악을 들어요.___

2) 심심할 때 무엇을 해요? ____________

3) 무엇을 할 때 행복해요? ____________

4) 언제 부끄러웠어요? ____________

5) 친구에게 미안하면 어떻게 해요? ____________

가 세계 여러 나라

 나라 이름 + '어', '말' 예) 한국어, 중국어, 일본어   나라 이름 + 사람   예) 한국 사람, 중국 사람, 일본 사람

나 나라 소개

- 국적 : 한국
- 언어 : 한국어(한글)
- 수도 : 서울
- 음식 : 김치, 불고기, 갈비, 비빔밥

Korea

　　저는 한국에서 왔습니다. 한국 사람들은 모두 한국어를 사용합니다. 한글은 한국어의 문자인데 어렵지 않아서 외국인들도 쉽게 배울 수 있습니다.
　　한국의 수도는 서울입니다. 서울은 아주 큰 도시라서 구경할 곳이 많습니다. 불고기와 갈비는 외국인들이 아주 좋아하는 음식입니다. 요즘은 비빔밥과 김치를 좋아하는 사람들도 많습니다.

- 국적 : 브라질
- 언어 : 포르투갈어
- 수도 : 브라질리아
- 특징 : 아마존 강, 이구아수 폭포

Brazil

　　저는 브라질에서 온 기가라고 합니다. 브라질에서는 포르투갈어를 사용합니다. 수도는 브라질리아이고 축구로 아주 유명합니다. 그리고 세계에서 가장 긴 아마존 강이 흐르고 있어서 아름다운 자연을 볼 수 있습니다. 이구아수 폭포와 삼바 축제를 보기 위해서 관광객들이 많이 옵니다.

- 국적 : 이탈리아
- 언어 : 이탈리아어
- 수도 : 로마
- 음식 : 피자, 파스타

Italy

　　저는 이탈리아 사람인 나탈리입니다. 이탈리아에서는 이탈리아어를 사용해요. 이탈리아의 수도는 로마예요. 로마에는 콜로세움(The Colosseum)이나 판테온(The Pantheon) 신전과 같이 아주 유명한 건물이 많이 있어요. 그리고 피자와 파스타는 모든 사람이 좋아하는 음식이에요.

28.1 다음은 어느 나라입니까? 알맞은 나라 이름을 쓰세요.

28.2 다음은 세계에서 사용하는 주요 언어입니다. 알맞은 단어를 골라 쓰세요.

베트남 일본 중국 포르투갈 독일 스페인 영국

언어	사용 인구	나라
중국어	10억 8000만	1) ____________, 대만, 홍콩
힌디어	3억 7000만	인도
스페인어	3억 5000만	2) ___________, 멕시코
영어	3억 4000만	미국, 3) ___________, 캐나다
아랍어	2억 5500만	사우디아라비아
포르투갈어	2억 3000만	4) ___________, 브라질, 인도, 방글라데시
벵골어	1억 9600만	인도, 방글라데시
일본어	1억 2600만	5) ___________
독일어	9100만	6) ___________, 스위스
베트남어	8200만	7) ___________
한국어	7100만	한국, 북한

28.3 여러분의 나라를 소개해 보세요.

1) 어느 나라에서 왔어요?

2) 무엇이 유명해요?

3) 어떤 음식이 유명해요?

가 도시

　강남역 주변에는 높은 **빌딩**이 많습니다. **지하철역**과 **버스 정류장**이 가까워서 교통이 아주 편리합니다. 지하철역 **지하도** 안에는 쇼핑센터가 있습니다. 그리고 **도로**에는 차들이 항상 많아서 길이 자주 막히고 **공기가** 안 좋습니다. 또 **주차장**이 많이 없어서 주차하기가 어렵습니다. 근처에는 식당과 술집도 많습니다. 밤이 되면 길거리에 네온사인이 많아서 아주 밝습니다. 강남역 근처에 있는 양재역에는 양재시민**공원**이 있습니다. 공원에는 **가로등**이 있어서 밤에도 사람들이 운동하기가 좋습니다.

나 시골

　시골에는 **산**과 **언덕**과 **숲**이 많습니다. **논**과 **밭**에서는 쌀과 옥수수, 고구마 등을 기릅니다. 논과 밭에 **허수아비**가 있어서 새가 곡식이나 채소를 먹지 못합니다. 겨울에는 **비닐하우스**에서 채소와 과일을 기릅니다. 여름에는 **마을** 사람들이 **원두막**에 모여서 수박을 먹습니다. 그리고 **시냇가**에서 낚시도 합니다. 시골에서의 생활은 조용하고 즐겁습니다. 하지만 마을에 지하철이 없고 버스도 자주 다니지 않아서 **시내**로 나갈 때 조금 불편합니다.

29.1 도시나 시골과 관계있는 단어를 골라서 쓰세요.

산　　언덕　　빌딩　　지하도　　밭　　원두막　　비닐하우스　　네온사인　　논　　허수아비

<table>
<tr><td>도시</td><td>시골</td></tr>
</table>

29.2 알맞은 단어를 써서 문장을 완성하세요.

1) 밤에는 ___________이/가 있어서 무섭지 않습니다.

2) 백화점에 쇼핑하러 오는 사람들이 많아서 ___________에 주차하기가 어려웠습니다.

3) 새가 논에 있는 ___________을/를 보고 깜짝 놀라서 날아갔습니다.

4) 요즘은 겨울에도 ___________에서 딸기나 수박을 기릅니다.

5) 어렸을 때 시골에 가면 ___________에서 참외나 수박을 먹었습니다.

29.3 다음을 읽고 알맞은 단어를 골라서 쓰세요.

시골　　시내　　도시　　마을　　교통　　쇼핑센터　　숲　　원두막　　빌딩　　공기

저는 1) ___________에 살고 있는 회사원입니다.
버스와 지하철이 많아서 2) ___________이/가 편리합니다.
집 근처에 큰 도서관이 있어서 읽고 싶은 책을 읽을 수 있습니다.
3)___________와/과 가게, 은행이 많아서 생활이 편리합니다.
그러나 나무가 별로 없어서 4) ___________이/가 안 좋습니다.

저는 5)___________에 살고 있는 농부입니다.
시골에는 산과 들, 6)___________이/가 있어서 공기가 깨끗합니다.
하지만 7)___________에 작은 가게들은 있지만 큰 쇼핑센터가 없습니다. 그래서
쇼핑을 하려면 차를 타고 8)___________(으)로 나가야 합니다. 버스가 있지만 한
시간에 한 대만 있어서 좀 불편합니다.

29.4 다음 질문을 읽고 대답해 보세요.

1) 여러분은 도시와 시골 중에서 어디에 살고 싶어요?

2) 왜 그곳에 살고 싶어요?　저는 도시에서 살고 싶어요. 도시는 교통이 편리해서 좋아요.
　　　　　　　　　　　　　　저는 시골에서 살고 싶어요. 나무가 많아서 공기가 좋아요.

우리 집은 아침에 조금 시끄러워요. 아침마다 집 앞 나무 위에서 **새**가 '**짹짹**' 하고 울어요. 그리고 집 뒤에 있는 **닭**도 '**꼬꼬댁**' 하고 울어요. 우리 집에는 다른 동물도 있어요. 마당에는 **개**와 **고양이**가 있고 집 뒤에는 **돼지**와 **소**, 그리고 **오리**도 있어요. 동물들이 모두 아침마다 시끄럽게 울어서 일찍 일어나야 해요.

동물	새끼
개	강아지
닭	병아리
소	송아지
말	망아지

여기는 동물원이에요. **코끼리**는 물을 마시고 있고 **기린**은 나뭇잎을 먹고 있어요. 모두 배가 고픈 것 같아요. 그런데 **코알라**는 아직도 나무 위에서 잠을 자고 있군요. **사자**와 **호랑이**는 사이좋게 쉬고 있어요. **악어**는 더워서 샤워하러 물속으로 들어가요. 동물원 가족이 모두 즐거운 하루를 시작해요.

30.1 다음에 들어갈 동물을 왼쪽에서 찾아 쓰세요.

1) ____________은/는 목이 아주 긴 동물이에요.

2) ____________은/는 깡충깡충 아주 잘 뜁니다.

3) ____________은/는 발이 없고 배로 다닙니다.

4) ____________은/는 코가 아주 길어요.

5) 저는 제주도에 가서 ____________을/를 탔어요.

6) 어항에 있는 ____________하고 ____________한테 먹이를 줬어요.

7) ____________이/가 나무에서 떨어졌어요.

8) 호주에 가면 ____________하고 ____________을/를 볼 수 있어요.

9) 방학 때 중국에서 ____________하고 같이 사진을 찍었어요.

10) ____________와/과 ____________이/가 낳은 새끼를 라이거(liger)라고 합니다.

30.2 다음을 읽고 알맞은 것을 골라 쓰세요.

| 꿀꿀 | 음매 | 야옹 | 멍멍 | 꼬꼬댁 | 짹짹 | 꽥꽥 |

1) 돼지가 ____________, 소가 ____________ 울었어요.

2) 고양이가 ____________ 소리를 냅니다.

3) 집에 주인이 오면 개가 ____________ 짖습니다.

4) 닭은 아침에 ____________ 하고 웁니다.

5) 오리는 ____________, 참새는 ____________ 웁니다.

30.3 관계있는 것끼리 연결하세요.

1) 알을 낳아요.　　　　　　　　　•　　　　• ㉮ 개, 닭, 소

2) 집 안에서 길러요.　　　　　　　•　　　　• ㉯ 닭, 오리, 새

3) 엄마와 새끼의 이름이 달라요.　•　　　　• ㉰ 고양이, 개, 물고기

4) 풀만 먹어요.　　　　　　　　　•　　　　• ㉱ 코알라, 기린, 토끼

30.4 다음을 읽고 질문에 대답해 보세요.

> 한국에서는 12가지 동물로 태어난 해를 말하기도 합니다. 12가지 동물에는 '쥐, 소, 호랑이, 토끼, 용, 뱀, 말, 양, 원숭이, 닭, 개, 돼지'가 있습니다. 그래서 사람들은 다른 사람의 나이를 알고 싶을 때 "무슨 띠예요?" 하고 물어보고 나이를 계산합니다. 저는 1993년에 태어나서 닭띠입니다. 여러분의 띠는 무엇입니까?

1) 띠에는 몇 가지 동물이 있어요?

2) 여러분은 무슨 띠예요?

말	소	호랑이	토끼	용	뱀
1978, 1990	1973, 1985	1974, 1986	1975, 1987	1976, 1988	1977, 1989
쥐	양	원숭이	닭	개	돼지
1984, 1996	1979, 1991	1980, 1992	1981, 1993	1982, 1994	1983, 1995

우리 집 정원에 예쁜 꽃이 피었어요. 장미꽃, 봉선화, 무궁화가 아주 아름다워요. 그리고 정원에는 제가 어렸을 때 부모님과 함께 심은 소나무도 있어요. 지금은 많이 자라서 저보다 키가 커요. 정원에는 잔디도 있고 풀과 꽃들도 자라고 있어요.

- 오늘은 어버이날이에요. 그래서 감사하는 마음으로 카네이션을 사서 부모님께 드렸어요.
- 내일은 여자 친구의 생일이에요. 그래서 장미 100송이를 선물할 거예요.
- 한국 사람들은 장례식장에서 국화를 사진 앞에 놓고 절을 해요.
- 무궁화는 한국의 꽃이에요. 여름에 하얀색, 빨간색, 분홍색 꽃이 피어요.
- 친구가 새로 옷 가게를 열었어요. 그래서 예쁜 화분을 선물했어요.

'화분' refers to flowers or trees planted in a pot in total.

31.1 그림에 알맞은 단어를 쓰세요.

1)___잔디___ 2)___________ 3)___________ 4)___________ 5)___________

31.2 다음 단어와 관련이 없는 것에 ✓하세요.

1) 겨울 : 벚꽃, 금잔화, 수선화, 동백나무
2) 봄 : 은행나무, 진달래, 벚꽃, 개나리
3) 꽃 : 카네이션, 장미꽃, 무궁화, 화분
4) 가을 : 코스모스, 국화, 소나무, 단풍나무
5) 특별한 날 : 장미, 국화, 카네이션, 백합
6) 여름 : 백합, 유채, 연꽃, 봉선화
7) 나무 : 나뭇잎, 풀, 잔디, 뿌리

31.3 다음을 읽고 알맞은 단어를 쓰세요.

나무	장미	무궁화	진달래	카네이션	코스모스

1) 오늘은 어버이날이라서 부모님께 드리려고 ___________을/를 샀어요.
2) 4월 5일은 식목일이에요. 그래서 산에 가서 ___________을/를 심을 거예요.
3) 봄이 되면 곳곳에 ___________이/가 많이 펴요.
4) ___________은/는 한국을 대표하는 꽃으로 주로 여름에 볼 수 있어요.
5) 친구의 스무 번째 생일에 ___________ 20송이를 선물할 거예요.
6) 가을이 되면 국화와 ___________이/가 예쁘게 펴요.

31.4 다음 글을 읽고 질문에 대답하세요.

한국은 봄이 되면 예쁜 꽃이 많이 펴요. 그래서 산이나 공원으로 꽃구경을 가는 사람들이 많아요. 그리고 전국 곳곳에서 꽃 축제도 많이 해요. 저는 작년 봄에 친구와 함께 여의도 벚꽃 축제에 다녀왔어요. 하얀 벚꽃이 너무 아름다워서 사진을 많이 찍었어요. 그리고 저녁에 불꽃놀이도 볼 수 있어서 좋았어요. 올해는 제주도 유채 꽃 축제에 가 보려고 해요. 제주도도 구경하고 유채 꽃 앞에서 사진도 찍을 거예요.

1) 벚꽃과 유채 꽃은 언제 핍니까?
2) 이 사람은 작년 봄에 어디에 다녀왔습니까?
3) 제주도에서는 무슨 축제를 합니까?
4) 이 사람은 제주도에서 무엇을 할 겁니까?

가 과일과 채소

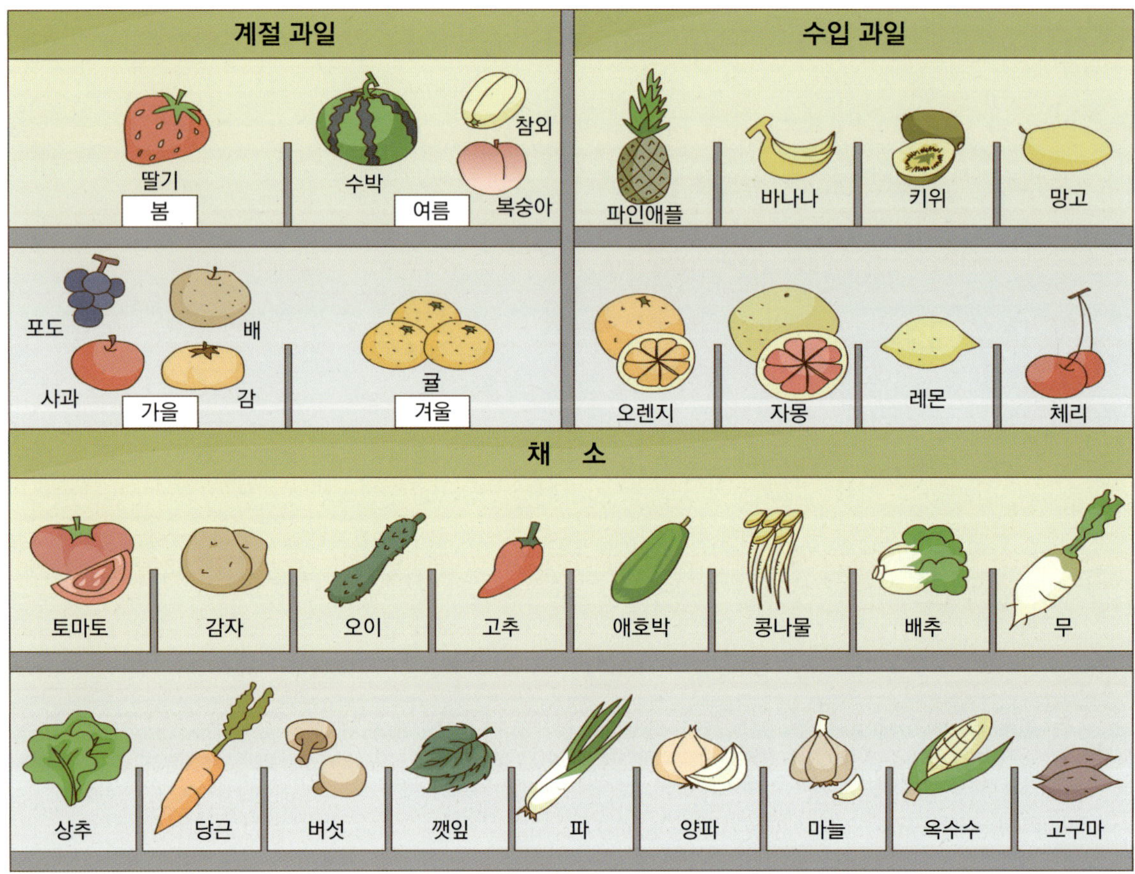

야채와 채소는 같은 말입니다. 배추는 김치를 만드는 재료이고, 양배추는 샐러드 재료입니다.

나 단위명사

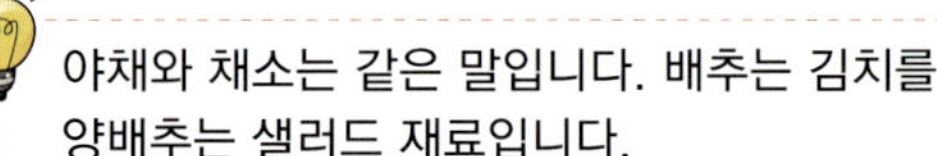

한 개	한 단	100g(그램)	한 통	한 송이

다 이야기해 봅시다!

지원 : **파** 한 **단**에 얼마예요?

직원 : 한 **단**에 2천 원이에요.

지원 : **오이**는 어떻게 팔아요?

직원 : 2천 원에 두 개예요.

지원 : 그럼 **파** 한 **단**하고 **오이** 2천 원어치 주세요.

'N어치' is word meaning the quantity of corresponding price by being attached to a measurement noun referring to a price.

32.1 채소와 과일을 골라 쓰세요.

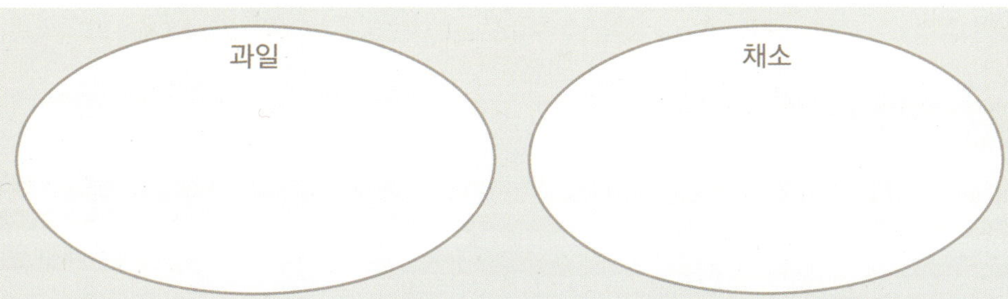

딸기　토마토　바나나　옥수수　오이　레몬　고구마　참외

과일	채소

32.2 비빔밥과 닭갈비를 만들 때 어떤 야채가 필요할까요? 아래의 그림을 보고 쓰세요.

1) 비빔밥을 만들 때 필요한 야채 : ____________, ____________, ____________, ____________, ____________

2) 닭갈비를 만들 때 필요한 야채 : ____________, ____________, ____________, ____________, ____________

32.3 다음을 읽고 알맞은 말을 쓰세요.

1) 시장에 가서 수박 두 통과 바나나 한 ____________을/를 샀어요.

2) 땀이 많이 나는 더운 여름에 ____________을/를 먹으면 시원해요.

3) 봄에 먹는 과일 중에서 가장 대표적인 것은 ____________입니다.

4) 주로 겨울에 먹는 과일인 ____________은/는 제주도가 아주 유명합니다.

5) 우리가 자주 먹는 김치는 ____________(으)로 만들고 깍두기는 ____________(으)로 만듭니다.

32.4 다음을 읽고 질문에 대답해 보세요.

> 　과일은 건강에 아주 좋습니다. 특히 겨울에는 비타민 C가 많은 과일을 먹으면 감기에 걸리지 않습니다. 비타민 C가 많은 과일에는 오렌지, 사과, 딸기 등이 있습니다. 딸기는 우유와 같이 먹으면 더 좋습니다. 그리고 배는 목감기에 걸렸을 때나 체했을 때 먹으면 좋습니다. 토마토, 수박은 다이어트에 도움이 됩니다. 또 포도는 피곤할 때 먹으면 좋습니다.

1) 감기에 걸리지 않으려면 무슨 과일을 많이 먹어야 합니까? ____________, ____________, ____________

2) 우유와 함께 먹으면 좋은 과일은 무엇입니까? ____________

3) 목감기에 걸렸을 때 무슨 과일을 먹으면 좋습니까? ____________

4) 다이어트에는 무슨 과일이 좋습니까? ____________, ____________

5) 피곤할 때 무슨 과일을 먹으면 도움이 됩니까? ____________

 **가** 한국 지도

- 한국에서 제일 큰 도시는 **서울특별시**입니다. 그리고 **인천, 대전, 대구, 광주, 울산, 부산광역시**가 있습니다. 또 **경기도, 강원도, 경상도, 충청도, 전라도**가 있습니다.

- 한국은 삼면이 모두 **바다**입니다. 동쪽에는 **동해**, 서쪽에는 **서해**, 남쪽에는 **남해**가 있습니다. 그래서 **해수욕장**이 많고 크고 작은 섬이 많습니다.

- 한국은 70%가 산입니다. 가장 높은 산은 **제주도**의 **한라산**입니다.

- 강도 많습니다. **서울**에는 **한강**이 있습니다.

나 한국에 대해 알아봅시다.

- 한국의 수도는 **서울**입니다.

- **부산**은 한국에서 두 번째로 큰 도시입니다. **해운대 해수욕장**이 유명합니다.

- **제주도**는 한국의 남쪽에 있는 **섬**입니다. 경치가 아름다워서 관광지로 유명합니다. 한국에서 가장 높은 **한라산**이 있습니다.

- **울릉도**와 **독도**는 한국의 가장 동쪽에 있는 **섬**입니다. **울릉도**는 눈이 많이 오는 곳입니다.

- 한국에서 유명한 축제로는 **서울 여의도 불꽃 축제**와 **충청남도 보령 머드 축제, 경상남도 진해 벚꽃 축제, 이천 도자기 축제** 등이 있습니다.

- **서울의 경복궁, 경상북도 경주의 석굴암과 불국사, 경기도 수원의 화성**은 유명한 유적지입니다.

- 한국에서 유명한 음식으로는 **강원도 춘천의 닭갈비**와 **막국수, 전라북도 전주의 비빔밥, 경상북도 안동의 찜닭, 경기도 포천의 갈비**가 있습니다.

33.1 다음을 읽고 질문에 대답하세요.

1) 한국의 수도는 어디입니까? _____서울_____

2) 한국에서 가장 높은 산은 무슨 산입니까? _______________

3) 서울에 있는 강 이름은 무엇입니까? _______________

4) 한국에서 눈이 많이 오는 곳은 어디입니까? _______________

5) 한국에는 몇 개의 특별시가 있습니까? 어디입니까? _______________

6) 한국에는 몇 개의 광역시가 있습니까? 어디입니까? _______________

7) 한국에는 몇 개의 도가 있습니까? 어디입니까? _______________

8) 한국에는 무슨 축제가 있습니까? 어디에서 있습니까? _______________

33.2 다음을 읽고 알맞은 단어를 골라 쓰세요.

제주도	부산	남해	서해	독도	광주

　　서울은 한국에서 가장 큰 도시입니다. 두 번째로 큰 도시는 1)_________입니다. 서울에서 KTX로 3시간쯤 걸립니다. 한국은 삼면이 모두 바다입니다. 동쪽에는 동해, 서쪽에는 2)_________, 남쪽에는 3)_________이/가 있습니다. 그래서 해수욕장도 많고 섬도 많습니다. 한국의 가장 동쪽에 있는 섬은 울릉도와 4)_________입니다. 두 곳 모두 바다가 아주 예쁩니다. 그리고 남쪽에 있는 아름다운 섬으로는 5)_________이/가 있습니다. 날씨가 따뜻하고 경치가 아름다워서 사람들이 여행을 많이 갑니다.

33.3 다음을 읽고 질문에 대답하세요.

　　서울은 1394년에 대한민국의 수도가 되었습니다. 현재 천만 명 이상이 사는 큰 도시입니다. 한강을 중심으로 도시가 만들어졌습니다. 1988년에는 서울 올림픽이 열려서 세계적으로 더욱 유명해졌습니다. 서울에서 유명한 문화재는 경복궁과 숭례문입니다. 그리고 쇼핑으로 유명한 명동과 동대문 시장이 있습니다. 여의도에서는 매년 벚꽃 축제와 불꽃 축제가 열려서 사람들이 많이 보러 옵니다.

1) 서울은 언제부터 대한민국의 수도였습니까? ___________

2) 서울에서 유명한 문화재는 무엇입니까? ___________, ___________

3) 서울에서는 무슨 축제가 열립니까? ___________, ___________

33.4 다음 대화를 보고 연습해 보세요.

가 : 한국에서 ① **수원**에 가 봤어요?
나 : 아니요, 안 가 봤어요.
가 : 한번 가 보세요.
나 : 뭐가 유명해요?
가 : ② **수원 화성**이 유명해요. 그리고 ③**갈비**를 드셔 보세요.
나 : 그래요? 다음에 한번 가 볼게요.

1) ① 춘천	2) ① 전주	3) ① 경주	4) ① 이천
② 남이섬	② 한옥마을	② 석굴암과 불국사	② 도자기 축제
③ 닭갈비와 막국수	③ 비빔밥	③ 황남빵	③ 한정식

Unit 34 여행

여행의 종류

해외여행

국내 여행

배낭여행

신혼여행

패키지(package) 여행

시티 투어(city tour)

여행에 무엇이 필요해요?

여권

비자(visa)

여행 책자

지도

배낭

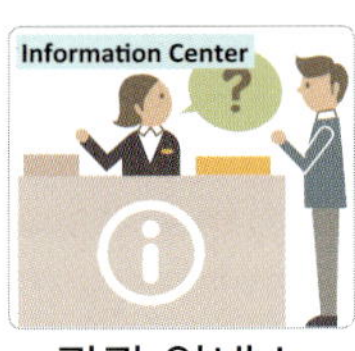

여행 가방

관광 안내소

보통 여행 가방은 '트렁크(trunk)' 또는 '캐리어(carrier)'라고도 합니다.

여행 상품 광고

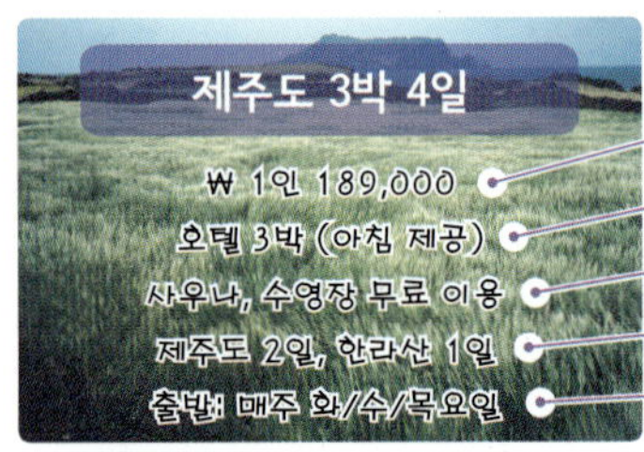

➤ 한 사람이 18만 9천 원을 내야 합니다.

➤ 호텔에서 3일 동안 잡니다. 아침을 무료로 먹을 수 있습니다.

➤ 호텔 사우나와 수영장도 무료입니다.

➤ 이틀은 제주도 시내를 관광하고 하루는 한라산에 갑니다.

➤ 매주 화요일부터 목요일까지 제주도로 출발할 수 있습니다.

➤ 영국과 프랑스, 그리고 이탈리아에 갈 수 있습니다.

➤ 각 도시에서는 혼자 자유롭게 여행할 수 있습니다.

➤ 매주 화요일과 목요일에 출발합니다.

➤ 여행비에 여행자 보험비가 포함됩니다.

34.1 무슨 여행입니까? 다음을 읽고 관계있는 것을 연결하세요.

1) 해외여행 •　　　• ㉮ 우리 언니는 결혼식이 끝나고 하와이로 여행을 떠나요.

2) 시티 투어 •　　　• ㉯ 나는 이번 방학에 중국으로 여행을 갈 거예요.

3) 패키지 여행 •　　　• ㉰ 지난 주말에 가족과 같이 경주로 여행을 다녀왔어요.

4) 신혼여행 •　　　• ㉱ 친구가 한국에 왔어요. 그래서 친구와 같이 버스를 타고 서울 시내 구경을 했어요.

5) 국내 여행 •　　　• ㉲ 주말에 가족과 같이 여행을 가려고 인터넷으로 여행 상품을 보고 예약했어요.

34.2 다음을 읽고 알맞은 단어를 찾아 쓰세요.

| 비자 | 여권 | 배낭 | 지도 | 여행 책자 | 여행 가방 |

1) 다른 나라에 갈 때 대사관에서 ___________을/를 받아야 합니다.

2) 비행기를 탈 때 ___________와/과 탑승권을 보여 줘야 합니다.

3) 여행을 떠날 때 ___________에 꼭 필요한 물건만 넣어서 메고 갑니다.

4) 처음 가는 곳에서 ___________을/를 보면 쉽게 길을 찾을 수 있습니다.

5) ___________을/를 보면 여행을 가는 곳의 정보를 알 수 있습니다.

34.3 다음 여행 광고를 보고 맞으면 O, 틀리면 X를 하세요.

1) 울릉도 여행 광고입니다. (　　)

2) 호텔에서 이틀 동안 잡니다. (　　)

3) 호텔에서 아침 식사를 무료로 줍니다. (　　)

4) 월요일, 수요일, 금요일에는 아무때나 출발할 수 있습니다. (　　)

5) 한 사람이 15만 원을 내야 합니다. (　　)

34.4 다음을 읽고 질문에 대답하세요.

　　주말에 친구 3명과 같이 딸기 밭으로 여행을 가려고 합니다. 그래서 우리는 인터넷으로 딸기 밭 여행에 대해 찾아봤습니다. 다양한 여행 상품이 많았습니다. 그중에서 우리는 점심도 주고 딸기 잼도 만들 수 있는 상품으로 예약했습니다. 우리는 각각 1만 5천 원씩 여행사에 냈습니다. 여행 가는 날 아침에 저는 친구들과 잠실역에서 만나서 여행사 버스를 탔습니다. 버스에는 딸기 밭으로 가는 사람들이 아주 많았습니다. 딸기 밭에 도착해서 점심도 먹고 딸기 잼도 만들었습니다. 딸기 잼이 아주 맛있었습니다.

1) 어떤 여행을 했습니까?

2) 어디로 여행을 갔습니까?

3) 어떻게 여행에 대해 알아봤습니까?

4) 여행을 가서 무엇을 했습니까?

 **가** 어디로 여행을 가요?

| 산 | 바다 | 섬 | 강 | 문화 유적지 | 관광지 |

- 가을이 되면 단풍 구경을 하러 **산**에 가는 사람이 많습니다.
- 더운 여름에는 사람들이 **바닷가**나 **강**으로 휴가를 떠납니다.
- 한국에서 제일 남쪽에 있는 **섬**인 제주도는 경치가 아주 아름답습니다.
- 한국의 학생들은 **문화 유적지**가 많은 경주로 여행을 많이 갑니다.
- 명동은 쇼핑하러 오는 외국인들이 많아지면서 유명한 **관광지**가 되었습니다.

나 한국에서 어디로 여행을 가면 좋을까요?

산으로 갈까요?

한국에는 산이 많아서 **등산하기**가 좋습니다. 그래서 **등산 코스**(course)도 다양합니다. 또 아름다운 산이 있는 **국립공원**이 많습니다.

바다로 갈까요?

한국은 삼면이 바다이기 때문에 **해수욕장**이나 섬이 많습니다. 여름에는 해수욕장에 가서 **수영도** 하고 **선탠**(suntan)도 합니다. 그리고 배를 타고 **경치**가 아름다운 섬에도 갈 수 있습니다.

강으로 갈까요?

한국에는 강도 많습니다. 가족과 함께 **낚시도** 하고 **물놀이도** 하면 좋습니다. 저녁에는 강 근처에서 **텐트**(tent)를 **치고 캠핑**(camping)도 할 수 있습니다. 젊은 사람들은 강에서 **래프팅**(rafting)을 합니다.

문화 유적지로 갈까요?

한국 역사에 관심이 있으면 문화 유적지로 여행을 가 보세요. 문화 유적지에 가면 옛날 **유적도** 있고 **박물관도** 있어서 한국 역사에 대해서 알 수 있습니다.

유명 관광지로 갈까요?

제주도는 외국인들에게 관광지로 유명합니다. 그러나 최근에는 **동대문 시장**이나 **명동**에 쇼핑하러 가는 사람들도 많습니다. 또 한국 드라마를 좋아하는 사람들은 **드라마 촬영지**로 여행을 갑니다.

35.1 무엇을 합니까? 다음 그림을 보고 관계있는 것과 연결하세요.

1) 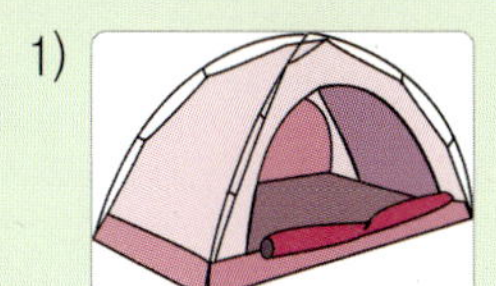 2) 3) 4)

㉮ 래프팅해요　　　㉯ 텐트를 쳐요　　　㉰ 선탠해요　　　㉱ 물놀이해요

35.2 어디로 여행을 가면 좋을까요? 다음을 읽고 알맞은 여행 장소를 쓰세요.

1) 저는 수영하는 것을 좋아해요. 이번 여름에 입으려고 비키니도 샀어요. ____________

2) 저는 한국에 와서 한국어를 공부하고 있는데 요즘은 한국 역사에도 관심이 생겼어요. ____________

3) 친구들과 같이 래프팅을 하고 싶어요. 텔레비전에서 봤는데 재미있을 것 같아요. ____________

4) 한국에 오기 전에 드라마를 봤는데 단풍이 아주 아름다워서 꼭 한 번 가 보고 싶었어요.
   이번 가을에 단풍 구경을 가야겠어요. ____________

35.3 다음 문장에 알맞은 단어를 쓰세요.

> 산　　문화 유적지　　코스　　국립공원　　관광지　　드라마 촬영지　　경치

1) 제주도는 경치가 아주 아름다워서 한국의 대표적인 ____________(으)로 유명합니다.

2) 지난 주말에 제주도 올레길을 걸었는데 올레길 ____________이/가 아주 다양했습니다.

3) ____________에 가면 그 나라의 문화와 역사에 대해서 공부할 수 있습니다.

4) 한국 민속촌은 외국 사람들에게 '대장금'을 찍은 ____________(으)로도 유명합니다.

5) 지리산으로 여행을 갔을 때 경치가 아름다운 지리산 ____________에도 가 봤습니다.

35.4 다음 글을 잘 읽고 알맞은 단어를 넣으세요.

> 강　　해수욕장　　경치　　드라마 촬영지

　　강원도는 동해 근처에 있습니다. 바다에서 가깝고 산이 많습니다. 그래서 강원도는 아름다운 1)____________와/과 산으로도 유명합니다. 설악산과 오대산은 2)____________이/가 아름답고 등산 코스가 다양합니다. 그리고 국립공원이 유명합니다. 강원도에는 3)____________도 많아서 사람들이 소양강이나 한탄강으로 여행을 갑니다. 그리고 강원도 춘천에는 드라마 '겨울연가'를 찍은 남이섬이 있습니다. 남이섬에서 드라마를 찍어서 4)____________(으)로 유명해졌습니다. 그래서 '겨울연가'를 좋아하는 외국인들이 이곳에 많이 갑니다.

 Unit **36** 여행과 교통 1

 어떻게 여행을 갈까요?

- 남해에 가서 **유람선**을 타고 작은 섬들을 구경했어요.
- **렌터카**를 빌려서 친구들과 함께 강원도에 다녀왔어요.
- **지하철**을 타면 인천이나 춘천까지 여행을 할 수 있어요.
- 겨울에 강원도로 **기차** 여행을 다녀왔는데 하얀 눈이 정말 아름다웠어요.
- **택시**로 제주도를 여행할 때 기사 아저씨께서 여러 관광지를 소개해 주셨어요.

 제주도 여행

한국에서 가장 남쪽에 있는 섬, 제주도에 갈 때는 보통 **비행기**를 이용합니다. 제주도에 도착해서 **렌터카**를 빌리는 사람들도 있고 **버스**나 **택시**를 타는 사람들도 많습니다. 그리고 **자가용**을 가지고 **배**를 타는 사람들도 있습니다.

요즘 제주도에서는 **자전거**나 **도보**로 **여행**을 하는 사람들이 많습니다. 제주도에는 도보여행 코스인 '**올레길**'이 있어서 걸어서 제주도를 여행할 수 있습니다. 아름다운 경치를 천천히 구경하면서 여행을 할 수 있어서 참 좋습니다.

 이야기해 봅시다!

로버트 : 지난주에 제주도에 다녀왔어요.
미나코 : 그래요? 제주도까지 어떻게 갔어요?
로버트 : 비행기로 한 시간 정도 걸렸어요. 생각보다 가까웠어요.
미나코 : 저는 인천에서 배를 탔는데 저녁에 출발해서 아침에 도착했어요. 오래 걸렸지만 요금이 싸고 친구들과 놀 수 있어서 좋았어요.
로버트 : 그래요? 저도 다음에는 배를 타 봐야겠네요.

36.1 다음 지도를 보고 알맞은 단어를 쓰세요.

1) 포항에서 __________을/를 타면 울릉도에 갈 수 있어요.

2) 서울에서 __________을/를 타면 춘천까지 1시간 40분쯤 걸려요.

3) 인천 월미도에서 __________을/를 타고 바다를 구경했는데 아주 좋았어요.

4) 제주도에서 __________(으)로 여행을 했어요. 다리는 아팠지만 아주 재미있었어요.

5) 보성 녹차 밭을 구경하려면 서울에서 __________ (으)로 5시간쯤 가면 돼요.

36.2 다음 여행 포스터를 보고 질문에 대답하세요.

1) 무엇을 타고 눈꽃 여행을 할 수 있습니까?

2) 숲길 여행을 할 때는 무엇을 준비해야 합니까?

3) 오토바이와 자전거를 타고 싶으면 어디로 가야 합니까?

36.3 다음 글을 잘 읽고 내용이 맞으면 O, 틀리면 X하세요.

친구들과 함께 강원도로 여행을 다녀왔습니다. 처음에는 청량리역에서 기차를 타려고 했지만 모두 매진돼서 버스를 탔습니다. 먼저 강릉에 도착해서 자동차를 렌트했습니다. 자동차로 경포대와 동해 바다를 구경했습니다. 휴가철이라서 바닷가에 사람들이 정말 많았습니다. 그 다음날에는 속초에서 자전거를 빌려서 여행을 했습니다. 아름다운 경치를 보면서 친구들과 사진을 찍었습니다. 산, 들, 바다가 정말 아름다웠습니다. 강원도 여행은 정말 즐거웠습니다.

1) 서울에서 기차를 타고 강원도에 갔습니다. (　　)

2) 강원도에서 강릉과 속초를 여행했습니다. (　　)

3) 속초에서는 버스로 산과 바다에 다녀왔습니다. (　　)

Unit 37 여행과 교통 2

 어디에서 사용하는 대화일까요?

미나코 : 아저씨, 이 버스가 인사동까지 가요?
운전기사 : 네. 인사동까지 갑니다. 어서 타세요.

후위펑 : 기사님, 근처에 있는 가까운 호텔로 부탁드립니다.
운전기사 : 네. 근처에 있는 서울 호텔로 가겠습니다.

준모 : 얼마나 주유해 드릴까요?
직원 : 가득 넣어 주세요.

로버트 : 여기에서 지하철을 타면 인천으로 갈 수 있어요?
아저씨 : 아니요. 반대 방향으로 타야 해요. 저쪽으로 건너가서 타세요.

직원 : 자리는 창가 쪽으로 해 드릴까요? 통로 쪽으로 해 드릴까요?
성태 : 창가 쪽으로 해 주세요.

 교통수단을 이용할 때 이것을 알면 편리해요.

버스로 여행할 때

- **교통 카드**를 사용하면 버스나 지하철로 **환승할** 때 **할인**이 됩니다.
- 정거장에 내리려면 **벨을** 눌러야 합니다.

기차로 여행할 때

- 주말에는 **자리가 없기** 때문에 기차표를 **예매해야** 합니다.
- 기차에는 **4호차**에 **식당 칸**이 따로 있습니다. 그곳에서 음식을 살 수 있습니다.

비행기로 여행할 때

- 국내 여행을 하려면 **김포공항**으로, 해외여행을 하려면 **인천공항**으로 가야 합니다.
- **공항 리무진 버스**를 이용하면 편리합니다.

자전거로 여행할 때

- 자전거로 여행을 하려면 **헬멧**과 **보호 장비**가 필요합니다.
- 자전거 여행을 할 때는 자전거 전용 도로를 이용해야 합니다.

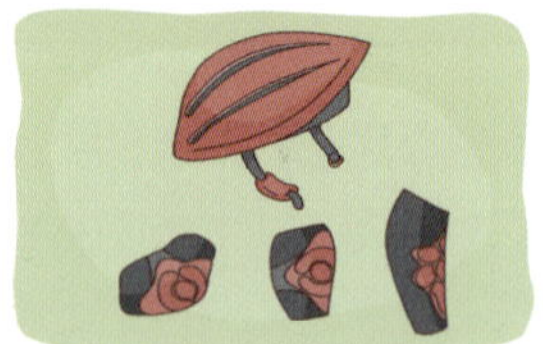

37.1 다음 문장을 읽고 관련있는 장소와 연결하세요.

1) 5만 원어치 주유해 주세요.   •   • ㉮ 공항

2) 명동에 가려고 하는데 몇 호선을 타야 해요? •   • ㉯ 주유소

3) 아저씨, 버스가 종로까지 가요?   •   • ㉰ 지하철역

4) 기사님, 저기 사거리에서 내려 주세요.   •   • ㉱ 택시

5) 자리는 통로 쪽으로 해 주세요.   •   • ㉲ 버스 정거장

37.2 다음은 그림에 대한 설명입니다. 알맞은 단어를 쓰세요.

1) 기차에는 4호차에 작은 ___________이/가 있습니다. 이곳에서 간단한 음식과 음료수를 사 먹을 수 있습니다.

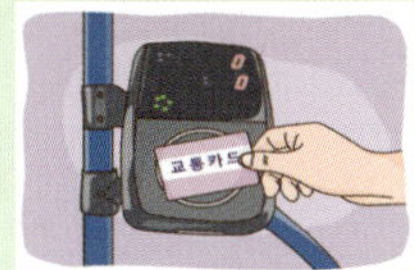

2) 이것은 버스나 지하철을 탈 때 사용하는 ___________입니다. 현금을 내는 것보다 이것을 이용하는 것이 더 쌉니다. 그리고 다른 버스나 지하철로 ___________할 때 할인이 됩니다.

3) 여기는 ___________입니다. 이곳에서 자동차에 기름을 넣을 수 있습니다.

4) 자전거를 탈 때는 ___________와/과 보호 장비가 필요합니다. 그리고 안전을 위해서 ________을/를 이용하는 것이 좋습니다.

5) 서울 근처에는 공항이 두 개 있습니다. 제주도나 부산에 가고 싶으면 김포공항에 가야 하고 다른 나라에 가고 싶으면 ___________에 가야 합니다.

37.3 다음 글을 읽고 질문에 대답하세요.

> 서울을 여행하고 싶을 때 어떤 대중교통을 이용하면 좋을까요? 인천공항에는 서울 곳곳으로 가는 공항 리무진 버스와 지하철이 있습니다. 서울은 대중교통이 아주 편리합니다. 그래서 여행을 할 때는 자가용보다 대중교통을 이용하는 것이 좋습니다. 또 대중교통을 이용할 때 교통 카드를 사용하면 할인을 받을 수 있습니다. 교통 카드는 편의점이나 지하철역에서 살 수 있습니다. 여러 사람이 가까운 곳에 갈 때는 택시를 타면 편리합니다. 하지만 출근 시간과 퇴근 시간에는 차가 많이 막히니까 지하철을 타는 것이 좋습니다.

1) 공항에서 서울까지 갈 때는 무엇을 탑니까?   ,

2) 서울을 여행할 때는 무엇을 이용하는 것이 좋습니까?

3) 어디에서 교통 카드를 살 수 있습니까?

4) 출퇴근 시간에는 무엇을 타는 것이 좋습니까?

Unit 38 · 숙박시설

 여행할 때 어디에서 머무르고 싶어요?

여관/민박
가격 : ★★☆☆☆
특징 : 방에 침대가 없고 요리
도 할 수 없습니다.

모텔
가격 : ★★★☆☆
특징 : 인터넷이나 샤워 시설
이 좋습니다. 하지만
요리를 할 수 없습니다.

레지던스
가격 : ★★★★☆
특징 : 도시 중심에 있고 부엌
이 있습니다.

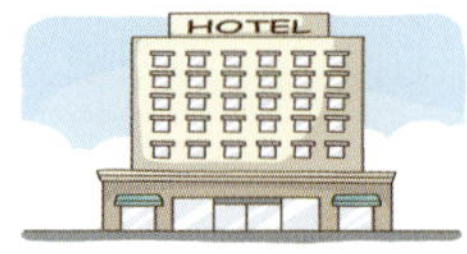

호텔
가격 : ★★★★★
특징 : 서비스가 좋고 깨끗합니
다.

펜션
가격 : ★★★★★
특징 : 주로 경치가 좋은 곳이
나 관광지 근처에 많습
니다. 여러 사람이 여행
할 때 좋습니다.

콘도(미니엄)/리조트
가격 : ★★★★★
특징 : 요리를 할 수 있고 방이
많아 가족이 여행할 때
좋습니다. 워터파크나
스키장 옆에 있는 곳도
많습니다.

게스트하우스
가격 : ★★★☆☆
특징 : 집에서 한국 사람과 직
접 생활하기 때문에 한
국의 문화를 알 수 있습
니다.

<유의어>
호텔에서 머물렀어요. (O)
지냈어요. (O)
묵었어요. (O)
살았어요. (X)

나 더 배워 봅시다.

- 여행을 갔는데 호텔은 **방값/숙박비**가 너무 비싸서 모텔에서 잤어요.
- 휴가철에는 사람들이 여행을 많이 가기 때문에 **방을 잡기가** 아주 어려워요.
- 제주도에 가서 3박 4일 동안 경치가 좋은 펜션에서 **지낼 거예요.**
- 이번 휴가에 부산으로 여행을 가려고 하는데 아직 **숙소를 정하지** 못했어요.
- **방을 예약하려고** 전화했는데 **성수기**라서 방이 하나도 없었어요.

다 이야기해 봅시다!

직원 : 네, 한국콘도입니다.
성태 : 방을 예약하려고 하는데요.
직원 : 며칠로 예약하실 겁니까?
성태 : 9월 28일부터 30일까지 2박 3일이요.
직원 : 몇 분이서 이용하실 겁니까?
성태 : 2명이요.
직원 : 그럼 9월 28일부터 2박, 2인 1실로 예약해 드리겠습니다.
성태 : 숙박비가 얼마예요?
직원 : 하루에 12만 원씩 총 24만 원입니다.

한국콘도 예약정보

이름: 김성태
객실: 2인 1실
숙박기간: 2박 3일
날짜: 9월 28일 ~ 9월 30일
요금: 2박 240,000원

38.1 어디에 머무르면 좋을까요? 알맞은 단어를 쓰세요.

1) 바다로 놀러 갈 거예요. 가격이 가장 싼 곳에 머물고 싶어요. ______민박______

2) 한국 사람과 함께 살면서 한국의 문화를 배우고 싶어요. ______________

3) 저는 출장을 왔기 때문에 교통이 편리하고 직접 요리를 할 수 있는 곳이었으면 좋겠어요. ____________

4) 친구와 같이 워터파크에 놀러 갈 거예요. 친구들과 맛있는 음식을 해 먹을 거예요. ______________

38.2 다음 대화를 잘 읽고 알맞은 단어를 쓰세요.

숙박비 정하다 생활하다 성수기 잡다 지내다 경치

1) 동료 1 : 10월에 설악산에 단풍 구경을 가려고 해요.

　　동료 2 : ______________ [-아/어서] 방이 없을 거예요. 빨리 예약하세요.

2) 친구 1 : 다음 주에 강원도로 여행을 가지요? 정말 좋겠어요.

　　친구 2 : 그런데 아직도 방을 못 ______________ [-아/어서] 걱정이에요. 근처에 방이 하나도 없어요.

3) 친구 1 : 부모님이 한국에 오시면 어디에서 ______________ ? [-(으)세요]

　　친구 2 : 인사동 근처에 있는 게스트하우스에 계실 거예요.

4) 나딤 : 제니 씨는 숙소를 ______________ [-(으)ㄹ 때] 뭐가 가장 중요해요?

　　제니 : 저는 샤워 시설이 중요해요.

5) 동료 1 : 이번에 동해로 놀러 가려고 하는데 어디에서 자면 좋을까요?

　　동료 2 : 콘도는 ______________이/가 좀 비싸니까 민박에서 잡시다.

38.3 여행사를 통해 숙소를 예약하려고 합니다. 다음 대화를 완성하세요.

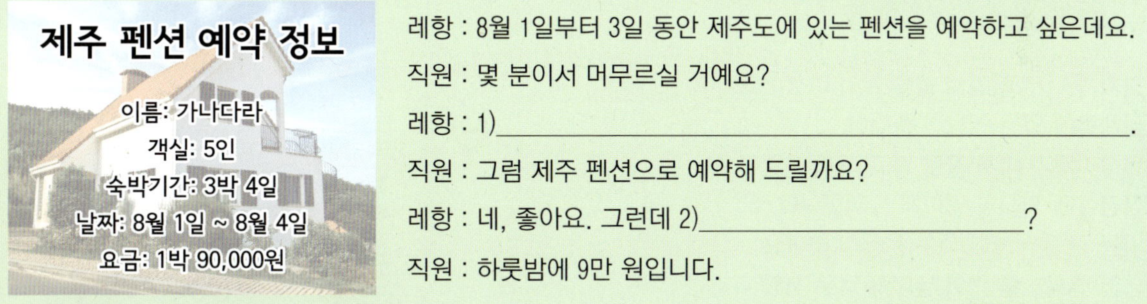

레항 : 8월 1일부터 3일 동안 제주도에 있는 펜션을 예약하고 싶은데요.

직원 : 몇 분이서 머무르실 거예요?

레항 : 1)____.

직원 : 그럼 제주 펜션으로 예약해 드릴까요?

레항 : 네, 좋아요. 그런데 2)____________________________?

직원 : 하룻밤에 9만 원입니다.

38.4 다음 글을 읽고 질문에 대답하세요.

> 작년 여름에 친구와 함께 단풍을 구경하러 설악산에 갔습니다. 설악산의 단풍이 매우 아름다웠습니다. 우리는 숙소를 예약하지 않고 여행을 떠났습니다. 그래서 단풍 구경 후에 방을 잡으러 갔습니다. 하지만 성수기라서 방이 하나도 없었습니다. 결국 친구와 함께 찜질방에 갔습니다. 잠은 편하게 잘 수 없었지만 찜질방에서 재미있게 놀았습니다.

1) 이 사람은 어디에서 단풍 구경을 했습니까?

2) 왜 방이 하나도 없었습니까?

3) 여행을 가서 어디에서 잠을 잤습니까?

Unit 39 음식

한식

- 김치가 너무 **매워서** 물을 많이 마셨어요.
- 삼계탕에 있는 인삼이 **씁니다.**
- 된장찌개가 **짜서** 물을 넣고 다시 끓였어요.
- 삼겹살에 기름이 많아서 **느끼합**니다.
- 나는 **단** 음식보다 매운 음식이 좋아요.
- 냉면에 식초를 많이 넣어서 너무 **셔요.**
- 국이 **싱거우**면 소금을 더 넣으세요.

• 요리방법

볶다	끓이다	굽다	비비다

- 비빔밥은 밥과 여러 가지 나물, 고추장을 잘 **비벼**서 먹습니다.
- 잡채는 여러 가지 채소와 고기를 **볶**아서 만듭니다.
- 된장찌개는 된장과 여러 가지 채소를 넣고 **끓입**니다.
- 삼겹살은 **구워**서 상추에 싸서 먹습니다.

A side dish made with boiled, stir-fried, or raw vegetables by seasoning and mixing is called '나물'.

39.1 무슨 음식이에요? 다음 그림을 보고 쓰세요.

1)   2)   3)   4)

5)   6)   7)   8)

39.2 **이것**은 무엇일까요? 다음을 읽고 알맞은 것을 쓰세요.

1) **이것**은 구워서 상추나 깻잎에 싸 먹으면 더 맛있어요.　　　　　(　　　　　)

2) 부산은 바다에서 가깝기 때문에 싱싱한 **이것**을 먹을 수 있습니다.　　(　　　　　)

3) **이것**은 닭으로 만든 요리입니다. 뜨겁지만 여름에 **이것**을 먹으면 건강에 좋습니다. (　　　　　)

4) 한국에서는 패스트푸드점에서 **이것**과 감자튀김, 그리고 치킨을 배달해 먹을 수 있어서 아주
   편리합니다. (　　　　　)

5) **이것**은 밥에 나물을 넣어 비벼 먹는 음식입니다. 특히 전주에서 **이것**이 유명합니다. (　　　　　)

39.3 맛이 어떨까요? 관계있는 것끼리 연결하세요.

1) 커피에 설탕을 너무 많이 넣었어요.　　　　　•　　　　•　㉮ 짜요

2) 계란 프라이에 소금을 많이 뿌렸어요.　　　•　　　　•　㉯ 달아요

3) 떡볶이에 고추장을 너무 많이 넣었어요.　　•　　　　•　㉰ 매워요

4) 고기에 기름이 너무 많아요.　　　　　　　•　　　　•　㉱ 싱거워요

5) 냉면에 식초를 많이 넣었어요.　　　　　　•　　　　•　㉲ 느끼해요

6) 물을 너무 많이 넣고 국을 끓였어요. 맛이 없어요.　•　　•　㉳ 셔요

39.4 다음 질문에 대답해 보세요.

1) 한국 음식 중에서 무슨 음식을 먹어 봤어요? 맛이 어땠어요?

2) 무슨 음식을 자주 먹어요? 왜 그것을 자주 먹어요?

Unit 40 | 부엌

• 부엌에서 무엇을 사용해요?

• 식사할 때 무엇을 사용해요?

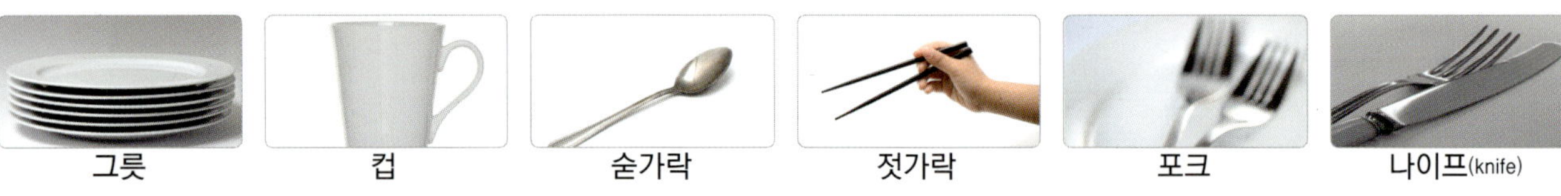

• **수도꼭지를** 틀었는데 물이 안 나와요.
• 남은 음식은 **랩으로** 싸서 **냉장고에** 넣으세요.
• 음식이 차가우니까 **전자레인지에** 돌리세요.
• 냉장고에 있는 김치를 **꺼내서 그릇에** 담았습니다.
• 요리를 다 한 후에 **가스 밸브를** 잠갔습니다.

40.1 다음 그림을 보고 질문에 대답하세요.

1) 가스레인지 위에 무엇이 있어요?
____________ , ____________

2) 찬장 안에 무엇이 있어요?
____________ , ____________ , ____________ ,
____

3) 싱크대 서랍 안에 무엇이 있어요?
____________ , ____________ , ____________

40.2 무엇이 필요할까요? 다음과 관계없는 것에 ✓ 표시하세요.

1) 요리할 때 필요한 것　　　 : 프라이팬, 선반, 가스레인지, 냄비
2) 밥을 먹을 때 필요한 것　　 : 숟가락, 젓가락, 칼, 그릇
3) 설거지할 때 필요한 것　　 : 수세미, 주방 세제, 컵, 식기세척기
4) 음식을 쌀 때 필요한 것　　 : 랩, 호일, 행주, 지퍼 백

40.3 다음을 읽고 알맞은 것을 골라 쓰세요.

주걱　　 냄비　　 커피포트　　 행주　　 도마　　 프라이팬　　 국자　　 수세미

1) 라면을 먹으려고 ____________에 물을 넣고 끓였어요.
2) 밥을 먹기 전에 ____________(으)로 식탁 위를 닦았어요.
3) ____________위에 김치를 놓고 칼로 썰었어요.
4) 계란 프라이를 하려고 ____________을/를 가스레인지 위에 놓았어요.
5) ____________(으)로 국을 떠서 그릇에 담았어요.

40.4 다음 그림을 보고 문장을 완성하세요.

1) 그릇에 담으세요.

2) ____________
설거지하지 마세요.

3) 다 먹은 밥 그릇은 ______
____

4) 요리한 후에는 꼭 ______
____

5) 남은 음식은 ____________
냉장고에 넣으세요.

6) 3분만 ____________

Unit 41 · 방과 화장실

- 잠을 자려고 **이불**을 **덮고 침대**에 누웠습니다.
- **책장**에서 책을 **꺼내서** 책상 **의자**에 **앉았습니다**.
- 방에 햇빛이 들어와서 **블라인드**를 **내렸습니다**.

- **침대 시트**가 더러워서 **갈았습니다**.
- 잠을 자기 전에 **알람 시계**를 맞추고 **스탠드**를 껐습니다.
- **옷장**에 옷을 **걸었습니다**.

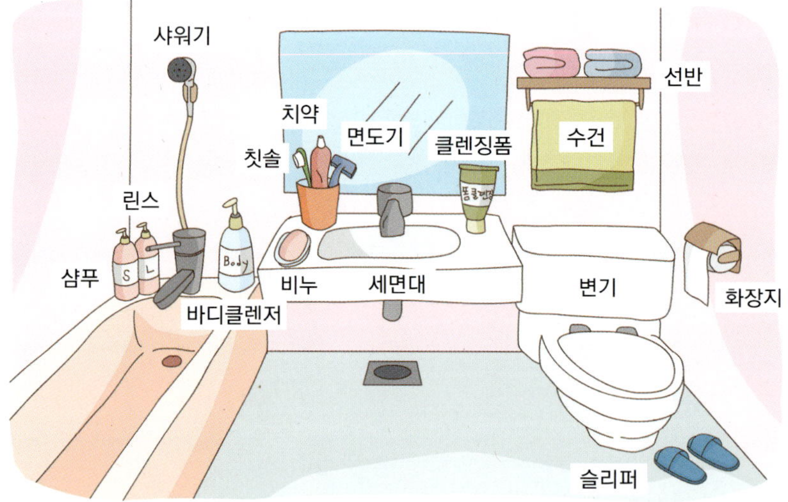

- 빨래한 **수건**을 **개서 선반** 위에 **놓았습니다**.
- **칫솔**에 **치약**을 **묻혀서** 이를 **닦았습니다**.
- 변기에 **앉았는데 화장지**가 없었습니다.

- **거울**을 보고 **면도기**로 **면도했습니다**.
- **샴푸**(shampoo)와 **린스**(hair rinse)로 머리를 **감았습니다**.
- **클렌징폼**(cleansing form)으로 세수하고 **수건**으로 얼굴을 **닦았습니다**.

41.1 방과 화장실에 무엇이 있어요? 알맞은 단어를 쓰세요.

1)____________ 2)____________ 3)____________ 4)____________ 5)____________

6)____________ 7)____________ 8)____________ 9)____________ 10)____________

41.2 다음을 읽고 알맞은 것을 골라서 쓰세요.

면도기 칫솔 샴푸 책장 알람 시계 이불 블라인드 변기 선반 침대 시트 옷장

1) 아침에 일어나서 ____________(으)로 이를 닦았습니다.
2) ____________(으)로 면도를 하고 세수했습니다.
3) 청소를 하려고 ____________에 책을 꽂았습니다.
4) 아침에 일찍 일어나려고 ____________을/를 맞췄습니다.
5) 피곤해서 ____________에 누워서 잠을 잤어요.
6) 소파에서 잠을 자는데 추워서 ____________을/를 덮었습니다.
7) 화장실에 들어갔는데 ____________이/가 고장이 나서 물이 안 내려갔습니다.
8) 수건을 개서 ____________ 위에 놓았습니다.
9) 베개와 이불을 정리하고 침대의 ____________을/를 갈았습니다.
10) 집에 돌아와서 코트를 벗어서 ____________ 안에 걸었습니다.

41.3 다음을 읽고 알맞은 것을 골라서 쓰세요.

감다 꺼내다 맞추다 눕다 닦다 바르다 내리다 덮다 걸다

　저는 집에 들어와서 먼저 코트를 옷장에 1)________. [-았/었습니다] 그리고 화장실로 갔습니다. 먼저 칫솔로 이를 2)________[-고] 세수를 했습니다. 그리고 샴푸로 머리를 3)________ [-고] 샤워했습니다. 그다음에 드라이어로 머리를 말렸습니다. 방으로 돌아와서 책장에서 책을 4)________[-아/어서] 읽었습니다. 11시가 넘어서 알람 시계를 5)________ [-(으)ㄴ 후] 침대에 6)________. [-았/었습니다] 조금 추운 것 같아서 이불을 잘 7)____________. [-았/었습니다]

41.4 다음 질문에 대답해 보세요.

1) 여러분의 방에는 무엇이 있습니까?

2) 화장실에는 무엇이 있습니까?

3) 여러분은 제일 먼저 무엇을 합니까? 보기에서 단어를 골라 이야기해 보세요.

〈보기〉 이를 닦다, 세수하다, 머리를 감다, 옷을 입다, 양말을 신다

예 저는 먼저 이를 닦고 세수해요.

Unit 42 거실

현관문을 열고 들어오면 왼쪽에 신발장이 있어요. 신발을 벗어서 넣어 놓고 거실로 들어오면 소파와 텔레비전이 보여요. 소파 위에는 가족 사진이 있고 옆에는 에어컨이 있어요. 텔레비전 옆에는 스피커가 있고 화분도 있어요.

나 더 배워 봅시다.

- 리모컨으로 에어컨을 켰어요./껐어요.
- 방에 불을 켜려고 스위치를 켰어요.
- 소파 위에 예쁜 쿠션을 놓았어요.
- 제가 좋아하는 핑크색으로 커튼을 달았어요.
- 벽에 우리 가족 사진을 걸어 놓았어요.
- 텔레비전 플러그를 콘센트에 꽂았어요.

다 거실에서 무엇을 해요?

우리 가족은 저녁에 집에 오면 모두 거실에 모입니다.
보통 함께 이야기를 하거나 텔레비전을 봅니다.
어머니께서 과일을 테이블 위에 준비해 주십니다.
아버지와 저는 소파에서 가끔 책을 읽습니다.
어머니는 거실에서 음악을 자주 들으십니다.
제 동생은 자주 소파에서 잠을 잡니다.
거실은 우리 가족이 모두 쉬는 곳입니다.

42.1 이것은 무엇일까요? 거실에 있는 물건의 이름을 쓰세요.

1) 이것에 앉습니다.   소파

2) 이것으로 재미있는 프로그램을 봅니다. _________

3) 이것으로 음악을 듣습니다. _________

4) 더울 때 이것을 켭니다. _________

5) 텔레비전 채널을 바꾸고 싶을 때 이것을 사용합니다. _________

6) 에어컨을 사용할 때 이것에 플러그를 꽂습니다. _________

7) 다른 사람과 통화할 때 이것을 사용합니다. _________

8) 이것을 누르면 불이 켜집니다. _________

9) 사진이나 그림을 이것에 넣어서 벽에 겁니다. _________

10) 텔레비전을 이것 위에 올려 놓습니다. _________

42.2 다음 문장에 알맞은 동사를 쓰세요.

켜다	끄다	걸다	꽂다	놓다	치다

1) 부엌 창문으로 햇빛이 많이 들어와서 커튼을 ___________. [-았/었어요]

2) 집에서 나갈 때 방 불 스위치를 ___________. [-(으)세요]

3) 텔레비전 위에 가족 사진을 ___________. [-았/었어요]

4) 텔레비전 플러그를 콘센트에 ___________. [-았/었어요]

5) 방이 너무 더우면 창문을 닫고 에어컨을 ___________. [-(으)세요]

6) 예쁜 화분을 사서 제 책상 위에 ___________. [-았/었어요]

42.3 다음 그림을 보고 어디에 무엇이 있는지 설명해 보세요.

• 벽에 커튼이 있습니다.
• _______________________
• _______________________
• _______________________
• _______________________
• _______________________

42.4 다음 글을 읽고 질문에 답하세요.

> 봄이 왔어요. 그래서 가족들과 함께 거실을 예쁘게 바꾸기로 했어요. 먼저 커튼을 바꿔서 달았어요. 커튼 색깔을 바꾸니까 거실이 훨씬 밝아 보여요. 벽에 예쁜 꽃 그림과 우리 가족들의 사진을 걸어 놓았어요. 우리 가족은 거실에서 함께 텔레비전도 보고 게임도 하고 이야기도 많이 나눠요. 앞으로 더 자주 모여서 즐거운 시간을 보낼 거예요.

1) 봄이 와서 거실을 어떻게 했습니까?

2) 벽에는 무엇을 걸어 놓았습니까?

3) 가족들은 거실에 모여서 무엇을 합니까?

가 단독 주택

저는 **단독 주택**에 살아요. **정원**에 꽃과 나무가 많아서 좋아요. 그리고 **마당**에서 개도 키울 수 있어요. **옥상**에서 빨래도 널고 마당에서는 운동을 해요. 우리 집에서는 시끄럽게 떠들어도 괜찮아요. 겨울에는 아파트보다 춥고 집을 청소하는 것도 좀 힘들지만 저는 우리 집이 참 좋아요.

나 아파트

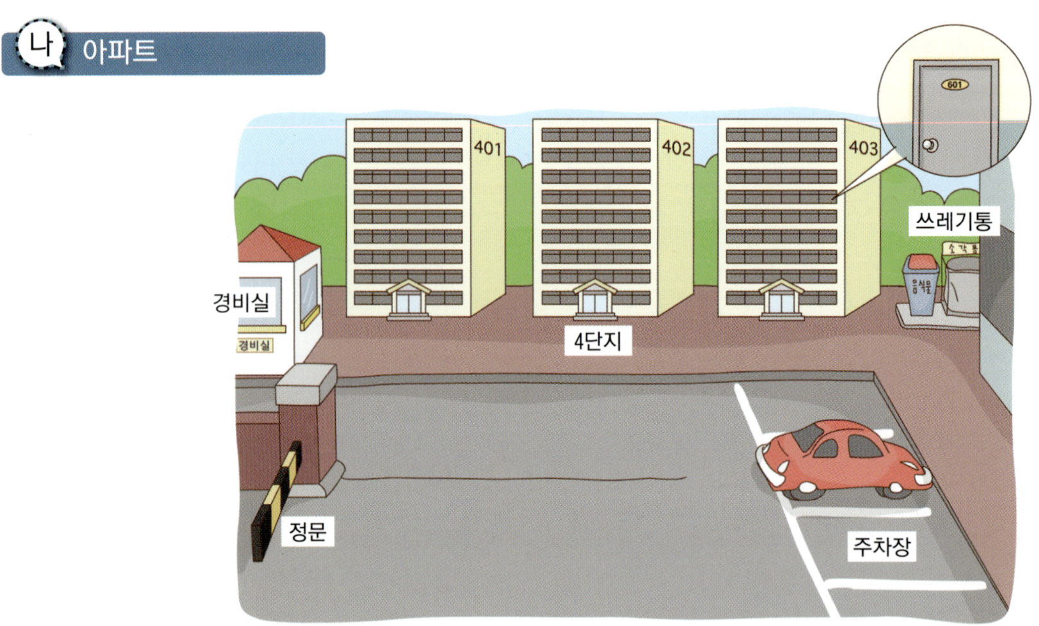

저는 한국 **아파트** 4단지 403동 601호에 삽니다. 아파트에 살면 아주 편리합니다. **주차장**이 넓습니다. 그리고 **쓰레기 버리는 곳**도 따로 있어서 깨끗합니다. **정문** 앞에는 **경비실**이 있습니다. 택배가 오면 경비실에 맡길 수 있습니다. 하지만 집에서 떠들거나 뛰면 안 됩니다. 아파트는 다른 사람들과 같이 살기 때문에 조용히 해야 합니다.

43.1 여기가 어디입니까? 다음 그림을 보고 알맞은 단어를 쓰세요.

1) ________ 2) ________ 3) ________ 4) ________ 5) ________

43.2 다음은 단독 주택과 아파트의 모습입니다. 그림을 보고 알맞은 단어를 쓰세요.

1) ___마당___ 에는 장독대가 있어요.
2) 어머니께서 ________ 에서 빨래를 널고 계세요.
3) 우리 집은 __________이 낮아서 지나가는 사람들을 볼 수 있어요.
4) 아버지께서 ________에 물을 주고 계세요.

5) 저는 한국 아파트 203___1201___에 살아요.
6) 아파트 입구에 ______이/가 있어요
7) 경비실 옆에 __________이/가 있어요.

43.3 다음 설명과 관계있는 것과 연결하세요.

1) 집에서 뛰어다니거나 시끄럽게 하면 안 돼요.   •

2) 마당에서 동물을 키울 수 있어요.   •   • ㉮ 아파트

3) 경비실에 택배를 맡길 수 있어요.   •

4) 겨울에 춥고 청소하기 힘들어요.   •   • ㉯ 단독 주택

5) 옥상에 빨래를 널거나 마당에서 운동을 해요.   •

43.4 다음을 읽고 질문에 답하세요.

저는 부모님과 단독 주택에 살았습니다. 하지만 작년에 회사 근처에 있는 아파트로 혼자 이사를 왔습니다. 아파트는 경비 아저씨가 계셔서 혼자 살아도 무섭지 않습니다. 그리고 택배가 오면 경비실에 맡길 수 있어서 좋습니다. 하지만 단독 주택처럼 마당이 없어서 운동을 하거나 빨래를 널기 어렵습니다. 나중에 결혼을 하면 단독 주택에 살 겁니다.

1) 이 사람은 지금 어디에 살고 있습니까?
2) 그 집의 어떤 점이 좋습니까?
3) 그 집의 어떤 점이 좋지 않습니까?
4) 결혼 후에 어떤 집에 살고 싶어 합니까?

가 어디에 살고 있어요?

- **원룸** : 원룸은 방, 거실, 부엌이 방 하나로 되어 있습니다.
  영어로 'One-Room'을 말하며, 투룸(Two-Room)은 방이 두 개입니다.
- **오피스텔(Officetel)** : 주로 도심에 있고 사무실이나 집으로 사용합니다.
- **기숙사** : 학교나 회사에 있는 숙소입니다. 주로 2~4명의 사람들이 함께 방을 사용합니다.
- **고시텔** : 고시는 나라에서 보는 시험을 말합니다. 고시를 준비하는 사람들이 지내는 곳입니다.
  고시원이라고도 합니다.
- **아파트(Apartment)** : 5층 이상의 건물에 여러 가구가 생활합니다.

나 여러분이 사는 곳은 어때요?

저는 회사원이에요. 그래서 지금 회사 앞에 있는 **오피스텔**에 전세로 살고 있어요.
오피스텔은 원룸과 비슷하지만 **도심**에 있어서 더 비싸요. 근처에 가게가 많고 **교통**이 좋아요.

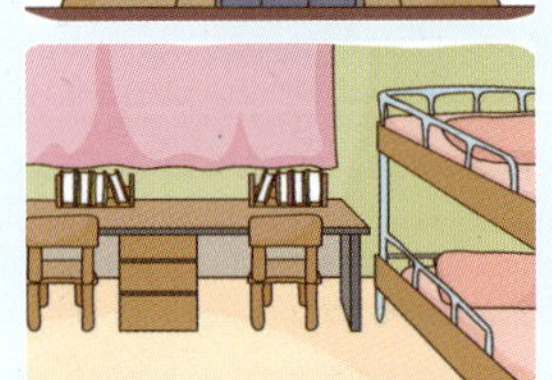

저는 학교 안에 있는 **기숙사**에 살아요. 늦잠을 잘 수 있어서 좋아요.
그렇지만 화장실과 욕실을 다른 사람들과 함께 사용해야 해서 조금 불편해요.

지금 **하숙집**에 살고 있는데 아주머니가 아주 친절하시고 요리도 잘하세요.
한국 문화를 잘 알 수 있어서 좋아요. 하지만 **하숙비**가 비싸서 다음 달에는 이사하려고 해요.

학교 앞에 있는 **고시텔**에 살아요. 그런데 방이 너무 좁아요.
그리고 방 안에서는 항상 조용히 해야 해요. 그래서 친구를 데려올 수 없어요.

저는 월세로 **원룸**에서 친구와 둘이 살고 있어요.
방이 조금 작지만 청소하기 편해요.

'전세' is a unique system only in Korea. It refers to paying a large amount of money during the lease of the house and getting the money back when you leave the house unlike monthly rent. Because a huge sum of money like tens to hundreds of millions won is necessary, you cannot obtain a lease if you don't have a large sum.

44.1 다음 설명과 알맞은 집을 연결하세요.

1) 방 하나에 거실, 부엌이 모두 있어요.   •   • ㉮ 기숙사

2) 주인 아주머니가 맛있는 식사를 준비해 주세요. •   • ㉯ 원룸

3) 원룸과 비슷해요. 하지만 사무실로도 쓸 수 있어요. •   • ㉰ 하숙집

4) 시험을 준비하는 사람들이 지내요.   •   • ㉱ 고시텔

5) 학교에 있는 건물이에요. 보통 친구들과 방을 함께 사용해요. •   • ㉲ 오피스텔

44.2 다음 문장을 읽고 알맞은 단어를 쓰세요.

단지   하숙비   기숙사   도심   투룸   고시텔

1) 지금 하숙집에 살고 있어요. ___________은/는 비싸지만 요리를 하지 않아도 돼요.

2) 오피스텔은 ___________에 있어서 교통이 아주 편리해요.

3) 저는 원래 원룸에 살았는데 지금은 방이 2개인 ___________에 살아요.

4) ___________은/는 시험을 보는 사람들이 조용히 공부하기 위해 지내는 곳이에요.

5) 저는 한국 아파트 ___________에 살아요. 409동 101호가 저희 집이에요.

44.3 다음은 부동산의 광고입니다.

대한 **아파트** 56㎡(17평형) 방2, 욕실1 ①**매매** 1억 원	한국대학교 앞 **원룸** ②월세 30만 원 ③보증금 400만 원	지하철역 근처 **오피스텔** 전세 5,000만 원	신라 학원 앞 **행복 고시텔** 월 33만 원 창문, 냉장고, 침대, 책상이 있음

1) 다음 ①~③ 단어를 사전으로 찾아보세요. 그리고 아래에 단어를 넣으세요.

  ㉮ 집을 빌릴 때 주인에게 돈을 줘요. 그리고 이사를 할 때 그 돈을 다시 받을 수 있어요.   (   )

  ㉯ 집을 사고 팔아요.   (   )

  ㉰ 매달 주인에게 돈을 주고 집을 빌려요.   (   )

2) 위의 광고를 보고 알맞은 집을 추천해 주세요.

  ㉮ 지하철역과 가까운 곳에 살고 싶어요.   ___오피스텔___

  ㉯ 학교 앞에서 혼자 살 거예요.   __________

  ㉰ 조용히 공부할 수 있는 곳이 필요해요.   __________

  ㉱ 우리 세 가족이 살 거라서 방이 두 개 필요해요.   __________

Unit 45 직업

선생님

회사원

소방관

간호사

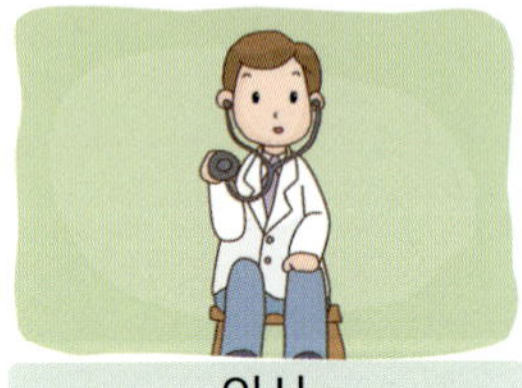

의사

변호사

배우

가수

운동선수

통역사

미용사

과학자

나 경찰과 요리사

저의 아버지께서는 **경찰**이십니다. 수원 경찰서에서 일하십니다.
항상 우리를 위하여 열심히 일하십니다. 저는 우리 아버지를 존경합니다.

제 꿈은 **요리사**입니다.
저는 요리를 만드는 것을 좋아합니다.
제가 만든 요리를 사람들이 맛있게 먹을 때 정말 기분이 좋습니다.

다 이야기해 봅시다!

■ 직업에 대해서 물어볼 때

라니아 : 무슨 일 하세요?
로버트 : 저는 회사에 다닙니다.
라니아 : 어디 다니세요?
로버트 : 저는 컴퓨터 회사에서 일합니다.

■ 꿈이나 장래 희망에 대해서 이야기할 때

선생님 : 한국어 공부가 끝나면 뭐 할 거예요?
후위펑 : 저는 고향에 돌아가서 통역사**가 되고** 싶어요.
선생님 : 왜 **통역사**가 되고 싶으세요?
후위펑 : 한국어를 잘 못하는 사람들을 도와주고 싶어요.

45.1 여기에서 누가 일할까요? 알맞은 단어를 쓰세요.

1) _____________
2) _____________
3) _____________
4) _____________
5) _____________

6) _____________
7) _____________
8) _____________
9) _____________
10) _____________

45.2 다음 직업과 관계없는 것에 ✓ 표시하세요.

1) 의사 　　　: 간호사, 소화기, 병원, 환자
2) 가수 　　　: 가요, 주사, 작곡가, 마이크
3) 운동선수 　: 극장, 수영 모자, 야구공
4) 회사원 　　: 사무실, 회의, 숙제, 서류
5) 소방관 　　: 소방서, 불, 119, 통역사
6) 선생님 　　: 학교, 학생, 칠판, 카메라

45.3 이 사람은 미래에 무슨 일을 하고 싶어 합니까? 관계있는 것과 연결하세요.

1) 다른 사람을 가르치는 것을 좋아해요. 　　·　　　　·㉮ 요리사
2) 아픈 사람들을 치료해 주고 싶어요. 　　·　　　　·㉯ 선생님
3) 다른 사람들 앞에서 노래하는 것을 좋아해요. 　　·　　　　·㉰ 의사
4) 호텔에서 음식을 만들고 싶어요. 　　·　　　　·㉱ 가수
5) 태권도를 배워서 나중에 올림픽에 나가고 싶어요. 　　·　　　　·㉲ 미용사
6) 우리 엄마처럼 다른 사람의 머리를 예쁘게 해 주고 싶어요. 　　·　　　　·㉳ 운동선수

45.4 다음을 읽고 질문에 대답하세요.

　　여러분은 무슨 일을 하고 싶어요? 저는 어렸을 때부터 영화를 보는 것을 좋아했습니다. 그래서 일주일에 한 번은 극장에 가서 영화를 봤습니다. 저는 2년 전부터 스마트 폰으로 영화를 찍고 있습니다. 이번 여름에 열리는 스마트 폰 영화제에서 제 영화도 상영할 겁니다. 앞으로는 대학교에서 영화를 공부해서 영화배우도 되고 싶습니다.

1) 이 사람의 취미는 무엇입니까?

2) 앞으로 무슨 일을 하고 싶어 합니까?

회사생활

준모 씨는 아침 9시까지 **회사에 출근**합니다.

준모 씨는 가장 먼저 **컴퓨터를 켜고 이메일을 확인**합니다.

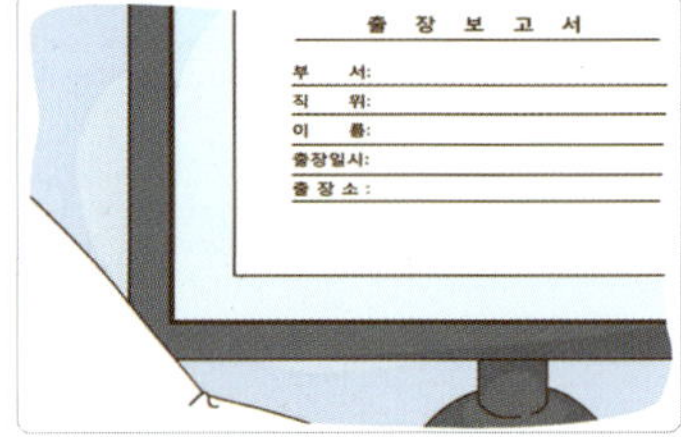

그리고 출장 **보고서를 써야** 합니다.

준모 씨는 어제 **출장을** 갔습니다.

12시에 준모 씨는 **동료**들과 회사 식당에서 점심을 먹습니다.

오후 3시에 회의가 있어서 **회의 준비**를 합니다.

준모 씨는 먼저 **회의 자료**를 **복사**합니다.

준모 씨는 회의에서 **발표**를 합니다. 새로운 **프로젝트**에 대해서 **프레젠테이션** (presentation)을 합니다.

회의를 마치고 **회의록을 작성**합니다.

오늘은 저녁 6시에 **회식이** 있습니다.

하지만 준모 씨는 일이 많아서 **야근을** 해야 합니다.

10시에 책상 위의 **서류를** 정리하고 **퇴근**합니다.

46.1 다음 단어에 알맞은 동사를 연결하세요.

1) 출근을
2) 이메일을
3) 출장을
4) 회의가
5) 회의록을
6) 프레젠테이션을
7) 컴퓨터를
8) 회식이
9) 동료를
10) 회사에

가다
하다
만나다
쓰다
있다

46.2 빈칸에 알맞은 단어를 넣으세요. 동사는 기본형으로 쓰세요.

〈세로〉
1. 내일은 부산으로 ___________.
2. 어제 일이 많아서 늦게까지 ___________.
3. 우리 팀이 작년부터 준비한 ___________ 을/를 다음 달에 시작합니다.
4. 매일 아침 컴퓨터를 켜고 ___________ 을/를 확인합니다.
5. 대학교를 졸업하고 ___________에 취직했습니다.
6. 이번 주말에 회사 ___________와/과 같이 등산을 하기로 했습니다.

〈가로〉
1. 저는 보통 아침 9시쯤에 회사에 ___출근합니다___.
2. 우리 회사 ___________ 시간은 오후 6시입니다.
3. 내일 회의가 있어서 ___________ 자료를 준비해야 합니다.
4. 아침 9시부터 저녁 6시까지 회사에서 ___________.
5. ___________을/를 준비해서 회의실로 갔습니다.
6. 이 서류를 5부 ___________해서 부장님께 드려야 합니다.

46.3 다음 그림을 보고 이야기를 만들어 보세요.

___로버트 씨는 항상 7시에 일어나서 출근___
___준비를 합니다. 그런데___

Unit 47 회사와 사무실

다 이야기해 봅시다!

부장님 : 성태 씨 오늘 사장님께 **보고할 회의 자료**는 다 **준비했**습니까?
성　태 : 네, 이미 어제 부장님 책상 위에 **정리해서 놨**습니다.
　　　　 그리고 어제 **회의실**도 **예약했**습니다.
부장님 : 자료를 10부만 **복사해서 회의실**로 가지고 오세요.
성　태 : 네, 알겠습니다.
부장님 : 참, **복사 용지**가 다 **떨어졌**어요. 다른 **사무실**에서 복사하세요.

47.1 사무실에 무엇이 있어요? 알맞은 단어를 쓰세요.

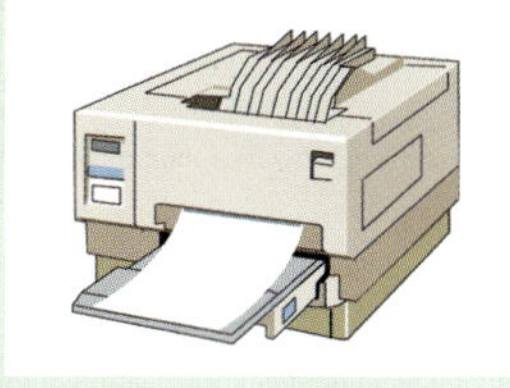

1) _______________ 2) _______________ 4) _______________ 5) _______________

47.2 다음을 읽고 알맞은 단어를 골라서 쓰세요.

비상구	사원증	팩스	정수기	서랍	회의실	휴게실	게시판

1) _______________이/가 없으면 회사에 들어갈 수 없습니다.

2) 불이 났을 때는 _______________을/를 이용해 주십시오.

3) 프로젝트 발표가 있어서 _______________을/를 예약했습니다.

4) 점심시간에 동료와 _______________에서 차를 마시면서 이야기했습니다.

5) 필요한 자료를 빨리 _______________(으)로 보내 주세요.

6) _______________이/가 고장 나서 뜨거운 물이 나오지 않습니다.

7) 중요한 서류는 책상 _______________에 넣고 잠갔습니다.

8) 동료 결혼 소식을 회사 _______________에서 봤습니다.

47.3 다음을 읽고 알맞은 동사를 골라서 쓰세요.

정리하다	보고하다	떨어지다	예약하다	준비하다	복사하다

우리 회사 신입사원인 나딤 씨는 일을 열심히 합니다. 사무실에 복사 용지가 1)_______________ [-(으)면] 바로 가지고 옵니다. 회의가 있을 때에는 항상 회의실을 2)_______________ [-기 때문에] 제시간에 회의를 할 수 있습니다. 또 프레젠테이션을 하기 전에는 필요한 자료를 미리 3)_______________ [-아/어서] 부장님께 이메일로 보냅니다. 출장을 가면 언제나 그날의 일을 상사에게 4)_______________.[-ㅂ/습니다] 퇴근하기 전에는 항상 책상 위를 5)_______________ [-는] 것도 잊지 않습니다.

47.4 다음을 읽고 질문에 대답하세요.

여러분은 어떤 회사에서 일하고 싶습니까? 회사의 분위기는 일을 할 때 아주 중요합니다. 우리 회사는 다른 회사들과 아주 다릅니다. 우리 회사 사무실에는 냉장고에 신선한 과일과 음료수가 있어서 언제나 먹을 수 있습니다. 또 사무실 안에 탁구대와 당구대가 있어서 동료들과 함께 운동도 할 수 있습니다. 그리고 출퇴근 시간이 자유롭고 월요일부터 일요일까지 40시간만 일하면 됩니다. 그래서 많은 사람들이 우리 회사에 오고 싶어 합니다.

1) 우리 회사는 다른 회사와 무엇이 다릅니까?

2) 왜 사람들이 우리 회사에 취직하고 싶어 합니까?

Unit 48 학교

학교	나이	학생
유치원	3살~7살	유치원생
초등학교(6년)	8살~13살	초등학생
중학교(3년)	14살~16살	중학생
고등학교(3년)	17살~19살	고등학생
대학교(4년)	20살 이상	대학생
대학원(2년~3년)	대학교 졸업 후	대학원생

- 어린이들은 초등학교에 입학하기 전에 **유치원**에 다닙니다.
- 대학교를 **졸업**하고 **대학원**에 갑니다.
  석사나 박사 학위를 받습니다.
- 학교에 갈 시간이 없는 사람들은 인터넷으로 **사이버(cyber) 대학교**에서 **수업을 받을** 수 있습니다.
- 할머니들과 할아버지들은 **노인대학**에서 한글, 수영, 노래 등 다양한 것을 배울 수 있습니다.

나 학교생활

초·중·고등학교

- **1학기**는 3월에 시작하고 **2학기**는 9월에 시작합니다.
- 9시부터 **수업이** 있습니다.
- 학생들은 매일 **숙제를 해야** 합니다.
- 한 학기에 두 번 **시험을 봅**니다. **중간고사**와 **기말고사**가 있습니다.
- **성적이 좋거나 출석을 잘 하면 상을 받습니다.**
- 시험을 본 후에는 **성적표를** 받습니다.
- 더운 여름과 추운 겨울에는 길게 **방학**을 합니다.

대학교

- 3월에 학교에 **입학**합니다. 그리고 2월에 **졸업**합니다.
- 학생들은 학기가 시작하기 전에 **수강 신청을** 합니다.
- 학생들은 **강의를 듣**습니다.
- **보고서도 내고 발표도 해야** 합니다.
- **학점이 좋으면 장학금을 받을** 수 있습니다.
- 30% 이상 **결석하면 성적을 받을** 수 없습니다.
- 군대를 가거나 어학연수를 가려고 **휴학을 하는** 학생도 있습니다.

- '보고서' which is submitted in colleges or graduate schools is also called '리포트(report)'.
- Some takes a leave of absence in case that adult males joins the military because of obligatory military service, or students leave for abroad for language training.

48.1 어느 학교에 갑니까? 다음을 읽고 쓰세요.

1) 내년에 우리 집 아이가 8살이 돼서 ___________에 입학할 거예요.

2) 우리 부부는 모두 회사원이에요. 그래서 6살이 된 딸을 ___________에 보냈어요.

3) 우리 형은 작년에 중학교를 졸업하고 올해 ___________에 입학했어요.

4) 저는 ___________을/를 졸업하고 대학원생이 되었어요.

5) 저는 회사에 다니기 때문에 ___________에서 강의를 듣고 있어요.

6) 우리 할아버지께서는 요즘 ___________에서 수영을 배우세요.

48.2 다음을 읽고 알맞은 단어를 골라서 쓰세요.

방학	시험	학기	성적	내다	수업	받다	보다

1) 월요일부터 금요일까지 매일 ___________이/가 있습니다.

2) 여름 ___________을/를 하면 부모님하고 같이 여행을 갈 거예요.

3) 다음 주에 ___________을/를 봐서 오늘부터 열심히 공부하려고 합니다.

4) 이번에 ___________이/가 좋아서 상을 받았습니다.

5) 어제 숙제를 했는데 집에 놓고 와서 선생님께 못 ___________. [-았/었어요]

6) 기말고사를 본 후에 성적표를 ___________ [-아/어서] 부모님께 보여 드렸어요.

48.3 다음을 읽고 알맞은 단어를 골라서 쓰세요.

장학금	수강 신청	발표	결석	입학하다	강의	졸업하다	보고서

　저는 고등학교를 1)___________ [-고] 대학생이 되었습니다. 먼저 듣고 싶은 과목을 골라서 인터넷으로 2)___________을/를 했습니다. 개강을 해서 3)___________을/를 들으러 학교에 갔습니다. 처음으로 교수님도 뵙고 새로운 친구들도 만났습니다. 오늘 교수님께서 숙제를 내 주셔서 다음 시간에는 4) ___________을/를 내야 합니다. 또 수업 시간에 PPT를 만들어서 5)___________도 해야 합니다. 이번 학기에 열심히 공부해서 6)___________을/를 꼭 받을 겁니다.

48.4 다음을 읽고 질문에 대답하세요.

　나이 80세에 박사 학위를 받은 사람이 있습니다. 바로 성태현 할아버지입니다. 성태현 할아버지는 20년 전에 회사를 은퇴하고 2004년에 대학원에 다시 들어갔습니다. 8년 동안 공부하면서 한 번도 결석하지 않았습니다. 그리고 마침내 올해 2월에는 박사 학위를 받았습니다. '배움에는 나이가 없다'는 말이 있습니다. 성태현 할아버지의 열정과 노력은 우리가 꼭 배워야 할 것 같습니다.

1) 성태현 할아버지는 언제 대학원에 입학했습니까?

2) 성태현 할아버지는 올해 2월에 무엇을 받았습니까?

3) 우리가 성태현 할아버지께 무엇을 배워야 합니까?

Unit 49 중학교와 고등학교

가 교실

나 학교 시설

다 학교 생활

우리 학교에는 몇 가지 규칙이 있어요.
1. 학교에 갈 때는 항상 **교복**을 입어야 해요.
2. 학교에 늦으면 안 돼요. 매일 아침 교문 앞에서 선생님이 기다리고 계세요.
   그래서 저는 매일 아침 **지각**하지 않으려고 뛰어 가요.
3. **결석**을 할 때는 꼭 선생님께 전화를 드려야 해요.

　　학교에는 재미있는 일이 많습니다. 1년에 한 번 다 같이 **운동회**도 하고 2학년이 되면 유명한 곳으로 **수학여행**도 갑니다. 하지만 제가 가장 좋아하는 것은 소풍입니다. **봄 소풍**과 **가을 소풍**이 있습니다. 소풍을 갈 때 엄마가 김밥을 만들어 주시는데 정말 맛있습니다. 소풍을 가면 보통 **장기 자랑**을 합니다. 그리고 반 친구들과 함께 즐거운 게임을 합니다.

49.1 이것은 무엇입니까? 다음 그림에 알맞은 단어를 쓰세요.

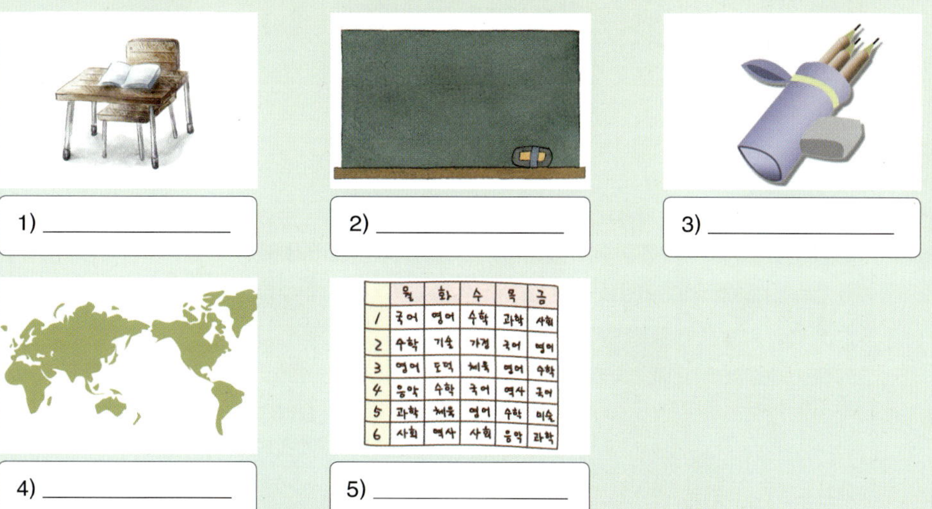

1) ________________

2) ________________

3) ________________

4) ________________

5) ________________

49.2 여기에서 무엇을 합니까? 장소와 하는 일을 연결하세요.

1) 운동장　　　　　•　　　　　　• ㉮ 과학 수업을 해요. 여러 가지 실험을 해요.

2) 미술실　　　　　•　　　　　　• ㉯ 노래를 배우고 음악을 들어요.

3) 교무실　　　　　•　　　　　　• ㉰ 선생님들이 수업을 준비하거나 일을 해요.

4) 음악실　　　　　•　　　　　　• ㉱ 그림을 그리거나 만들기를 해요.

5) 실험실　　　　　•　　　　　　• ㉲ 체육 수업을 해요. 여러 가지 운동을 해요.

49.3 다음을 읽고 알맞은 단어를 넣으세요.

장기 자랑	교복	수학여행	지각	결석	소풍	김밥

1) 중학교와 고등학교에서는 학교에 갈 때 꼭 ____________을/를 입어야 합니다.

2) 매년 봄과 가을에는 ____________이/가 있어서 선생님들과 친구들이 함께 여행을 갑니다.

3) 내일은 학교에서 경주로 2박 3일 동안 ____________을/를 갑니다.

4) 제니가 아파서 학교에 오지 않았습니다. 오늘은 학교에 ____________을/를 했습니다.

5) 성태는 여행을 가기 전에 ______________을/를 준비했습니다. 친구들 앞에서 노래를 부르고 춤을
췄습니다.

49.4 여러분이 중학교와 고등학교를 다닐 때 어떤 규칙이 있었습니까? 3가지를 써 보세요.

매일 교복을 입어야 합니다 ____

____

____

Unit 50 대학교

3월	1학년 **신입생**들이 많습니다. 신입생들은 "00**학번** 000입니다."라고 이야기합니다. 즐거운 대학 생활을 위해 **동아리**에 들어갑니다.
4월	**MT**를 갑니다. MT에 가면 **선배**와 **후배**들이 더 친해집니다. 재미있는 게임도 많이 하고 즐거운 시간을 보냅니다.
5월	축제가 있습니다. 보통 일주일 동안 **축제**를 합니다. 여러 가지 물건을 팔거나 음식을 팝니다. 유명한 가수들의 공연도 있습니다.
6월	**기말고사**를 봅니다. **학점**이 좋지 않으면 **장학금**을 받을 수 없습니다. 그래서 열심히 공부합니다. 시험이 끝나면 **여름 방학**을 합니다.

50.1 이것은 무엇입니까? 다음 그림에 알맞은 단어를 쓰세요.

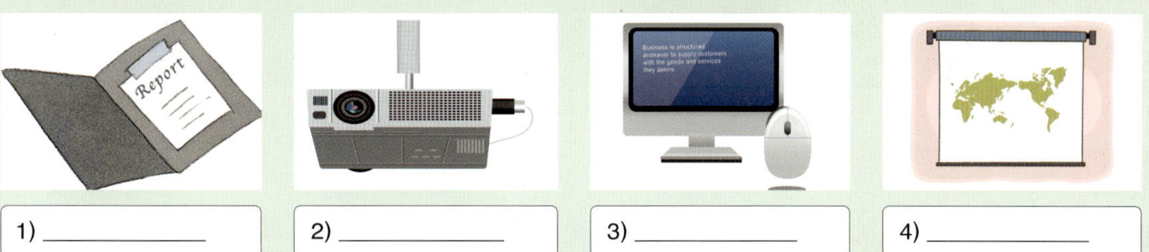

1) ______________ 2) ______________ 3) ______________ 4) ______________

50.2 어디로 가야 합니까? 하고 싶은 일과 장소를 연결하세요.

1) 질문이 있어서 교수님을 뵙고 싶어요.   •   • ㉮ 동아리방

2) 보고서를 써야 해요. 그래서 책을 빌리고 싶어요.   •   • ㉯ 교수 연구실

3) 장학금에 대해서 조교에게 물어 보고 싶어요.   •   • ㉰ 학생 식당

4) 오늘 동아리 모임이 있어요.   •   • ㉱ 도서관

5) 친구들과 맛있는 점심을 먹을 거예요.   •   • ㉲ 학과 사무실

50.3 알맞은 단어를 넣으세요.

〈세로〉

1. 한 학기가 끝나면 방학 전에 OOOO을/를 봅니다.
3. 이번 학기 OO가 한국 역사에 대해서 재미있게 잘 가르쳐 주셨어요.
5. 지난 학기에 공부를 열심히 해서 OOO을/를 받았어요.
8. 어제 한국어를 가르쳐 주신 OOO을/를 만나러 갔어요.

〈가로〉

1. 저는 학교에 있는 OOO에 살아요. 친구들과 함께 지내서 재미있어요.
2. 내일까지 한국의 문화에 대해서 OOO을/를 써야 합니다.
3. 대학교에서는 OOO에서 수업을 들어요.
4. 오늘 강의가 끝나고 OOOO에서 테니스를 칠 거예요.
6. 이번 학기에는 공부를 열심히 하지 않아서 OO이/가 좋지 않아요.
7. 올해 입학한 OOO이/가 동아리에 많이 들어왔어요.
8. 한국에서는 OO이/가 후배들에게 맛있는 음식을 많이 사 줘요.

50.4 여러분은 지금 대학교 신입생입니다. 가장 하고 싶은 일을 3가지 써 보세요.

____

____

 등산

 여행

 낚시

 운동

 독서

 요리

 댄스

 쇼핑

 우표 수집

 음악 감상

 영화 감상

 꽃꽂이

 뜨개질

 그림 그리기

 사진 찍기

 노래하기

 피아노 치기

 컴퓨터 게임하기

 당구 치기

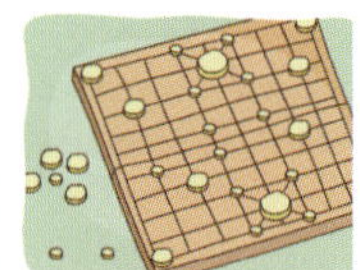 장기 두기

 바둑 두기

나　시간 있을 때 뭐 해요?

저는 **여행하는 것**을 좋아합니다.
여행을 하면 새로운 것들을 많이 보고 배울 수 있습니다.
그래서 시간이 날 때마다 여기저기 많이 다닙니다.
또 여행할 때 **사진 찍는 것**도 좋아합니다.

다　이야기해 봅시다!

성태 : 시간 있을 때 뭐 해요?
제니 : 보통 음악을 많이 들어요.
성태 : 무슨 음악을 자주 들으세요?
제니 : 저는 요즘 k-pop을 자주 듣고 있어요.

51.1 다음을 읽고 관계있는 것과 연결하세요.

| 1) 주말마다 산에 가요. | 2) 낚시를 하는 것을 좋아해요. | 3) 그림을 잘 그려요. | 4) 음악을 자주 들어요. | 5) 어렸을 때부터 아버지와 바둑을 두었어요. |

 ⑦ 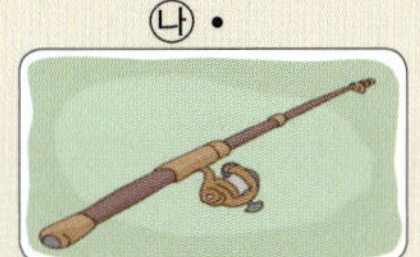 ⑭  ⑮  ⑯  ⑰

51.2 다음과 관계있는 취미 활동을 모두 쓰세요.

1) 수집하는 것을 좋아합니다.   우표 수집 ____________________

2) 운동하는 것을 좋아합니다. ____________________

3) 음악을 좋아합니다. ____________________

4) 야외에서 하는 것을 좋아합니다. ____________________

5) 여러 사람과 함께 하는 것을 좋아합니다. ____________________

51.3 무슨 취미입니까? 다음을 읽고 쓰세요.

1) 저는 시간이 있을 때마다 책을 읽어요. 그래서 제 가방에는 항상 책이 있어요. ⇨ ____________________

2) 저는 주말마다 남자 친구와 같이 춤을 배웠어요. 음악을 들으면서 춤을 추면 스트레스가 풀려요. ⇨ ____________________

3) 저는 아버지와 함께 일주일에 한 번 강이나 바다에서 물고기를 잡아요. ⇨ ____________________

4) 저는 어렸을 때 여러 나라의 친구들과 편지를 주고받았어요. 편지를 주고받을 때마다 다양한 우표를 모을 수 있었어요. ⇨ ____________________

5) 저는 맛있는 음식을 준비해서 친구들을 자주 초대해요. 친구들이 맛있게 먹으면 기분이 좋아져요. ⇨ ____________________

51.4 다음 글을 읽고 질문에 답하세요.

> 제가 사는 곳에서는 매년 10월이 되면 '취미 동호회' 축제가 열립니다. 다양한 취미 생활을 가진 사람들이 이 축제에 옵니다. 평소에 찍은 사진으로 사진 전시회를 여는 사람도 있습니다. 또 그림 그리기를 좋아하는 사람들은 지나가는 사람들을 무료로 그려 줍니다. 올해에는 저도 이 축제에서 공연을 하려고 합니다. 그래서 일주일에 두 번 밸리 댄스 동호회에 나가서 연습을 합니다. 시간이 있으면 제 공연을 보러 오세요.

1) 이 축제는 언제 열립니까?
2) 이 사람의 취미는 무엇입니까?
3) 이 사람은 어떻게 축제준비를 합니까?

가 운동의 종류

하다

| 축구 |  야구 |  농구 |  태권도 |  배구 |  수영 |

| 씨름 |  유도 |  요가 |  볼링 |  조깅 |  권투 |

치다

| 골프 |  테니스 |

| 탁구 |  당구 |  배드민턴 |

타다

| 스노보드(snowboard) |  인라인스케이트 |

| 스키 |  스케이트 |  자전거 |

나 운동 용품과 운동 장소

운동복, 수영복, 태권도복, 유도복, 스키복	- 복 	
축구공, 야구공, 농구공, 골프공, 볼링공, 탁구공, 테니스공, 배드민턴공(셔틀콕)	- 공 	
운동장, 축구장, 야구장, 농구장, 태권도장, 골프장, 스키장, 스케이트장, 수영장, *헬스클럽(헬스장)	- 장	

TIP The sportswear that people wear when they participate in collective sports such as '축구, 농구, 야구, 배구' is called '유니폼.'

탁구채, 골프채, 배드민턴채, 테니스채	- 채	
운동화, 등산화, 축구화, 농구화, 골프화	- 화	

■ 기타

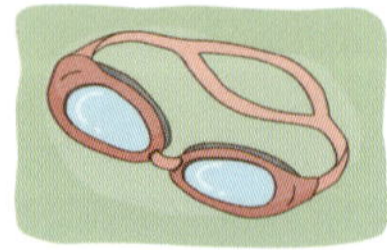

물안경

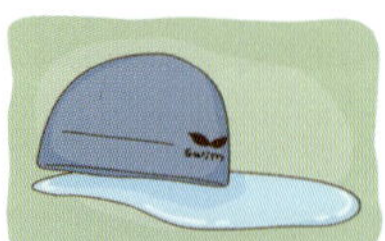

수영 모자

야구 모자

야구 방망이

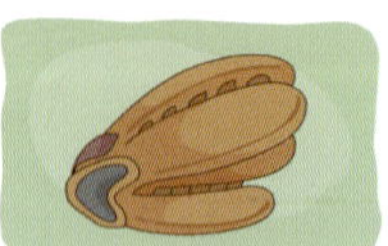

야구 글러브

권투 글러브

52.1 무슨 운동에 필요해요? 다음 그림을 보고 쓰세요.

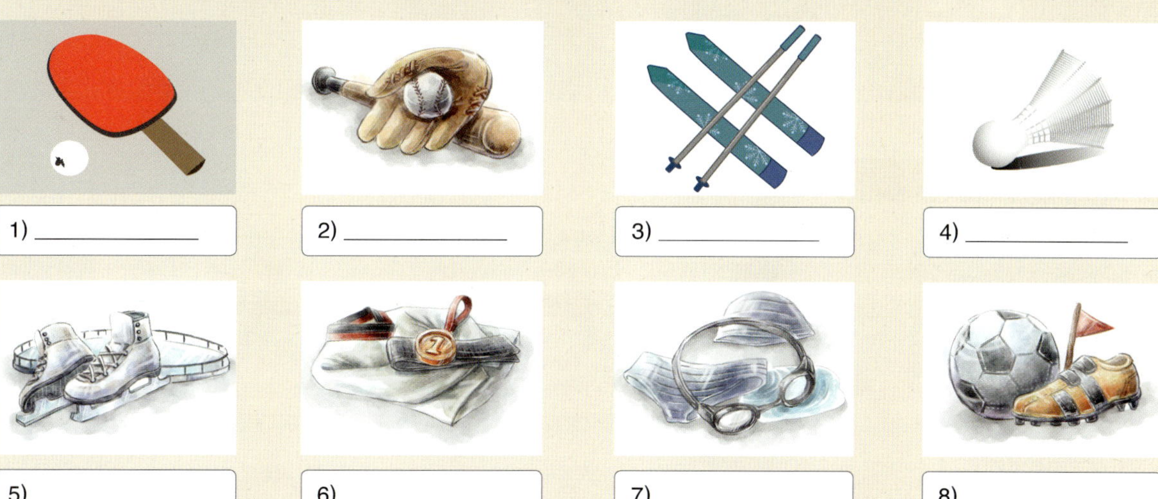

1) ____________ 2) ____________ 3) ____________ 4) ____________

5) ____________ 6) ____________ 7) ____________ 8) ____________

52.2 다음을 읽고 관계있는 것을 2가지 이상 쓰세요.

1) 한국의 전통 운동은 무엇입니까? 씨름, 태권도

2) 혼자 할 수 있는 운동은 무엇입니까? ____________

3) 두 팀이 함께 하는 운동은 무엇입니까? ____________

4) 겨울에 주로 하는 운동은 무엇입니까? ____________

5) 공을 가지고 하는 운동은 무엇입니까? ____________

52.3 다음 빈칸에 알맞은 것을 쓰세요.

1) 저는 겨울이 되면 일주일에 2번씩 스키를 ____________. [-(으)러 가다]

2) 시간이 없는 직장인들은 회사 안에 있는 ____________에서 운동을 합니다.

3) 저는 수요일마다 ____________ 에 가서 농구를 해요.

4) 다음 주부터 집 앞 공원에서 조깅을 하기로 했습니다. 그래서 ____________을/를 준비해야 합니다.

5) 오늘은 아침부터 비가 와서 골프를 ____________. [-(으)ㄹ 수 없다]

52.4 다음 대화를 보고 연습해 보세요.

가 : 무슨 운동을 좋아하세요?
나 : ① **태권도**를 좋아해요.
가 : 얼마나 배웠어요?
나 : 6개월 정도 됐어요.
가 : 저도 배우고 싶은데 뭐 준비해야 해요?
나 : 그래요? 그럼 같이 배워요. ② **태권도복**을 준비하면 돼요.

1)	2)	3)
① 야구	① 수영	① 테니스
② 야구 방망이, 야구 글러브	② 수영복, 물안경, 수영모자	② 테니스채, 테니스공

영화 장르

공포

액션(Action)

애니메이션(Animation)

코미디(Comedy)

스릴러(Thriller)

SF(Science Fiction)

전쟁

로맨스(Romance)

가족

뮤지컬(Musical)

저는 **코미디 영화**를 좋아해요.
코미디 영화를 보면 기분이 좋아져요.

저는 신나는 **액션 영화**를 좋아해요.
액션 영화를 보면 스트레스가 풀려요.

공포 영화는 절대로 안 봐요.
공포 영화를 보면 무서워서 밤에 잠을 못 자요.
저는 사랑에 빠지는 **로맨스 영화**를 좋아해요.

나 더 배워 봅시다.

- 어제 공항에서 유명한 **영화배우**를 봤어요.
- 영화표를 인터넷으로 **예매**할 수 있어서 편리해요.
- 두 사람이 헤어지는 **장면**이 가장 기억에 남아요.
- 이 사람은 원래 가수인데 요즘에는 **영화**를 **찍**어요.

- 내일 오전 9시 **표**는 **매진**입니다/**매진되**었습니다.
- 이 영화에서 내가 좋아하는 배우가 **주인공**이에요.
- 지금 **상영**하고 있는 영화 중에서 뭐가 재미있어요?

다 이야기해 봅시다!

가 : 00 씨, 여기예요.
나 : 죄송해요. 제가 좀 늦었지요?
가 : 아니에요. 3시 표가 매진이라서 5시 표를 샀어요.
나 : 그래요? 다행이네요. 제가 팝콘하고 음료수를 살게요.
　　 그런데 몇 **관**에서 봐요?
나 : 7관이에요. 바로 위층에 있어요. 우리 **자리**는 F열 3번, 4번이에요.

53.1 다음은 어떤 영화입니까?

1) 로봇이나 외계인이 나오는 영화   <u>SF영화</u>

2) 남자와 여자가 사랑에 빠지는 영화   __________

3) 모든 배우가 노래하고 춤을 추는 영화   __________

4) 싸우는 장면이 많이 나오는 영화   __________

5) 그림으로 만든 영화   __________

6) 가족의 이야기로 만든 영화   __________

53.2 다음 문장을 읽고 알맞은 단어를 쓰세요.

매진되다	찍다	상영하다	풀다	예매하다	빠지다

1) 이 영화는 제주도에서 __________ [-아/어서] 배경이 아주 예뻐요.

2) 영화의 마지막에는 남녀 주인공이 사랑에 __________. [-아/어요]

3) 이번 주부터 영화 'ET'가 극장에서 다시 __________. [-아/어요]

4) 스트레스를 __________ [-(으)려고] 액션 영화를 봤어요.

5) 이번 주말에 여자 친구와 함께 보려고 로맨스 영화를 __________. [-았/었어요]

6) 주말에 영화를 보러 갔는데 모두__________ [-아/어서] 표를 못 샀어요.

53.3 다음을 읽고 알맞은 단어를 골라서 쓰세요.

영화표	매진	자리	주인공	영화배우	장면

친구와 재미있는 영화를 보기로 했어요. 그래서 인터넷으로 1) __________을/를 예매했어요. 제 2)__________은/는 2관 G열 14번, 15번이에요. 이 영화에서 제가 좋아하는 배우가 3)__________이에요/예요. 이 영화는 인기가 많아서 표가 모두 4)__________이/가 되었어요. 하지만 우리는 예매해서 바로 영화를 볼 수 있었어요. 마지막에 주인공이 여자 주인공과 키스하는 5)__________은/는 정말 아름다웠어요.

53.4 다음을 읽고 질문에 대답하세요.

우리 가족들이 좋아하는 영화는 모두 다릅니다. 아버지는 액션 영화를 좋아하십니다. 특히 싸우는 장면을 아주 좋아하십니다. 그리고 어머니는 아름다운 사랑 이야기를 좋아하셔서 로맨스 영화를 자주 보십니다. 저는 공포 영화나 스릴러는 무서워서 싫어하지만 SF 영화는 아주 좋아합니다. 초등학교에 다니는 제 동생은 항상 애니메이션을 보고 싶어 합니다. 하지만 다 같이 영화를 볼 때는 마음이 따뜻해지는 가족 영화를 봅니다. 오늘도 가족들과 거실에 모여서 영화를 볼 겁니다.

1) 아버지와 어머니는 어떤 영화를 좋아하십니까?

2) 동생은 어떤 영화를 좋아합니까?

3) 이 사람은 왜 공포 영화와 스릴러를 싫어합니까?

4) 가족들이 모이면 어떤 영화를 봅니까?

Unit 54 음악

클래식(Classical music)

록(Rock)

팝송(Pop)

가요

재즈(Jazz)

R&B

힙합(HipHop)

국악

발라드(Ballad)

트로트(Teuroteu)

동요

OST(Original Sound Track)

피아노	드럼	기타	바이올린	첼로	플루트
북	장구	꽹과리	해금		단소
치다			켜다		불다

- 내일 오케스트라 공연에서 **첼로를 켤** 거예요.
- 제니 씨는 어렸을 때부터 피아노를 배워서 **피아노를** 잘 **쳐요**.
- 친구가 **플루트를 불어** 줬는데 소리가 정말 아름다웠어요.
- 사물놀이는 **북, 장구, 꽹과리, 징으로 연주하는** 한국 전통 공연입니다.

- 제가 좋아하는 **가수의 공연을** 보려고 한국에 왔어요.
- 그는 노래만 부르는 가수가 아니라 노래를 작사하고 작곡하는 **뮤지션(musician)**이에요.
- 저는 이 **노래의 곡도** 좋고 **가사도** 마음에 들어요.
- 이번 공연의 피아노 **연주자가** 누구예요?
- 저는 아름다운 노래를 만드는 **작곡가가** 되고 싶어요.

54.1 어떤 음악에 대해서 이야기를 하고 있습니까? 알맞은 단어를 쓰세요.

1)

저는 __________ 음악을 좋아해요. 그래서 내일 피아노와 바이올린 연주를 보러 갈 거예요.

2)

어제 친구와 극장에서 슬픈 영화를 봤는데 그 영화의 음악이 무척 좋았어요. 그래서 그 영화의 __________ 앨범을 샀어요.

3)

저는 유치원 선생님이에요. 그래서 __________을/를 많이 알아요. 아이들과 춤을 추면서 노래를 불러요.

4)

저는 옛날에는 관심이 없었는데 요즘은 __________을/를 자주 들어요. 해금과 단소의 소리가 슬프지만 아주 아름다워요.

5)
제가 고등학교에 다닐 때 __________을/를 정말 좋아했어요. 음악은 조금 시끄럽지만 듣고 있으면 스트레스가 풀려요. 긴 머리의 가수가 기타를 치는 모습이 너무 멋있어요.

54.2 다음 악기에 알맞은 동사를 쓰세요.

치다 불다 켜다 연주하다

1) 저는 고등학교 록 밴드에서 드럼을 ____________. [-았/었어요]

2) 오랫동안 바이올린을 ____________ [-지 않아서] 지금은 잘 못해요.

3) 초등학교에 다닐 때 배워서 단소를 ____________. [-(으)ㄹ 수 있어요]

4) 악기사에 가서 첼로를 ____________ [-아/어 보고] 첼로를 하나 샀어요.

5) 북을 ____________ [-아/어 봤는데] 생각보다 쉽지 않았어요.

6) TV에서 해금과 피아노를 함께 ____________ [-는] 것을 봤는데 정말 멋있었어요.

54.3 다음을 읽고 알맞은 말을 쓰세요.

곡 팝송 뮤지션 공연 연주자 가사

　오늘은 제가 좋아하는 음악과 가수를 소개할게요. 저는 영국의 비틀즈라는 가수를 좋아해요. 중학교 영어 수업시간에 선생님께서 1)____________을/를 들려 주셨는데 그 노래의 제목이 'Let it Be' 였어요. 곡이 쉬워서 쉽게 부를 수 있었어요. 2)____________이/가 영어라서 영어 공부도 열심히 했어요. 비틀즈는 작사와 작곡을 하는 3)____________이에요/예요. 비틀즈의 4)____________을/를 직접 볼 수 있으면 얼마나 좋을까요?

Unit 55 : 동호회

나 더 배워 봅시다.

- 저는 사진 찍는 것을 좋아해서 사진 동호회에 가입했어요.
- 매주 수요일 저녁에 동호회 회원들을 만나서 영어회화를 연습합니다.
- 우리 영화 동호회에서는 한 달에 한 번씩 회비를 냅니다. 이 회비로 영화를 봅니다.
- 많은 동호회가 인터넷 카페를 통해 동호회 소식을 알립니다.
- 일요일마다 축구 동호회 정모가 있어요. 일요일에는 항상 회원들과 축구를 해요.

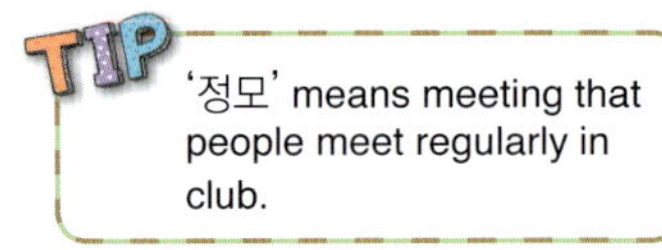

다 이야기해 봅시다!

미나코 : 후이펑 씨, 요즘 기타 배워요?

후이펑 : 네, 기타 동호회에서 일주일에 한 번씩 배우고 있어요.

미나코 : 정말요? 저도 정말 기타 배우고 싶은데… 어떻게 동호회에 가입했어요?

후이펑 : 인터넷 카페가 있어요. 미나코 씨도 우리 동호회에 들어오세요.

미나코 : 무슨 요일에 모임이 있어요?

후이펑 : 매주 금요일 저녁 7시에요.

미나코 : 그래요? 그럼, 저도 가입해야겠어요.

55.1 다음과 관계없는 것에 ✓표시하세요.

1) 낚시 동호회   :   물고기   낚싯대   바다   물안경   잡다
2) 수공예 동호회   :   테디베어   옷   손   만들다   물
3) 자전거 동호회   :   헬멧   여행   타다   구두   자전거
4) 라틴댄스 동호회   :   운동화   추다   음악   탱고   등산화
5) 등산 동호회   :   등산복   오르다   공   산   건강

55.2 다음 문장을 읽고 알맞은 단어를 쓰세요.

| 동호회 회원 | 만들다 | 인터넷 카페 | 가입하다 | 회비 | 정모 |

1) 저는 기타를 배우고 싶어서 기타 동호회에 _____________. [-았/었어요]
2) 우리 동호회는 매주 일요일마다 _____________이/가 있어요.
3) _____________에 가면 여러 정보도 얻고 동호회 소식을 빨리 알 수 있어요.
4) 혼자 책을 읽는 것보다 _____________와/과 같이 책을 읽고 이야기하는 것이 더 좋아요.
5) 맛집 동호회에 들어갔어요. 한 달에 한 번씩 _____________을/를 내서 맛있는 음식을 먹어요.

55.3 다음과 같이 이야기해 보세요.

성태 : '제니', 씨 어떤 동호회에 가입하고 싶어요?
제니 : 저는 ①**여행하면서 사진 찍는 것**을 좋아해요.
        그래서 ②**사진 동호회**에 가입하고 싶어요.
성태 : 그래요? 그럼 우리 동호회에 들어오세요.
제니 : ③**언제 모임이 있어요**?
성태 : ④**한 달에 한 번 있어요**.
제니 : 좋아요. 그럼 다음 모임에 같이 가요.

1)
① 여행하면서 사진 찍는 것
② 사진 동호회
③ 언제 모임이 있어요?
④ 한 달에 한 번 있어요.

2)
① 영화 보는 것
② 영화 동호회
③ 회비는 얼마예요?
④ 일주일에 만 원이에요.

3)
① 노래 부르는 것
② K-pop 동호회
③ 어디에서 모여요?
④ 연습실에 모여요.

55.4 다음 질문에 대답하세요.

1) 여러분은 어떤 동호회에 가입하고 싶습니까?
2) 왜 그 동호회에 가입하고 싶습니까?

   예 저는 한국어 회화 동호회에 가입하고 싶어요. 다른 나라에서 온 친구들과 함께 한국 문화에 대해 함께 공부하고 말하기 연습도 할 수 있어서 좋을 것 같아요.

가 무슨 명절이 있어요?

- 한국에서 가장 큰 명절은 설날과 추석입니다.
- 음력 1월 1일을 '설날'이라고 합니다.
- 음력 8월 15일을 '추석' 또는 '한가위'라고 합니다.
- 단오는 음력 5월 5일입니다. 정월 대보름은 음력 1월 15일입니다.

나 명절에 무엇을 해요?

설날

설날 아침에는 조상들께 차례를 지냅니다. 그리고 아이들은 어른들께 세배를 합니다. 어른들께서 세뱃돈을 주십니다. 그리고 가족들과 함께 떡국을 먹고 윷놀이와 연날리기를 합니다.

People ate '떡국' on the New Year's Day because rounded stick rice cake put in it means the wishes of health, longevity, and a rich year. Besides, it was regarded that people became a year older when eating '떡국.'

추석

추석날 아침에 조상께 차례를 지냅니다. 차례를 지낸 후 가족과 함께 성묘를 하러 갑니다. 추석날에는 가족들이 모여 송편을 먹습니다.

People made and ate songpyeon (stuffed rice cake) on chuseok, and there is a story that you will have a pretty baby if you make songpyeon well.

단오

예전에는 창포물에 머리를 감았습니다. 여자들은 그네뛰기를 하고 남자들은 씨름을 합니다.

Because people believed that the flavor comes from a plant '창포' defeats disease, they washed their hair or faces with sweet flags infused water on dano.

정월 대보름

옛날 사람들은 건강을 위해서 오곡밥과 부럼을 먹었습니다. 그리고 밤에는 강강술래와 쥐불놀이를 했습니다.

The ancestors thought they can prevent boil if they bite walnuts, peanuts, ginkgo nuts, etc. in the early morning of the day of the first full moon. Also, they intended to reduce the damages by insects through burning weeds and grass on the ridges between fields through '쥐불놀이'.

56.1 무엇을 합니까? 다음 그림을 보고 쓰세요.

1) 세배합니다
2) ______________
3) ______________
4) ______________
5) ______________
6) ______________
7) ______________
8) ______________

56.2 무엇을 할까요? 관계있는 것을 쓰세요.

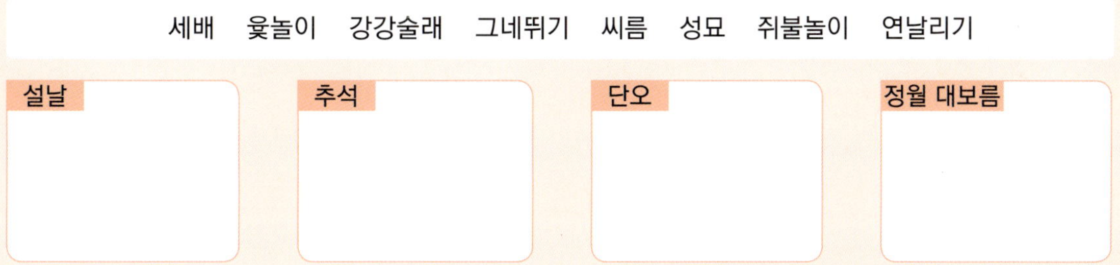

세배　윷놀이　강강술래　그네뛰기　씨름　성묘　쥐불놀이　연날리기

설날	추석	단오	정월 대보름

56.3 다음을 읽고 알맞은 것을 골라 쓰세요.

떡국　송편　세뱃돈　창포물　부럼　씨름　차례

1) 추석에는 가족이 모여서 **이것**을 만듭니다. 사람들은 "**이것**을 잘 만들면 예쁜 아이를 낳아요."라고 생각합니다. (　　　　　)

2) 설날 아침에는 **이것**을 먹습니다. 사람들은 "**이것**을 먹으면 나이를 한 살 더 먹어요."라고 생각합니다.
(　　　　　)

3) 설날에는 어른들께 세배를 합니다. 세배를 하면 어른들은 아이들에게 **이것**을 주십니다. (　　　　　)

4) 단오에는 **이것**으로 머리를 감습니다. 옛날 사람들은 "**이것**에 머리를 감으면 병에 걸리지 않아요."라고 생각했습니다. (　　　　　)

5) 정월 대보름에는 오곡밥과 **이것**을 먹습니다. 옛날 사람들은 "**이것**을 먹으면 피부병에 걸리지 않아요." 라고 생각했습니다. (　　　　　)

56.4 다음 질문에 대답해 보세요.

1) 여러분 나라에는 어떤 명절이 있습니까?

2) 그 명절에 무엇을 합니까?

Unit 57 놀이

 옛날에는 무슨 놀이를 했을까요?

연날리기

윷놀이

널뛰기

굴렁쇠 굴리기

투호

제기차기

팽이치기

- 예전부터 명절에는 온 가족이 모여서 윷놀이를 했습니다.
- 명절날이나 큰 잔치가 있을 때 마당에 모여 투호를 했습니다.
- 주로 겨울철에 운동으로 제기차기를 많이 했습니다.
- 아이들은 겨울철에 얼음 위에서 팽이치기를 했습니다.

 요즘 아이들은 무슨 놀이를 할까요?

고무줄놀이

공기놀이

구슬치기

줄넘기

숨박꼭질

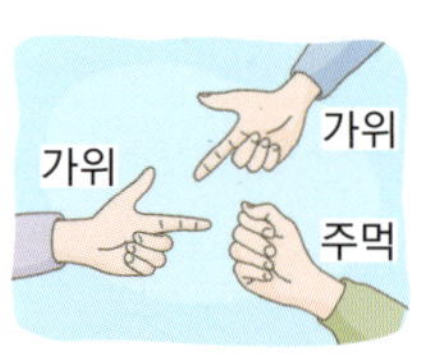

가위바위보

인형놀이

소꿉놀이

컴퓨터 게임(computer game)

보드 게임 (board game)

- 숨박꼭질은 술래가 숨은 친구들을 찾는 놀이입니다.
- 가위바위보는 손으로 가위, 바위, 보의 모양을 만들어서 하는 놀이입니다.
- 요즘 아이들은 친구들과 컴퓨터 게임을 합니다.

 제니 씨는 친구들하고 뭐 했을까요?

　　제니 씨는 오늘 친구들하고 같이 보드 게임방에 갔어요. 제니 씨는 재미있게 게임을 하면서 놀았어요. 그런데 오늘은 나딤 씨가 게임에서 이기고 제니 씨가 졌어요. 그래서 제니 씨가 친구들에게 아이스크림을 사 줬어요. 제니 씨는 오늘 게임에서 졌지만 친구들과 놀아서 기분이 좋아요.

57.1 무엇이 필요해요? 관계있는 것과 연결하세요.

| 1) 굴렁쇠 굴리기 | 2) 팽이치기 | 3) 소꿉놀이 | 4) 구슬치기 | 5) 줄넘기 |

㉮ •   ㉯ •   ㉰ •   ㉱ •   ㉲ •

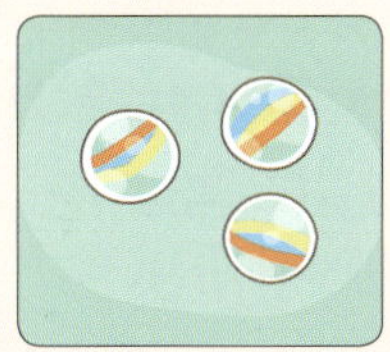

57.2 다음에 알맞은 것을 쓰세요.

치다   차다   내다   넘다   숨다   뛰다   굴리다   하다   놀다

1) 친구가 제기를 가져와서 어제 처음 제기를 _______________. [–아/어 봤어요]

2) 어제 나는 PC방에서 친구들과 컴퓨터 게임을 _______________. [–았/었어요]

3) 학교 수업이 끝난 후 형들하고 구슬을 _______________ [–(으)면서] 놀았어요.

4) 일요일에 경복궁에서 굴렁쇠를 _______________ [–았/었는데] 너무 어려웠어요.

5) 가위바위보를 했는데 내가 바위를 _______________ [–아/어서] 친구들을 이겼어요.

6) 술래가 하나, 둘, 셋을 센 후 _______________ [–(으)ㄴ] 우리를 찾기 시작했어요.

7) 저는 어렸을 때 친구들하고 인형을 가지고 _______________ [–는] 것을 좋아했어요.

57.3 다음을 읽고 질문에 대답하세요.

저는 지난 주말에 옛날 한국 사람들의 생활을 알고 싶어 민속촌에 갔습니다. 우리는 거기에서 옛날 사람들의 집과 옷, 그리고 음식을 모두 볼 수 있었습니다. 또 친구들과 같이 윷놀이나 널뛰기, 그리고 투호와 같은 전통 놀이도 직접 해 봤습니다. 그리고 우리는 한국 사람들의 전통 옷인 한복을 입고 사진도 찍었습니다. 또 시장에 가서 전통 음식인 파전과 도토리묵을 먹어 봤습니다. 민속촌에서 한국 문화를 경험할 수 있어서 아주 좋았습니다.

1) 이 사람은 어디에 갔습니까?

2) 거기에서 무엇을 봤습니까?

3) 어떤 전통 놀이를 했습니까?

4) 무슨 음식을 먹어 봤습니까?

57.4 다음 질문에 대답해 보세요.

1) 여러분은 어렸을 때 무슨 놀이를 하며 놀았어요?

2) 그 놀이는 한국의 놀이와 비슷해요? 어떻게 하는 놀이예요?

 # Unit 58 특별한 음식

설날

만두

떡국

수정과

식혜

설날 대표적인 음식으로는 **떡국**과 **만두**가 있습니다. 설날 전날 가족들과 같이 **만두**를 만들어서 **떡국**과 같이 먹습니다. 그리고 **수정과**와 **식혜**를 만들어 마십니다.

정월 대보름

정월 대보름에는 5가지 곡식으로 만든 **오곡밥**과 9가지 **나물**을 먹습니다. 그리고 아침에 일어나서 **부럼**을 먹습니다. 또 아침 일찍 차가운 술을 마십니다. 이것을 '**귀밝이술**'이라고 합니다.

오곡밥

부럼

나물

귀밝이술

TIP Our ancestors drank a glass of cold '귀밝이술' without warming in the morning of the day of the first full moon, and they believed that it makes their ears keener and listen to only the good news for the entire year.

추석

송편

닭찜

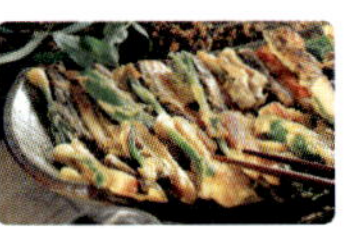
전

추석에는 콩이나 깨를 넣은 **송편**을 먹습니다. 그리고 닭을 쪄서 **닭찜**을 먹기도 합니다. 채소와 고기로 **전**을 부쳐서 먹습니다.

동지

동지는 1년 중 밤이 가장 깁니다. 이때 팥으로 죽을 끓여서 먹습니다. 이것을 '**팥죽**'이라고 합니다. 추운 겨울에 차가운 **동치미**와 함께 먹으면 더 맛있습니다.

TIP Our ancestors thought ghosts' activity is energetic on dongji (the winter solstice) because it has the longest night. So they made and ate '팥죽' to chase bad luck and ghosts away.

동치미

팥죽

 미역국	생일에 낳아 주신 어머니를 생각하면서 **미역국**을 먹습니다. 요즘은 **케이크**도 먹습니다.

예전에는 결혼식 날에 **국수**를 먹었습니다. 하지만 요즘에는 **뷔페 음식**이나 **갈비탕**을 많이 먹습니다.

국수

음력 6월에서 7월 사이에 **복날**이 있습니다. 날씨가 아주 더운 복날에 닭과 인삼을 넣어서 끓인 **삼계탕**을 먹습니다.

삼계탕

백설기

수수경단

돌잔치 때 **백설기**와 **수수경단**을 준비합니다. 그리고 손님들과 같이 나눠 먹습니다.

58.1 이 음식을 언제 먹어요? 관계없는 것에 ✓ 표시하세요.

1) 설날 : 미역국, 떡국, 만두, 수정과
2) 추석 : 닭찜, 전, 송편, 국수
3) 정월 대보름 : 오곡밥, 나물, 삼계탕, 부럼
4) 결혼식 날 : 국수, 갈비탕, 비빔밥, 떡

58.2 다음에 알맞은 것을 쓰세요.

| 케이크 | 식혜 | 동지 | 인삼 | 복날 | 팥죽 | 미역국 | 부럼 | 만두 |

1) 전통 찻집에 가서 수정과와 _________을/를 마셔 봤습니다.
2) 삼계탕은 _________와/과 닭으로 만듭니다.
3) 팥을 끓여서 죽으로 만든 음식을 _________(이)라고 합니다.
4) 일 년 중 밤이 가장 긴 날은 _________입니다.
5) 생일이라서 어머니께서 _________을/를 끓여서 주셨습니다.
6) _________은/는 정월 대보름에 먹는 땅콩과 호두를 말합니다.

58.3 다음을 읽고 알맞은 단어를 골라 쓰세요.

| 송편 | 차례 | 전통 | 깨 | 특별하다 | 찌다 |

떡은 한국을 대표하는 전통 음식입니다. 옛날부터 한국 사람들은 1) ___________[-(으)ㄴ] 날에 떡을 해서 먹었습니다. 그중에서 2) _________은/는 추석을 대표하는 음식입니다. 떡 속에 깨나 콩, 밤, 대추 등을 넣습니다. 그리고 이것을 동그랗게 만들어서 3) ___________.[-ㅂ/습니다] 추석날 아침에 4) _________을/를 지낼 때 차례 상에 놓기도 합니다.

58.4 다음을 읽고 질문에 답하세요.

아기가 태어난 후 첫 번째 생일에 돌잔치를 합니다. 맛있는 음식을 준비해서 가족과 친구들을 초대합니다. 돌잔치 때 백설기와 수수경단을 준비합니다. 그리고 돌잔치 때 돌잡이를 합니다. 아기는 여러 가지 물건 중에서 하나를 잡습니다. 그리고 아기가 잡은 물건으로 아기의 미래를 생각해 봅니다. 옛날에는 돌잡이 물건으로 돈과 연필, 그리고 활을 준비했습니다. 지금은 마이크나 마우스, 청진기도 준비합니다.

1) 돌잔치는 언제 합니까?
2) 돌잔치 때 무슨 음식을 준비합니까?
3) 돌잡이란 무엇입니까?

TIP

돌잡이: Parents prepare 'thread, money, a pencil, a computer mouse, a stethoscope, a microphone, etc.' and show them to their baby to let him/her take one of them for telling the future. Thread means 'longevity,' a pencil 'a scholar,' a computer mouse 'a CEO of IT business,' a stethoscope 'a doctor,' and a microphone 'an entertainer.'

가 나이가 많으신 어른들께는 어떻게 해야 할까요?

- 어른을 만나면 허리를 숙여서 인사합니다. "안녕하세요."
- 설날에는 부모님께 세배를 합니다. "새해 복 많이 받으세요."
- 버스나 지하철에서 할머니나 할아버지께 자리를 양보합니다. "여기에 앉으세요."

한국에 처음 와서 교수님께 손을 흔들면서 "안녕하세요."라고 인사했어요.
그런데 교수님의 표정이 안 좋았어요.
한국 사람들은 어른께 인사할 때 항상 허리를 숙여요. 우리나라와 달라요.

> 인사예절 (Greeting Manners)
>
> In Korea, you should give a bow when you greet your elders, teachers, or people you first meet. However, you can give a quick nod if you meet the person several times a day like your teacher. You should make a deep bow when meeting your elders after a long time or on the New Year's Day.

나 식사를 할 때는 어떻게 해야 할까요?

- 어른이 먼저 식사를 시작한 후 밥을 먹어야 합니다.
- 밥을 먹기 전에는 "잘 먹겠습니다.", 밥을 먹은 후에는 "잘 먹었습니다."라고 말합니다.
- 밥을 먹을 때 그릇을 들고 먹으면 안 됩니다.

> 식사예절 (Table Manners)
>
> You should say a greeting such as "많이 드세요.", "잘 먹겠습니다." before you start a meal, and say "잘 먹었습니다." if someone buy you a meal or treat you. In addition, it is courtesy to seat the eldest person in the farthest seat from the door when you take a seat for having a meal.

다 술을 마실 때는 어떻게 해야 할까요?

- 어른에게 술을 받을 때는 두 손으로 받아야 합니다.
- 어른과 술을 마실 때는 몸을 옆으로 돌려서 마셔야 합니다.
- 술이 남아 있을 때는 술을 따르면 안 됩니다.

저는 지금 한국 회사에서 일해요. 한국의 술 문화에 대해서 이야기를 많이 들었어요. 어른과 술을 마실 때는 머리를 돌려야 해요. 그런데 지난주 회식할 때, 왼쪽과 오른쪽에 모두 부장님이 계셨어요. 저는 어느 쪽으로 머리를 돌려야 할까요?

> 주도 (Drinking Etiquette)
>
> When you accept a drink, you should at least pretend to sip it even if you don't drink it actually. You should pour drinks with both hands, but it is all right to pour with one hand if you are a senior or the elder one.

 어떻게 인사해요? 관계있는 것끼리 연결해 보세요.

1) 설날에 세배할 때   •   • ㉮ "잘 먹겠습니다"

2) 밥을 먹기 전에   •   • ㉯ "새해 복 많이 받으세요."

3) 어른께 자리를 양보할 때   •   • ㉰ "잘 먹었습니다."

4) 식사 후에   •   • ㉱ "여기에 앉으세요."

59.2 이 사람들은 어떻게 해야 합니까? 그림을 보고 다음 문장을 완성하세요.

들다   돌리다   따르다   숙이다   받다

1) 로버트 씨는 어른께 허리를 __________ [-아/어서] 인사를 해야 합니다. 손을 흔들면 안됩니다.

2) 준모 씨는 밥그릇을 _______________ [-고] 먹으면 안 됩니다.

3) 나딤 씨는 두 손으로 술잔을 _________________________________.[-아/어야 하다]

4) 성태 씨는 어른과 술을 마실 때는 몸을 ____________________________.[-아/어야 하다]

5) 제니 씨는 술을 다 마시기 전에 술을 __________________________.[-(으)면 안 되다]

59.3 다음을 읽고 왕신 씨가 잘못한 행동을 고쳐 보세요.

> 왕신 씨는 한국에 온 지 3개월 정도 되었습니다. 지난 주말에 회사 동료 동건 씨의 집에 초대를 받아서 갔습니다. 동건 씨 어머니께서 맛있는 음식을 많이 준비하셨습니다. 왕신 씨는 배가 너무 고파서 제일 먼저 식탁에 앉아서 음식을 먹었습니다. 동건 씨 아버지께서 잠시 후에 오셔서 "많이 먹어요."라고 웃으면서 말씀하시고 식사를 시작하셨습니다. 왕신 씨는 "네."라고 말하고 밥그릇을 들고 먹었습니다. 식사 중간에 아버지께서 왕신 씨에게 술을 따라 주셨습니다. 왕신 씨는 기분이 좋아서 한 손으로 술잔을 들고 받으며 아버지를 보고 웃으면서 마셨습니다. 그런데 아버지 기분이 별로 안 좋아 보였습니다.

1) ____

2) ____

3) ____

4) 어른과 술을 마실 때는 몸을 옆으로 돌려서 마셔야 합니다.

Unit 60 · 기념일

 한국의 공휴일은 언제예요?

양력 1월 1일	새해 (신정)	The New Year (Solar)
음력 1월 1일 (3일 연휴)	설날	The New Year (Lunar)
양력 3월 1일	삼일절	Anniversary of the Samil Independence Movement
양력 5월 5일	어린이날	Children's Day
음력 4월 8일	석가탄신일	Buddha's Birthday
양력 6월 6일	현충일	The Memorial Day
양력 8월 15일	광복절	Independence Day
음력 8월 15일 (3일 연휴)	추석	Thanksgiving Day
양력 10월 3일	개천절	The National Foundation Day
양력 10월 9일	한글날	Hangul Proclamation Day
양력 12월 25일	크리스마스	Christmas

5월은 가정의 달?

한국에서는 5월을 '가정의 달'이라고 합니다. 왜냐하면 가족을 위한 특별한 날이 많기 때문입니다. 5월 5일은 어린이날이라서 아이들과 함께 소풍을 갑니다. 그리고 아이들이 좋아하는 선물을 사 줍니다. 5월 8일은 어버이날이라서 부모님을 만나러 가거나 전화를 드립니다. 그리고 부모님께 선물과 카네이션을 드립니다.

 한국의 특별한 날은 언제예요?

	4월 5일은 식목일이에요. 식목일에는 꽃이나 나무를 심어요.		5월 8일은 어버이날이에요. 부모님께 카네이션을 드려요. "엄마, 아빠, 감사합니다!"
	5월 15일은 스승의 날이에요. 선생님께 감사하다고 인사드리고 카네이션을 드려요.		10월 9일은 한글날이에요. 세종대왕이 한글을 만들었어요.

 화이트데이를 알아요?

한국에는 재미있는 데이(day)가 많아요. 매월 14일은 특별한 날이에요. 2월 14일은 밸런타인데이예요. 여자가 사랑하는 남자에게 초콜릿을 줘요. 3월 14일은 화이트데이인데 남자가 사랑하는 여자에게 사탕을 줘요. 4월 14일은 블랙데이예요. 초콜릿과 사탕을 못 받은 사람들이 자장면을 먹는 날이에요. 5월 15일은 로즈데이에요. 사랑하는 사람에게 장미꽃을 줘요. 11월 11일은 빼빼로데이라서 서로 빼빼로를 사서 줘요. 한국의 연인들은 정말 바쁜 것 같아요.

60.1 다음은 한국의 공휴일과 특별한 날입니다. 관계있는 것끼리 연결하세요.

1) 어린이날   •   • ㉮ 음력 8월 15일

2) 식목일   •   • ㉯ 양력 10월 3일

3) 추석   •   • ㉰ 양력 5월 5일

4) 개천절   •   • ㉱ 양력 4월 5일

5) 광복절   •   • ㉲ 양력 8월 15일

60.2 특별한 날에 관련된 물건들입니다. 다음 설명에 알맞은 단어를 쓰세요.

1)  이것은 __________이에요/예요. 스승의 날에 선생님께 이 꽃을 드려요.

2)  이것은 __________이에요/예요. 밸런타인데이에 여자가 사랑하는 남자에게 이것을 줘요.

3)  이것은 과자예요. 11월 11일에 좋아하는 사람들에게 __________을/를 줘요.

4)  이것은 __________이에요/예요. 화이트데이에 남자가 사랑하는 여자에게 이것을 줘요.

5) 4월 5일은 식목일이에요. 이 날 사람들은 __________을/를 심어요.

60.3 다음은 어떤 날에 대한 설명입니까? 다음을 읽고 쓰세요.

1) 한글이 만들어진 것을 기념하는 날이에요. 세종대왕이 한글을 만들었어요. (   )

2) 이 날은 부모님을 위한 날입니다. 그래서 사랑하는 아버지와 어머니께 감사하는 마음으로 카네이션을 드려요. (   )

3) 이 날에는 만나는 사람들에게 "새해 복 많이 받으세요."라고 인사해요. 아침에 부모님께 세배를 드리고 맛있는 떡국을 먹어요. (   )

4) 가족과 함께 송편을 만들어요. 오랜만에 친척도 만나고 성묘도 해요. (   )

5) 어린이들은 이 날에 산타할아버지의 선물을 기다려요. 그리고 친구들과 사랑하는 사람들에게 선물을 줍니다. (   )

60.4 여러분 나라의 특별한 날에 대해 이야기해 보세요.

1) 어떤 날이에요?
2) 몇 월 며칠이에요?
3) 무엇을 해요?

Unit **1**   단어와 문장

용어	예시	예문
명사	사람, 강아지, 책상, 선생님 등	책상 위에 책이 있어요.
대명사	우리, 너, 나, 어디, 무엇 등	지금 어디에 살아요?
동사	가다, 오다, 읽다, 공부하다 등	저는 회사에서 일해요.
형용사	좋다, 예쁘다, 재미있다 등	제 여자 친구는 아주 예뻐요.
부사	아주, 빨리, 정말, 너무 등	한국어 공부가 너무 재미있어요.
조사	이/가, 을/를, 에, 에서, (으)로 등	저는 어제 카페에서 친구를 만났어요.

■ 명사의 특징

1. 명사 뒤에 조사가 옵니다.	어제 영화를 봤어요. 영화가 재미있어요. 　　명사 + 조사　　　명사 + 조사
2. 형용사와 동사가 명사 앞에서 명사를 꾸며 줍니다.	예쁜 꽃이 많이 폈어요. 　　　　↗ 명사 도서관에서 공부하는 학생들이 많아요. 　　　　　　　　　　↗ 명사
3. 말할 때 '그, 그녀'를 사용하지 않습니다. '이 사람(분), 저 사람(분), 그 사람(분)'을 많이 사용합니다.	제 친구의 이름은 마이클이에요. 마이클은 미국에서 왔어요. 　　　　　　　　　　　　　그는(X) 가: 저 사람은 누구예요? 　　그녀는(X) 나: 우리 선생님이에요.

■ 동사, 형용사, 이다의 특징

1. 동사와 형용사가 문장의 마지막에 옵니다.	저는 매일 한국어를 공부합니다. 주어　　　　　+　　　　동사 한국어가 쉽습니다. 주어　+　형용사
2. 명사/대명사/숫자 뒤에 '입니다/이에요/예요'가 옵니다.	제니 씨는 미국사람이에요. 　　　　　명사　+　이다 제 전화번호는 0102031234예요. 　　　　　숫자　+　이다

1.1 다음 단어들을 품사에 알맞게 넣으세요.

| ~~사람~~ | 가다 | 정말 | 예쁘다 | 보다 | 말하다 | 책 | 먹다 |
| 춥다 | 가방 | 쓰다 | 좋다 | 열심히 | 재미있다 | 사과 | 빨리 |

명사	부사	동사	형용사
사람			

1.2 이것은 무엇입니까? 알맞은 품사와 연결하세요.

1) 일찍, 빨리, 열심히 ·   · 부사

2) 에서, 와/과, 하고 ·   · 명사

3) 작다, 크다, 맛있다 ·   · 형용사

4) 까지, 부터, (으)로 ·   · 동사

5) 나라, 의자, 컴퓨터 ·   · 조사

6) 공부하다, 사다, 쇼핑하다 ·

1.3 다음 문장을 완성하고 단어의 품사를 쓰세요.

1) 내일 시험이라서 ____열심히____ 공부했어요.   부사

2) 이번 주말에 부산__________ 놀러 갈 거예요.

3) 백화점에서 구두를 사고 싶은데 너무 ___________. [아/어요]

4) 제 가방 안에는 ___________이/가 있어요.

5) 내일 시험이 있어서 오늘 열심히 ___________. [-(으)ㄹ 거예요]

6) 성태 씨, 늦었어요. ___________ 오세요!!

1.4 다음을 순서에 맞게 쓰세요.

1) 옷, 예뻐요, 이, 아주 ⇒ ____이 옷이 아주 예뻐요.____

2) 얼마예요, 그, 은, 가방 ⇒ _______________________.

3) 사과, 주세요, 개, 한 ⇒ _______________________.

4) 를, 영화, 봤어요, 하고, 친구 ⇒ _______________________.

5) 주말, 갈 거예요, 이번, 에, 제주도, 에 ⇒ _______________________.

6) 는, 비빔밥, 제일, 저, 을, 좋아해요 ⇒ _______________________.

<table style="background-color:#F5A623"><tr><td>Unit 2</td><td>조사</td></tr></table>

조사	의미/기능	예문
이/가	Subject Marker 主格 助詞(が)	학생**이** 학교에 갑니다. 날씨**가** 좋아요.
을/를	Object Marker 目的格 助詞(を)	준모 씨가 빵**을** 먹습니다. 미나코 씨가 영화**를** 좋아해요.
의	of('s), 的, の	이것은 제니 씨**의** 가방입니다. 저것은 성태 씨**의** 신발이에요.
한테/에게	to, 给, に	로버트 씨가 서영 씨**한테** 꽃을 줍니다. 선생님이 학생**에게** 한국어를 가르쳐요.
은/는	Introduction, 介绍, は	저**는** 한국 사람입니다.
	Comparison, 比较, は	호주**는** 겨울이에요. 하지만 한국**은** 여름이에요. 서울에**는** 눈이 오는데 부산에**는** 비가 와요.
(으)로	by(method/tool), 用, で	한국 사람은 젓가락**으로** 밥을 먹어요. 제주도에 비행기**로** 갑니다.
	to(direction), 向, へ	오른쪽**으로** 가세요.
에	at/on(time) 处格助词。 表示空间和时间。に	저는 아침 7시**에** 일어나요. 이번 주 토요일**에** 영화를 봅니다.	'그저께, 어제, 오늘, 내일, 모레'에는 '에' 사용×
	at/on(place), 处格助词。 表示空间和时间。に	여름 방학에 미국**에** 가요. 책상 위**에** 책하고 연필이 있어요.	에 + '있다, 가다, 오다, 다니다, 돌아가다, 도착하다'
에서	in/on/at(place), 在, で	커피숍**에서** 친구를 만나요.
몡부터 몡까지	from to (time) 从~到~, から ~ まで,	월요일**부터** 수요일**까지** 휴일입니다.
몡에서 몡까지	from to (distance) 从~到~, から ~ まで	서울**에서** 제주도**까지** 1시간 걸립니다.
도	also, 也, も	저는 사과를 좋아합니다. 그리고 딸기**도** 좋아합니다. 저는 어제 동대문 시장에 갔습니다. 그리고 경복궁에**도** 갔습니다.
만	only, 只, だけ	나딤 씨는 야채**만** 먹습니다.
와/과, (이)랑,하고	and, 和, と	저는 아침에 빵**과** 우유를 먹습니다. 어제 모자**랑** 바지를 샀습니다.
(이)나	or, 或, とか	저는 아침에 빵**이나** 밥을 먹어요.
보다	than, 比, より	형**보다** 동생이 키가 커요.

2.1 다음 문장을 읽고 알맞은 조사를 쓰세요.

1) 선생님: 누가 미나코 씨예요?

   미나코: 제<u>가</u> 미나코입니다.

2) 레항 씨는 강아지________ 아주 좋아합니다.

3) 오늘 친구________ 이메일을 보냈어요.

4) 나딤: 이건 누구 책이에요?

   준모: 아, 그건 저________ 책이에요.

5) 친구________ 같이 영화를 볼 거예요.

6) 집________ 지하철역________ 걸어서 10분 걸려요.

7) 우리 반 친구들은 모두 여자입니다. 저________ 남자입니다.

8) 한라산이 설악산________ 더 높습니다.

9) 오늘은 김치________ 만두를 만들 거예요.

10) 제니 씨는 월요일________ 금요일________ 일합니다.

11) 저는 사과를 좋아합니다. 제 동생________ 사과를 좋아합니다.

12) 저는 딸기는 좋아하지만 수박________ 안 좋아합니다.

13) 매주 일요일________ 등산을 합니다.

14) 오늘은 백화점________ 쇼핑할 거예요.

15) 휴가 때 바다________ 갈 거예요.

2.2 다음 밑줄 친 부분을 알맞게 고치세요.

1) 이것<u>는</u> 책입니다. ____은____

2) 저는 사과<u>가</u> 좋아합니다. ________

3) 여기는 경치<u>를</u> 좋습니다. ________

4) 오늘<u>까지</u> 모레<u>부터</u> 3일 동안 시험입니다. ________

5) 저는 보통 집<u>에</u> 밥을 먹어요. ________

6) 화장실은 왼쪽에 있습니다. 왼쪽<u>에</u> 가세요. ________

7) 내일<u>에</u> 저는 여행을 가요. ________

8) 저는 고양이를 좋아합니다. 그리고 강아지<u>만</u> 좋아합니다. ________

9) 라니아 씨는 강아지<u>도</u> 좋아합니다. 다른 동물은 안 좋아합니다. ________

10) 이것은 성태 씨<u>에</u> 가방입니다. ________

11) 오늘 아침에 우유<u>이랑</u> 빵을 먹었습니다. ________

12) 리모컨이 텔레비전 위<u>에서</u> 있습니다. ________

13) 주말에 가족<u>와</u> 함께 식사를 할 겁니다. ________

14) 다음 방학 때 고향<u>에서</u> 돌아갈 겁니다. ________

15) 오늘 시장에 갔습니다. 그리고 백화점<u>에는</u> 갔습니다. ________

Unit 3 — 기본 동사와 형용사

가 동사

자다 | 일어나다 | 먹다 | 마시다 | 씻다 | 만나다 | 걷다
열다 | 닫다 | 보다 | 듣다 | 쓰다 | 읽다 | 만들다
타다 | 내리다 | 주다 | 받다 | 앉다 | 켜다 | 끄다

배우다↔가르치다, 좋아하다↔싫어하다, 알다↔모르다, 사다↔팔다

나 형용사

싸다 | 비싸다 | 쉽다 | 어렵다 | 배고프다 | 배부르다 | 바쁘다
깨끗하다 | 더럽다 | 크다 | 작다 | 재미있다 | 재미없다 | 피곤하다
많다 | 적다 | 느리다 | 빠르다 | 맛있다 | 맛없다 | 힘들다

있다 ↔ 없다, 낮다 ↔ 높다, 밝다 ↔ 어둡다, 같다 ↔ 다르다, 불편하다 ↔ 편하다, 뜨겁다 ↔ 차갑다, 시끄럽다 ↔ 조용하다, 싫다 ↔ 좋다, 좋다 ↔ 나쁘다, 길다 ↔ 짧다, 가깝다 ↔ 멀다, 넓다 ↔ 좁다

3.1 알맞은 동사를 골라 쓰세요.

배우다 읽다 끄다 씻다 사다 쓰다 앉다 타다 켜다 받다

1) 식사를 하기 전에 손을 꼭 ______________. [-(으)세요]

2) 요즘 일요일마다 친구와 함께 수영을 ______________. [-아/어요]

3) 퇴근 시간에는 길이 막히니까 지하철을 ______________. [-(으)세요]

4) 작년 제 생일에 친구에게서 시계를 선물로 ______________. [-았/었어요]

5) 어제 친구에게 편지를 ______________ [-아/어서] 보냈어요.

6) 저는 매일 아침에 인터넷으로 신문을 ______________. [-아/어요]

7) 방이 어두우니까 불 좀 ______________? [-아/어 주시겠어요]

3.2 알맞은 형용사를 골라 쓰세요.

빠르다   비싸다   덥다   바쁘다   깨끗하다   피곤하다   배고프다   뜨겁다   작다

1) 방을 청소해서 지금은 방이 아주 ______________. [-아/어요]

2) 너무 ______________ [-아/어서] 일찍 잠을 잤어요.

3) 저는 키가 ______________ [-아/어서] 항상 높은 구두를 신어요.

4) KTX는 다른 기차보다 훨씬 ______________. [-아/어요]

5) 오늘 하루 종일 식사를 못 해서 ______________. [-아/어요]

6) 커피가 ______________ [-(으)니까] 마실 때 조심하세요.

7) 요즘에는 일이 너무 많아서 ______________. [-아/어요]

3.3 밑줄 친 단어의 반대말을 쓰세요.

1) 저는 노래 부르는 것을 <u>좋아해요</u>. ⇨ ______싫어해요______

2) 동대문시장에 쇼핑을 하는 사람들이 <u>많아요</u>. ⇨ ______________

3) 바람이 많이 부니까 문 좀 <u>닫아</u> 주시겠어요? ⇨ ______________

4) 미국과 한국은 언어와 문화가 아주 <u>달라요</u>. ⇨ ______________

5) 도서관은 공부하는 사람들이 많아서 아주 <u>조용해요</u>. ⇨ ______________

6) 집에서 회사까지 너무 <u>멀어서</u> 이사를 가려고 해요. ⇨ ______________

7) 한국어 공부가 아주 <u>어렵지만</u> 재미있어요. ⇨ ______________

3.4 다음 글을 읽고 알맞은 단어를 쓰세요.

오늘은 제니 씨와 첫 데이트를 했습니다. 오후 3시에 제니 씨를 1)____________ [-아/어] 함께 영화를 봤습니다. 저녁에는 레스토랑에 가서 2)__________ [-는] 스테이크를 먹었습니다. 그리고 카페에서 음악을 3)____________ [-(으)면서] 커피를 4)____________. [-았/었어요] 우리는 오늘 많은 이야기를 했습다.

가　가다

- 제니 : 나딤 씨, 제가 지금 백화점에 있어요.
  나딤 : 그래요? 제가 지금 거기로 **갈게요.**
- 나딤 씨는 지금 백화점에 **갔습니다.**

동사 – 가다

왕신 씨가 3층에 **올라갑니다.**

왕신 씨가 1층으로 **내려갑니다.**

왕신 씨가 사무실에 **들어갑니다.**

왕신 씨가 사무실에서 **나갑니다.**

왕신 씨가 집에 **돌아갑니다.**

나　오다

- 제니 : 지금 어디예요?
  나딤 : 커피숍이에요. 제니 씨가 여기로 **오세요.**
- 제니 씨가 커피숍으로 **옵니다.**
  나는 커피숍에서 제니 씨를 기다립니다.

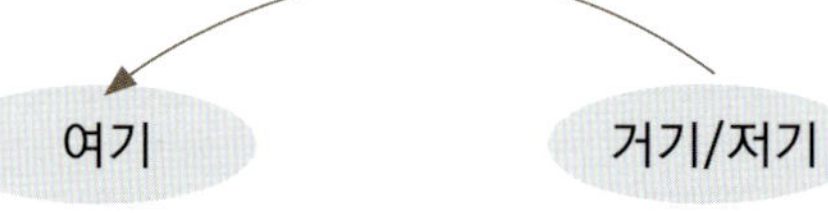

동사 – 오다

나딤 씨가 위층에 **올라옵니다.**
(나는 위층에 있습니다.)

나딤 씨가 천천히 아래층으로 **내려옵니다.**
(나는 아래층에 있습니다)

나딤 씨가 방으로 **들어옵니다.**
(나는 방 안에 있습니다)

나딤 씨가 방에서 **나옵니다.**
(나는 방 밖에 있습니다.)

나딤 씨가 6시에 집에 **돌아옵니다.**
(나는 집에 있습니다.)

나오다 The verb '나오다' is also used to express objects such as tickets, drinks, money coming out of a machine.

다　**명사**하다 = **명사**을/를 하다

일, 공부, 운동, 사랑, 청소	+	하다	=	일하다. 공부하다. 운동하다. 사랑하다. 청소하다.	=	일을 하다. 공부를 하다. 운동을 하다. 사랑을 하다. 청소를 하다.
쇼핑, 샤워, 컴퓨터, 게임, 채팅	+	하다	=	쇼핑하다. 샤워하다. 컴퓨터하다. 게임하다. 채팅하다.	=	쇼핑을 하다. 샤워를 하다. 컴퓨터를 하다. 게임을 하다. 채팅을 하다.

4.1   다음 그림을 보고 문장을 완성하세요.

1) 나는 도서관 안으로 ___들어갑니다.___

2) 나딤 씨는 도서관 밖으로 _______________.

3) 성태 씨가 2층에서 _______________.

4) 왕신 씨가 지하에서 _______________.

5) 제니 씨가 2층으로 _______________.

6) 레항 씨가 열람실에서 _______________.

7) 미나코 씨가 열람실로 _______________.

4.2   알맞은 동사를 골라 쓰세요.

오다   나오다   돌아오다   들어오다   나가다   돌아가다   들어가다

1) 어느 나라에서 ___왔어요___? [-아/어요]

2) 사장님께서 지금 기다리고 계십니다. 안으로 _______________. [-(으)세요]

3) 제가 방에서 컴퓨터 게임을 하고 있을 때 어머니께서 갑자기 _______________. [-(으)셨어요]

4) 커피를 마시려고 자동판매기에 돈을 넣었는데 커피가 안 _______________. [-아/어요]

5) 저기 주차장 뒤로 _______________ [-(으)면] 약국이 보일 거예요.

6) 저는 내일 유럽 여행을 갔다가 3주 후에 한국으로 _______________. [-(으) 거예요]

4.3   사람들이 무엇을 하고 있어요? 다음 그림을 보고 이야기해 보세요.

1) 성태 씨는 ___운동을 합니다.___

2) 왕신 씨는 _______________.

3) 제니 씨는 _______________.

4) 로버트 씨는 _______________.

5) 레항 씨는 _______________.

6) 준모 씨는 _______________.

7) 미나코 씨는 _______________.

8) 나딤 씨는 _______________.

Unit 5 불규칙 동사

1 '—' 동사/형용사

쓰다 + 어요 = 써요

- 밖에 나갈 때는 불을 **꺼** 주세요.
- 어제는 일이 많아서 **바빴어요**.

쓰다, 끄다, 바쁘다, 아프다, 나쁘다, 예쁘다, 배고프다

2 'ㄹ' 동사/형용사

알다 + 세요 = 아세요
+ 니까 = 아니까
+ ㅂ니다 = 압니다

- 한국에 **아는** 사람이 없어요.
- 저는 기숙사에서 **삽니다**.

알다, 살다, 울다, 놀다, 만들다, 불다, 늘다, 날다, 멀다, 달다, 힘들다

3 'ㅂ' 동사/형용사

어렵다 + 어요 = 어려워요
쉽다 + 으니까 = 쉬우니까
(모음)　　　ㅂ → 우

- 날씨가 **더우니까** 에어컨을 켭시다.
- 밖에 눈이 오니까 옷을 따뜻하게 **입으세요.***

줍다, 눕다, *돕다(도와서/도우니까), 덥다, 춥다, 어렵다, 쉽다, 맵다, 귀엽다, 아름답다
*규칙: 입다, 잡다, 뽑다, 좁다

4 'ㄷ' 동사/형용사

걷다 + 어요 = 걸어요
듣다 + 어서 = 들어서
(모음)　　　ㄷ → ㄹ

- 회사에서 집까지 **걸어서** 15분 걸려요.
- 죄송하지만 문 좀 **닫아** 주시겠어요? *

듣다, 걷다, 묻다
*규칙: 닫다, 믿다, 받다

5 '르' 동사/형용사

부르다 + 어요 = 불러요
다르다 + 아서 = 달라서
르 + 어/아 = ㄹㄹ

- 저는 한국어를 잘 **몰라요**.
- 내릴 때는 벨을 **눌러** 주세요.

부르다, 흐르다, 자르다, 고르다, 모르다, 오르다, 기르다, 누르다, 배부르다, 빠르다, 다르다,

6 'ㅎ' 동사/형용사

노랗다 + 아/어요 = 노래요
그렇다 + 으니까 = 그러니까

- 매운 음식을 먹으니까 얼굴이 **빨개요**.
- 자주 걷는 것이 건강에 **좋아요.***

그렇다, 어떻다, 파랗다, 빨갛다, 하얗다, 노랗다, 까맣다
*규칙: 좋다

7 'ㅅ' 동사

낫다 + 아요 = 나아요
짓다 + 으니까 = 지으니까
(모음)

- 감기가 다 **나았어요**.
- 식사 전에는 손을 깨끗하게 **씻으세요.***

낫다, 붓다, 젓다, 짓다
*규칙: 벗다, 씻다

5.1 알맞은 형태를 쓰세요.

동사/형용사	-ㅂ/습니다	-아/어요	-아/어서	-(으)니까
1) 길다				
2) 덥다				
3) 듣다				
4) 쓰다				
5) 빠르다				
6) 그렇다				
7) 붓다				

5.2 알맞은 동사나 형용사를 골라 쓰세요.

춥다　파랗다　아프다　다르다　묻다　낫다　어렵다　만들다　걷다

1) 머리가 _______________ [-아/어서] 약을 먹었어요.

2) 손을 다쳤는데 지금은 다 _______________. [-았/었어요]

3) 질문이 있으면 언제든지 선생님한테 _______________. [-아/어 보세요]

4) 저는 언니와 성격이 아주 _______________. [-아/어요]

5) 한국의 가을 하늘은 정말 높고 _______________. [-아/어요]

6) 어머니는 제 생일 케이크를 _______________. [-(으)세요]

7) 날씨가 _______________ [-(으)니까] 옷을 따뜻하게 입으세요.

5.3 다음 문장이 맞으면 O, 틀리면 X 하세요. 그리고 틀린 문장은 알맞게 바꾸세요.

1) 컴퓨터 좀 끄어 주시겠어요? (×) _____끄어 → 꺼_____

2) 노래방에서 노래를 많이 부르어서 목이 아파요. ( ) _______________

3) 날씨가 덥으니까 에어컨을 켤까요? ( ) _______________

4) 어제 동대문시장에서 빨간 모자를 샀어요. ( ) _______________

5) 저는 공부할 때 항상 음악을 들어요. ( ) _______________

6) 슬픈 영화를 보고 울은 사람들이 많아요. ( ) _______________

7) 편지를 쓰어서 어머니께 보냈어요. ( ) _______________

8) 모자를 버어서 책상 위에 놓았어요. ( ) _______________

5.4 두 문장을 연결해서 한 문장으로 쓰세요.

1) 방이 어두워요. •　• ㉮ 그래서 다리가 아파요. 　_방이 어두우니까 불을 켭시다._

2) 구두가 예뻐요. •　• ㉯ 그런데 매일 지각해요. 　_______________

3) 많이 걸었어요. •　• ㉰ 그래서 한 켤레 샀어요. 　_______________

4) 답을 몰라요. •　• ㉱ 그러니까 불을 켭시다. 　_______________

5) 학교 근처에 살아요. •　• ㉲ 그러면 선생님께 물어보세요. 　_______________

가　숫자를 읽어 보세요.

1 일	2 이	3 삼	4 사	5 오	6 육	7 칠	8 팔	9 구	10 십
0 공/영	100 백		1,000 천		10,000 만		100,000 십만		1,000,000 백만

 010-2583-4697
공일공에 이오팔삼에 사육구칠

 (외국인등록번호) 930621-1329027
구삼공육이일에 일삼이구공이칠

 3250번
삼천이백오십 번 버스

 2012월 6월 21일
이천십이 년 유 월 이십일 일

 아파트 502동 1208호
오백이 동 천이백팔 호

10% 십 퍼센트	1/2 **이** 분의 **일**	2cm **이** 센티미터	5ℓ **오** 리터	100kcal **백** 칼로리

나　숫자를 세 보세요.

1 하나	2 둘	3 셋	4 넷	5 다섯	6 여섯	7 일곱	8 여덟	9 아홉	10 열
20 스물	30 서른	40 마흔	50 쉰	60 예순	70 일흔	80 여든	90 아흔	100 백

TIP
Numbers '셋 (three), 넷 (four), 스물 (twenty)' change to '세, 네, 스무' when they are followed by a measurement noun.
예 어제 사과 세 개를 샀어요. 저는 스무 살이에요.

■ 단위명사

개	명/분	마리	권	잔	그릇	장	송이	켤레	병	대

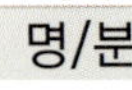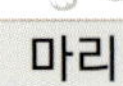 꽃 세 송이　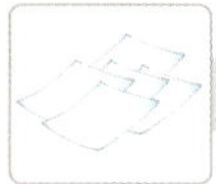 종이 **다섯** 장　 구두 **한** 켤레

다　지금 몇 시예요?

한 시 십오 분	여덟 시 오십오 분	세 시 반 / 세 시 삼십 분	두 시 오 분

6.1 다음 숫자를 읽어 보세요.

1) 손님 : 컴퓨터 한 대에 얼마예요?

　점원 : <u>1,200,000</u>원이에요.　　　　⇨　　　백이십만 원

2) 친구1 : 핸드폰 번호가 뭐예요?

　친구2 : <u>010-5238-7964</u>예요.　　　⇨　＿＿＿＿＿＿＿＿

3) 동료1 : 한국아파트 몇 동 몇 호에 사세요?

　동료2 : <u>201동 1708호</u>에 살아요.　　⇨　＿＿＿＿＿＿＿＿

4) 사람1 : 강남에 가려면 몇 번 버스를 타야 해요?

　사람2 : <u>2005</u>번 버스를 타세요.　　　⇨　＿＿＿＿＿＿＿＿

5) 친구1 : 물을 자주 마셔요?

　친구2 : 네, 저는 하루에 <u>3ℓ</u>를 마셔요.　⇨　＿＿＿＿＿＿＿＿

6) 친구1 : 오늘이 몇 월 며칠이에요?

　친구2 : <u>5월 4일</u>이에요.　　　　　⇨　＿＿＿＿＿＿＿＿

7) 동료1 : 몇 살이에요?

　동료2 : 올해 <u>25살</u>이에요.　　　　⇨　＿＿＿＿＿＿＿＿

6.2 어제 성태 씨는 마트에서 무엇을 샀습니까? 알맞은 단어를 쓰세요.

품목	수량	금액
사과	5	2,500
맥주	3	4,570
공책	2	1,000
CD	10	3,500
운동화	1	69,000

　　어제 성태 씨는 집 근처에 있는 마트에 갔어요. 마트에서 여러 가지 물건들을 샀어요. 먼저 사과 1) ＿＿＿＿＿을/를 샀어요. 사과 2) ＿＿＿＿＿에 오백 원이에요. 그리고 맥주 3) ＿＿＿＿＿도 샀어요. 마트 안에 있는 문구점에서 공책 4) ＿＿＿＿＿와/과 CD 5) ＿＿＿＿＿을/를 샀어요. 신발가게에서 예쁜 운동화도 샀어요. 운동화 6) ＿＿＿＿＿에 육만 구천 원이에요.

6.3 다음 글을 읽고 질문에 대답하세요.

　　바딤 씨는 회사원입니다. 매일 아침 7시에 일어나서 아침을 먹고 8시 30분에 회사에 갑니다.
　　지하철을 타면 집에서 회사까지 10분 걸립니다. 점심시간은 12시부터입니다. 동료들과 점심을 먹고 1시부터 다시 일을 시작합니다. 매일 오후 4시 20분에 회의가 있습니다. 회의가 끝나고 6시가 되면 퇴근합니다.

1) 바딤 씨는 몇 시에 일어납니까?
2) 몇 시에 회사에 갑니까?
3) 점심시간은 몇 시부터 몇 시까지입니까?
4) 몇 시에 회의를 합니까?
5) 몇 시에 집에 갑니까?

6.4 다음 질문에 대답하세요.

1) 주소가 뭐예요?　　　2) 몇 살이에요?　　　3) 생일이 언제예요?

4) 지금 몇 시예요?　　　5) 전화번호가 몇 번이에요?

어제 7월 24일	오늘 7월 25일	내일 7월 26일
과거	현재	미래
먹었어요/먹었습니다	먹어요/먹습니다	먹을 거예요/먹을 겁니다
갔어요/갔습니다	가요/갑니다	갈 거예요/갈 겁니다
공부했어요/공부했습니다	공부해요/공부합니다	공부할 거예요/공부할 겁니다

■ 현재시제 : 동사/형용사 −ㅂ/습니다, 아/어요

저는 회사원입니다. 저는 회사에 가면 보통 커피를 마십니다.
점심은 회사식당에서 먹습니다. 음식이 아주 맛있습니다.

■ 과거시제 : 동사/형용사 −았/었습니다, 았/었어요

어제 친구들과 명동에서 쇼핑을 했습니다. 옷과 가방이 아주 쌌습니다.
맛있는 음식도 먹었습니다. 정말 즐거웠습니다.

■ 미래시제(추측) : 동사/형용사 −(으)ㄹ 겁니다/거예요

이번 주말에는 여행을 갈 겁니다. 자전거를 타고 경주를 여행할 겁니다.
불국사와 첨성대를 구경할 겁니다. 이번 여행이 아주 재미있을 겁니다.

Future tense form '−(으)ㄹ 거예요/겁니다' expresses future plan or events as tense, but also has meaning of assumption about things to happen in the future. In that case, the assumption connotes the speaker's strong conviction and will.

과거	현재	미래
먹고 있었어요/있었습니다	먹고 있어요/있습니다	먹고 있을 거예요/겁니다
가고 있었어요	가고 있어요	가고 있을 거예요/겁니다

가 : 서영 씨, 지금 뭐해요?
나 : 지금 재미있는 드라마를 보고 있어요.
가 : 준모 씨, 어제 왜 전화 안 받았어요?
나 : 미안해요. 샤워하고 있었어요.
가 : 내일 3시쯤에 성태 씨 회사 근처에 가려고 하는데 만날 수 있어요?
나 : 아마 그때는 회의하고 있을 거예요. 5시쯤 오시겠어요?

7.1 알맞은 동사를 골라 쓰세요.

> 졸업하다 마시다 쉬다 돌아가다 치다 하다 만나다 부르다 있다 쇼핑하다

1) 어제 친구들과 함께 테니스를 ___쳤어요/쳤습니다___ .

2) 다음 주에 고향으로 _______________.

3) 저는 아침에 일어나면 항상 물을 _______________.

4) 내일은 휴일이니까 집에서 _______________.

5) 지난주 일요일에 친구 집에서 생일 파티를 _______________.

6) 이따가 수업이 끝난 후에 친구를 _______________.

7) 저는 기분이 좋으면 보통 노래를 _______________.

8) 작년 2월에 대학교를 _______________.

9) 오늘 중요한 시험이 _______________.

10) 이번 주말에는 명동에 가서 _______________.

7.2 사람들이 무엇을 하고 있어요? 그림을 보고 문장을 완성하세요.

지금은 쉬는 시간이에요.

1) 제니 씨는 _________________________.

2) 나딤 씨는 _________________________.

3) 레항 씨는 _________________________.

4) 후위펑 씨는 ________________________.

5) 미나코 씨는 ________________________.

7.3 다음 대화를 완성하세요.

1) 동료1 : 지난 주말에 뭐 했어요?

   동료2 : 지난 주말에 영화를 _______________.

2) 동료1 : 점심시간에 나딤 씨를 만나러 갔는데 없었어요.

   동료2 : 나딤 씨요? 나딤 씨는 저랑 커피를 _______________.

3) 친구1 : 이번 연휴에 뭐 할 거예요?

   친구2 : 고향에 가서 친구를 _______________.

4) 친구1 : 시간이 있을 때 주로 뭐 하세요?

   친구2 : 저는 보통 인터넷을 _______________.

5) 친구1 : 여보세요? 지금 뭐 해요?

   친구2 : 지금 식당에서 밥을 _______________.

Unit 8 높임말

 할머니는 무엇을 하세요?

가 + **시** +어요 → 가세요
읽 + **으시** + 어요 → 읽으세요

가 + **시** +ㅂ니다 → 가십니다
읽 + **으시** + ㅂ니다 → 읽으십니다

할머니께서 슈퍼마켓에 **가세요**.
할아버지께서 책을 **읽으세요**.

아버지께서 공원에 **가십니다**.
어머니께서 편지를 **읽으십니다**.

아버지께서는 신문을 **읽으세요**.
어머니께서는 텔레비전을 **보세요**. 드라마를 아주 **좋아하세요**.
할아버지께서는 밖에서 담배를 **피우세요**.
할머니께서는 전화를 **하세요**.
그리고 저는 게임을 해요.

 선생님 댁이 어디세요?

■ 특별한 명사

집 → **댁**	이번 휴가 때는 외할머니 **댁**에 다녀오려고 합니다.
이름 → **성함**	실례지만, **성함**이 어떻게 되십니까?
생일 → **생신**	부장님, **생신** 축하드립니다.
나이 → **연세**	할아버지, 올해 **연세**가 어떻게 되세요?

'연세' is a word used when speaking to the elders such as grandfather or grandmother. It is rather against etiquette if you use it for a reason that the listener is simply elder than you. So be careful!

■ 특별한 동사

있다 → 있으시다

예 어머니께서 **약속이 있으셔서** 밖에 나가셨습니다.

있다 → **계시다**	저희 부모님께서는 지금 미국에 **계세요**.
마시다 → **드시다/잡수시다**	저희 어머니께서는 아침에 항상 커피를 **드십니다**.
먹다 → **드시다/잡수시다**	오늘 점심에 뭘 **드시고** 싶으세요?
자다 → **주무시다**	저희 아버지께서는 일찍 **주무시고** 일찍 일어나세요.
말하다 → **말씀하시다**	부모님께서 **말씀하시는** 것을 잘 들어야 해요.
주다 → **드리다**	어머니께 생신 선물로 꽃을 **드렸습니다**.
죽다 → **돌아가시다**	저희 할아버지께서는 5년 전에 **돌아가셨어요**.

8.1 알맞은 단어를 골라 높임말로 바꿔 쓰세요.

요리하다	크다	아프다	이다	오다	좋아하다	끊다	읽다	있다	가다

1) 저희 할머니께서는 꽃을 ______**좋아하세요**______. [-아/어요]

2) 아버지께서는 작년에 담배를 ______________. [-았/었어요]

3) 선생님은 아침마다 신문을 ______________. [-ㅂ/습니다]

4) 어머니는 다리가 많이 ____________ [-아/어서] 병원에 다니십니다.

5) 삼촌께서는 대학교 교수님______**이세요**______. [-이에요/예요]

6) 아버지께서는 키가 ____________ [-(으)ㄴ데] 어머니는 키가 작으세요.

7) 배고프면 먼저 식사하러 ______________. [-아/어요]

8) 이모가 내일 우리 집에 ______________. [-(으)ㄹ 거예요]

9) 어머니께서는 부엌에서 ______________. [-고 있다]

10) 손님, 필요한 게 ____________ [-(으)면] 저한테 이야기하세요.

8.2 밑줄 친 부분을 알맞게 고치세요.

1) 저희 부모님께서는 지금 일본에 <u>있으십니다</u>. ⇨ ______**계십니다**______

2) 외할머니 <u>집</u>은 아주 멀어요. ⇨ ______________

3) 어머니께서 낮잠을 <u>자고</u> 계세요. ⇨ ______________

4) 선생님, 제가 책 좀 들어 <u>줄까요</u>? ⇨ ______________

5) 사장님께서는 오후 2시부터 회의가 <u>있습니다</u>. ⇨ ______________

6) 저희 아버지는 5년 전에 <u>죽었어요</u>. ⇨ ______________

7) 회장님께서 <u>말할</u> 때에는 모두 조용히 해 주세요. ⇨ ______________

8) 할머니, 음식은 맛있게 <u>먹었어요</u>? ⇨ ______________

9) 내일이 아버지의 <u>생일</u>이라서 선물을 사러 갈 거예요. ⇨ ______________

10) 저희 할아버지의 <u>나이</u>는 올해 일흔 한 살이십니다. ⇨ ______________

8.3 다음 그림을 보고 글을 완성하세요.

일하다	이다	살다	운동하다	다니다

우리 가족사진이에요. 저는 할아버지, 할머니 그리고 부모님과 함께 1)______________. 할아버지와 할머니께서는 모두 예전에 선생님 2)____________. 지금은 두 분 모두 집에서 쉬고 계세요. 건강을 위해서 매일 3)____________. 부모님은 모두 회사에 4)____________. 저와 가족을 위해서 열심히 5)____________. 저는 우리 가족을 너무 사랑해요.

Unit 9 위치

- 강아지가 의자 **위**에 있어요.
- 강아지가 침대와 책상 **사이**에 있어요.

침대가 책상 **옆**에 있습니다.

컴퓨터가 책상 **위**에 있습니다.

컴퓨터 **앞**에 컵이 있습니다.

창문 **밖**에 나무가 있습니다.

침대와 책상 **사이**에 의자가 있습니다.

침대가 의자 **왼쪽**에 있습니다.

책상이 의자 **오른쪽**에 있습니다.

가방이 책상 **밑**에 있습니다.

가방 **안**에 책이 있습니다.

9.1 다음 그림을 보고 알맞은 단어를 쓰세요.

1) 컴퓨터가 책상 _____위_____ 에 있어요.
2) 침대가 책상 _________에 있어요.
3) 의자 _________에 가방이 있어요.
4) 컴퓨터와 책 _________에 컵이 있어요.
5) 옷장 _________에 옷이 있어요.

9.2 다음을 순서에 맞게 쓰세요.

| 보기 | 회사가,   있어요?   어디에 | ⇨ | 회사가 어디에 있어요? |

1) 방,   없어요,   화장실이,   안에   ⇨ ___________________________
2) 옆에,   있어요,   책상,   냉장고가   ⇨ ___________________________
3) 백화점,   근처에,   있어요?,   무엇이   ⇨ ___________________________

9.3 다음 글을 읽고 맞으면 O, 틀리면 X 하세요.

여기는 제 방입니다. 제 방에는 책상과 침대와 냉장고가 있습니다. 침대는 책상 오른쪽에 있고 냉장고는 책상 왼쪽에 있습니다. 책상 위에는 컴퓨터와 핸드폰이 있습니다. 그리고 책도 있습니다. 책상 아래에는 가방이 있습니다. 제 방에 텔레비전은 없습니다. 제 방은 아주 깨끗합니다.

1) 책상 위에 책이 있습니다.   (   )
2) 가방은 침대 위에 있습니다.   (   )
3) 방에 텔레비전도 있습니다.   (   )
4) 책상은 침대와 냉장고 사이에 있습니다.   (   )

9.4 다음 그림을 보고 설명해 보세요.

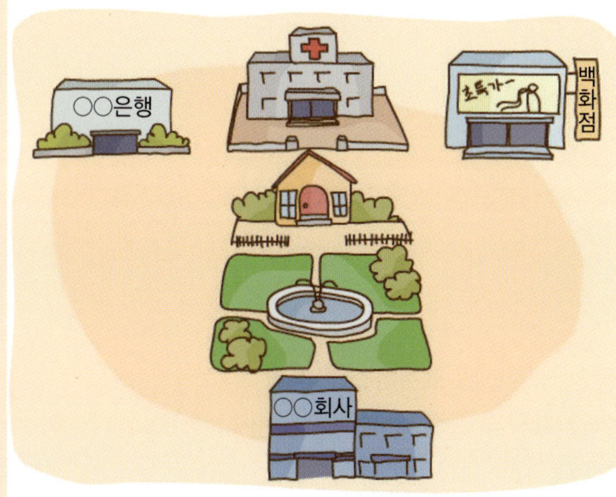

우리 집 근처에는 은행하고 병원하고 백화점이 있습니다. 은행은 병원 1)_________에 있습니다. 병원은 은행하고 백화점 2)___________에 있습니다. 백화점은 병원 3)_______________에 있습니다. 회사는 공원 4)_________에 있습니다. 우리 집에서 회사까지 아주 가깝습니다. 또 우리 집 근처에는 공원도 있어서 운동을 할 수 있습니다. 그래서 참 편리합니다.

 # Unit 10 관형형 어미

 가 동사 -(으)ㄴ / 는 / -(으)ㄹ 명사

과거	현재	미래
동사 -(으)ㄴ 명사	동사 -는 명사	동사 -(으)ㄹ 명사
본 영화	보는 영화	볼 영화
먹은 사과	먹는 사과	먹을 사과

- 제가 만든 음식인데 한번 드셔 보세요.
- 아까 찍은 사진 좀 보여 주세요.
- 저는 그 사람에 대해 아는 것이 별로 없어요.
- 지금 듣는 음악은 누구 노래예요?
- 어제 서울에 가서 살 집을 구했어요.
- 고향에 가서 친구들한테 줄 선물을 샀어요.
- 치마를 입고 모자를 쓴 사람이 제니 씨예요.

In case of clothes-wearing verbs related to the body such as '(옷을) 입다, (안경을) 끼다, (모자를) 쓰다, (신발을) 신다.' past tense forms should be used for referring to the current state wearing clothes because the action is completed.

나 형용사 -(으)ㄴ 명사

현재	
형용사 -(으)ㄴ 명사	형용사 '있다/없다'-는 명사
키가 큰 사람	재미있는 사람
키가 작은 사람	재미없는 사람

- 저는 키가 큰 사람을 좋아해요. 그리고 재미있는 사람이 좋아요.
- 저는 매운 음식은 잘 못 먹지만 한국 음식을 좋아해요.
- 제니 씨는 하얀 블라우스에 긴 치마를 자주 입어요.
- 레항 씨는 짧은 바지를 입고 높은 구두를 신었어요.
- 기분이 나쁠 때 맛있는 음식을 먹으면 기분이 좋아져요.

 다 명사인 명사

현재
명사인 명사

- 한국의 전통 운동인 태권도를 소개하겠습니다.
- 한국의 대표 음식인 김치는 건강에 아주 좋습니다.

10.1 다음 그림을 보고 알맞은 단어를 쓰세요.

| 듣다 | 오다 | 이야기하다 | 마시다 | 짧다 | 신다 |

오늘은 부산으로 여행을 갑니다. 저는 친구들과 서울역에서 만나기로 했습니다. 의자에 앉아서 음악을 1)___________ 사람은 후위펑 씨입니다. 그 옆에서 커피를 2)___________ 사람은 성태 씨이고 성태씨와 3)__________ 사람은 준모 씨입니다. 모자를 쓰고 운동화를 4)___________ 사람은 나딤 씨입니다. 나딤 씨는 참 멋있습니다. 레항 씨는 5)___________ 치마를 입고 구두를 신었습니다. 아주 귀엽습니다. 항상 약속 시간에 늦게 6)__________ 사람은 로버트 씨입니다. 곧 출발하는데 아직 오지 않았습니다.

10.2 밑줄 친 부분을 알맞게 고쳐 쓰세요.

1) 저는 시원한 바람이 <u>불는</u> 계절을 좋아해요.　　　　⇨ (　**부는**　)

2) 저기 모자를 쓰고 안경을 <u>끼는</u> 사람이 성태 씨예요.　⇨ (　　　　)

3) 어제 <u>하는</u> 일이 없어서 친구랑 같이 놀았어요.　　　⇨ (　　　　)

4) 다음에는 회사에서 <u>가깝은</u> 곳으로 이사하고 싶습니다.　⇨ (　　　　)

5) 요즘은 날씨가 따뜻해서 야외로 놀러 <u>간</u> 사람들이 많습니다.　⇨ (　　　　)

10.3 다음을 읽고 알맞은 것을 쓰세요.

| 무겁다 | 먹다 | 쇼핑하다 | 살다 | 좋다 | 맵다 | 멀다 | 높다 | 여행하다 | 찍다 |

1) 이번 방학에 ___**여행할**___ 곳은 제주도예요.

2) 오늘 점심에 ___________ 음식이 아주 맛있었어요.

3) 집이 ___________ 사람들은 주로 기숙사에 살아요.

4) 부산에서 ___________ 친구가 주말에 서울에 올 거예요.

5) 저는 ___________ 음식을 좋아해서 김치를 잘 먹어요.

6) 주말에 명동에는 ___________ 사람들이 많아서 항상 복잡해요.

7) 저는 얼굴이 예쁜 사람보다는 성격이 ___________ 사람을 더 좋아해요.

8) 제 친구는 키가 작아서 항상 굽이 ___________ 구두를 신어요.

9) 지하철에서 ___________ 가방을 들고 계시는 할머니를 도와드렸어요.

10) 지난 여행 때 ___________ 사진을 부모님께 보내 드릴 거예요.

10.4 다음 그림을 보고 설명해 보세요.

<u>여기는 커피숍입니다. 친구와 이야기하는 사람은 제니 씨입니다.</u>

____

____

____

____

정답

1 날씨

1.1

1) 비가 내려요/와요 2) 안개가 꼈어요
3) 맑아요 4) 흐려요 5) 번개가 쳐요
6) 바람이 불어요

1.2

1) 기온이 2) 장마철 3) 따뜻해서 4) 끼었어요
5) 개었어요 6) 쳤어요 7) 내려서

1.3

1) 장마철에는 비가 내립니다.
2) 비가 오면 우산이 필요합니다.
3) 사람들은 겨울에 눈사람을 만듭니다.
4) 봄에는 따뜻해서 꽃이 많이 핍니다.
5) 오늘은 하루 종일 날씨가 흐리고 비가 오겠
   습니다.

1.4

1) 맑겠습니다 2) 눈이 내리겠습니다
3) 최저 기온은

2 시간과 날짜

2.1

1) 5월 10일입니다 2) 금요일입니다
3) 어버이날이었습니다 4) 5월 20일입니다
5) 토요일입니다 6) 월요일에 영화를 봅니다
7) 5월 26일에 여행을 갑니다
8) 스승의 날입니다

2.2

1) ○ 2) X 3) ○ 4) X 5) ○ 6) X 7) ○

2.3

1) 이틀 동안 시험을 봅니다
2) 사흘 동안 제주도를 여행합니다
3) 육일 동안 방학입니다

2.4

1) 예
가: 얼마나 자주 한국어를 공부해요?
나: 저는 매일 한국어를 공부해요.
2) 예
가: 얼마나 자주 영화를 봐요?
나: 일주일에 한 번 영화를 봐요.
3) 예
가: 얼마나 자주 커피를 마셔요?
나: 하루에 두 번 커피를 마셔요.
4) 예
가: 얼마나 자주 여행을 가요?
나: 일 년에 한 번 여행을 가요.
5) 예
가: 얼마나 자주 부모님께 전화를 해요?
나: 이틀에 한 번 전화를 드려요.

3 색깔

3.1

1) 빨간색 2) 주황색 3) 노란색 4) 녹색
5) 파란색 6) 분홍색 7) 까만색 8) 회색

3.2

1) 빨간 2) 노란 3) 하얀 4) 까만
5) 파란 6) 갈색 7) 분홍색 9) 녹색

3.3

1) 파랗습니다 2) 녹색일 때 3) 빨개요
4) 주황색이에요 5) 하얘요 6) 검은
7) 보라색이에요

3.4

1) 예 저는 파란색을 좋아해요.
2) 예 파란색 옷을 많이 가지고 있어요.

4 옷

4.1

1) 바지 2) 장갑, 반지 3) 양말, 허리띠
4) 시계, 속옷 5) 지갑, 신발끈

4.2

1) 체크무늬 2) 물방울무늬 3) 꽃무늬

4.3

1) X 2) ○ 3) ○ 4) ○ 5) X 6) X 7) ○

4.4

1) 코트를 2) 입어 봐도 돼요 3) 차 봐도 돼요
4) 마음에 들어요

5 돈

5.1

1) 지폐 2) 동전 3) 교통카드 4) 수표
5) 신용카드

5.2

1) ① 1,000/천 원이에요.
   ② 10,000/만 원이에요.
2) 12,000/만 이 천 원이에요.

5.3

1) 계산했습니다 2) 찾았습니다
3) 받았습니다 4) 바꿨습니다

5.4

1) 낼게요/내겠습니다
2) 바꿔 주세요
3) 카드로 계산할 수 없습니다

6 인사말

6.1

1) 미안합니다/죄송합니다. 2) 축하합니다.
3) 다녀왔습니다. 4) 건배!
5) 괜찮습니다. 6) 잘 먹었습니다.

6.2

1) 안녕하세요 2) 축하해요
3) 잘 먹겠습니다 4) 아니에요
5) 잘 다녀오세요 6) 안녕히 주무세요

6.3

1) 고맙습니다/감사합니다/고마워요.

2) 휴가 잘 보내세요.
3) 새해 복 많이 받으세요.
4) 죄송합니다/미안합니다.
5) 시험 잘 보세요.
6) 안녕히 다녀오세요.
7) 오랜만이에요/오래간만이에요.
8) 수고하셨습니다.

7 쇼핑

7.1

1) ㉮ 2) ㉯ 3) ㉰ 4) ㉱

7.2

1) 영수증이 2) 사인을 3) 세일을
4) 쇼핑백이 5) 상품권을

7.3

1) 아이쇼핑 2) 홈쇼핑

7.4

1) ① 사인해 주세요
   ② 쇼핑백도 주세요
2) 바꿔/교환해 주세요
3) 영수증 가져오셨어요

8 장소

8.1

1) ㉰ 2) ㉮ 3) ㉱ 4) ㉳ 5) ㉲ 6) ㉯ 7) ㉴

8.2

사무실, 회사, 병원, 시장, 극장, 주차장, 교실,
백화점, 찜질방, 학교, 서점, 공원, 화장실

8.3

1) 출입국관리사무소 2) 미용실 3) 은행
4) 극장 5) 커피숍 6) 공항 7) 백화점
8) 놀이공원 9) 대사관 10) 대형 마트

8.4

1) 주차장이 2) 식당 3) 노래방 4) PC방
5) 미용실

9 전화

9.1

1) ㉯ 2) ㉰ 3) ㉮ 4) ㉱

9.2

1) 걸었어요 2) 바꾸세요 3) 남겼어요
4) 왔어요 5) 울려요 6) 받으세요 7) 보냅니다

9.3

1) 전화 잘못 거셨어요/거셨습니다
2) 그런데요
3) 잠시만(잠깐만) 기다리세요/잠시만요(잠깐
   만요)
4) 부탁드립니다, 다시 걸겠습니다

10.1

1) 태블릿 2) 채팅 3) SNS/소셜 네트워크
4) 노트북 5) 와이파이

10.2

1) ㉰ 2) ㉠ 3) ㉡ 4) ㉢ 5) ㉣

10.3

1) 걸린 것 같아요 2) 검색해서 3) 되는
4) 달았어요 5) 올렸어요 6) 다운돼서

10.4

1) 백신을 2) 인터넷을 3) 인터넷 카페 4) 채팅

10.5

1) 예 저는 스마트폰으로 인터넷을 해요. 전
철이나 커피숍, 집에서도 인터넷을 할 수 있
어서 좋아요.
2) 예 이메일을 확인하고 영화를 봐요.

11.1

1) 우표 2) 우체통 3) 골뱅이 4) 비밀번호
5) 보낸메일함 6) 주소록

11.2

1) 로그인을 2) 이메일 주소를 3) 찾았습니다
4) 첨부했습니다

11.3

1) O 2) X 3) O 4) O

11.4

예 선생님께
안녕하세요? 나딤입니다.
오늘 선생님께서 내 주신 숙제를 했습니다.
조금 어려웠지만 열심히 했습니다.
내일 학교에서 뵙겠습니다.
안녕히 주무세요.
감사합니다.
　　　　　　　　　　나딤 드림/올림

12.1

1) ㉡ 2) ㉠ 3) ㉣ 4) ㉢

12.2

1) 벨 2) 카드 단말기 3) 손잡이 4) 요금함
5) 버스 노선도

12.3

1) 4호선으로 갈아타세요
2) 명동역에서 내리세요

12.4

1) ㉰ 2) ㉡ 3) ㉣ 4) ㉠

13.1

1) ㉢ 2) ㉡ 3) ㉤ 4) ㉠ 5) ㉣

13.2

1) 숟가락 2) 젓가락 3) 물수건 4) 메뉴판
5) 반찬

13.3

1) 한식집 2) 반찬이에요 3) 무료예요
4) 물수건으로 5) 젓가락을

13.4

예 1)
제니 : 레항 씨, 우리 뭐 먹을까요?
레항 : 분식은 어때요?
제니 : 좋아요. 가까운 분식집으로 가요.

직원 : 주문하시겠어요?
제니 : 네, 여기 떡볶이 삼 인분하고 김밥 한 줄
　　　주세요.
직원 : 더 필요하신 거 없으세요?
제니 : 네, 없습니다.

14.1

1) 드라이어 2) 가위 3) 빗 4) 스프레이
5) 거울

14.2

1) 감습니다 2) 자른 후에 3) 말리고
4) 빗기 때문에 5) 잘라서

14.3

1) 파마했어요. 2) 머리를 잘랐어요.
3) 염색했어요. 4) 머리에 핀을 꽂았어요.
5) 머리띠를 했어요. 6) 머리를 묶었어요.

14.4

1) 머리를 자른 후에 염색하고 싶은데요
2) (염색)해 주세요 3) 다듬어 주세요

15.1

1) 저울 2) 소포 3) 순번 대기표 4) 우체통

15.2

1) 내야 합니다 2) 쟀습니다 3) 신청했습니다
4) 써야 합니다 5) 예금할 수 있습니다
6) 뽑고

15.3

1) 소포를 2) 금융 3) 공과금을 4) 송금을
5) 특산물을

15.4

예 1)
직원 : 어디로 보내실 거예요?
손님 : 호주로 보내려고 하는데요.
직원 : 안에 뭐가 들어 있어요?
손님 : 책하고 신발이요.
직원 : 일반 항공으로 하실 거예요? EMS로 하
　　　실 거예요?
손님 : 일반 항공으로 보내면 얼마나 걸려요?
직원 : 3~4일쯤 걸릴 거예요.

16.1

1) 바구니 2) 카트 3) 계산대 4) 전단지
5) 사물함

16.2

1) 1층 푸드코트 2) 4층 놀이방
3) 3층 패션&잡화 4) 지하1층 주차장
5) 2층 식품&생활용품

16.3

1) ○ 2) X 3) ○ 4) X 5) X

16.4

1) 장을 2) 전단지를 3) 카트 4) 시식 코너
5) 쿠폰 6) 배달을

17.1

1) 뽑고 2) 냈어요 3) 잊어버려서
4) 만들려면 5) 눌러 주세요 6) 찾았어요
7) 신청해서

17.2

1) 번호표를 2) 창구 3) 신청서를 4) 신분증을

17.3

1) 신청하고 싶은데요, 보여 주시겠어요?
2) 만들고 싶은데요, 만들어 주세요

17.4

1) 예
어제 점심시간에 은행에 다녀왔어요. 은행에서
공과금을 냈어요.
2) 예
저는 스마트폰뱅킹을 사용해요. 핸드폰으로 빨
리 돈을 보낼 수 있어서 편리해요.

18.1

1) ㉤ 2) ㉢ 3) ㉠ 4) ㉣ 5) ㉡

18.2

1) 추과 요금을 2) 탑승권을 3) 입국 심사를
4) 공항 리무진(버스)을 5) 짐을 6) 출구로

18.3

1) 1 2) 4 3) 2 4) 5 5) 3

18.4

1) 체크인 카운터 2) 은행 3) 라운지 4) 출국
5) 면세점 6) 안내 데스크

정답

19 커피숍

19.1

1) 와플 2) 햄버거   3) 샌드위치
4) 케이크 5) 토스트 6) 커피 7) 주스 9) 차

19.2

1) 메뉴 2) 진동벨 3) 쿠폰 4) 할인 카드
5) 포크 6) 빨대

19.3

1) ① 크림을 빼고 주세요
   ② 넣어 주세요
   ③ 테이크아웃해 주세요
2) ① 데워 주세요
   ② 리필해 주세요
   ③ 진동벨이 울리면

19.4

1) 예
친구를 만날 때 커피숍에 자주 가요. 저는 친구들과 커피를 마시면서 이야기를 하는 것을 좋아해요.
2) 예
저는 아침에 출근할 때 커피나 샌드위치를 자주 테이크아웃해요. 시간을 아낄 수 있어서 좋아요.

20 백화점

20.1

1) 장갑 2) 양말 3) 침대 4) 세제 5) 샴푸

20.2

1) 4층 2) 1층 3) 6층 4) 5층 5) 5층 6) 지하 1층

20.3

1) ㉞ 2) ㉯ 3) ㉱ 4) ㉮ 5) ㉳ 6) ㉲

20.4

1) 세일 기간이라서 2) 계산대로
3) 현금 영수증을 4) 무이자 할부가
5) 멤버십 카드가

20.5

1) 예
1주일에 한 번 정도 해요.
2) 예
저는 집에서 인터넷으로 쇼핑을 자주 해요. 인터넷으로 쇼핑하면 물건값을 비교할 수 있어서 편리해요.
3) 예
백화점은 교환이나 환불이 편한데 시장은 불편해요. 그리고 시장은 백화점보다 물건 값이 싸요.

21 병원

21.1

1) ㉯ 2) ㉮ 3) ㉲ 4) ㉱ 5) ㉳ 6) ㉴ 7) ㉷
8) ㉶

21.2

1) 주사 2) 처방전이 3) 체온계로
4) 수납처 5) 수술실

21.3

1) O 2) X 3) O 4) O 5) O

21.4

1) 응급실로 2) 진찰을 3) 링거를 4) 수납처

22 일생

22.1

1) ㉱ 2) ㉯ 3) ㉮ 4) ㉯ 5) ㉮ 6) ㉯ 7) ㉲
8) ㉳ 9) ㉮ 10) ㉯

22.2

〈세로〉
1) 수능시험 3) 떠나다 5) 태어나다 7) 되다
8) 대학교 10) 고등학교
〈가로〉
2) 시작하다 4) 들어가다 6) 제대하다
9) 초등학교

22.3

예 미나코와 나딤은 대학교에서 처음 만났습니다. 두 사람은 서로 사랑했습니다. 하지만 나딤은 군대에 가야 했습니다. 미나코는 슬퍼서 울었습니다. 나딤이 제대하고 두 사람은 결혼을 했습니다. 그리고 예쁜 아들과 딸을 낳았습니다. 두 사람은 행복하게 살았습니다.

23 가족

23.1

1) 아버지 2) 어머니 3) 큰아버지는
4) 고모부는 5) 사촌 6) 고모 7) 외삼촌 8) 딸
9) 외삼촌 10) 이모 11) 이모 12) 외사촌

23.2

1) 부모님과 여동생이랑 살았습니다.
2) 7명입니다. 시어머니, 시아버지, 남편, 남편의 남동생, 아들, 쌍둥이 딸입니다.
3) 시동생이 대학원에 다닙니다.
4) 아들 한 명, 딸 두 명입니다.

23.3

예 우리 가족을 소개하겠습니다. 우리 집에는 할아버지, 할머니, 고모부, 고모, 아버지, 어머니, 오빠가 있습니다. 할아버지, 할머니는 연세가 많으십니다. 고모부는 마흔 여덟 살이시고 경찰이시고 고모는 교사이십니다. 아이는 없습니다. 아버지는 회사원이시고 어머니는 간호사이십니다. 오빠와 저는 대학생입니다.

23.4

예 우리 가족은 모두 4명입니다. 아버지와 어머니가 계시고 남동생이 하나 있습니다. 아버지와 어머니는 모두 회사원이십니다. 남동생은 대학교 4학년입니다. 우리 가족은 주말마다 같이 산책을 하고 식사를 합니다. 가족과 같이 있으면 아주 즐겁습니다.

24 신체

24.1

1) ① 눈 ② 코 ③ 입 ④ 귀 ⑤ 목 ⑥ 머리
2) ① 팔 ② 손 ③ 다리 ④ 발 ⑤ 배 ⑥ 허리
   ⑦ 무릎 ⑧ 어깨

24.2

1) 머리 2) 허리 3) 발 4) 팔 5) 목 6) 귀
7) 손톱

24.3

1) 이를, 머리를 2) 코를 3) 목이 4) 어깨 5) 귀
6) 손가락이 7) 손을 8) 이가 9) 눈을 10) 입술

24.4

1) 머리가 2) 눈 3) 심장이 4) 얼굴이

25 외모

25.1

1) ① 짧아요 ② 쌍까풀이 ③ 콧수염이
2) ① 동그래요 ② 길고 ③ 점이

25.2

1) 큽니다/커요 2) 좋습니다/좋아요
3) 작습니다/작아요 4) 말랐습니다/말랐어요
5) 닮았습니다/ 닮았어요
6) 뚱뚱합니다/뚱뚱해요

25.3

1) X 2) O 3) X 4) O 5) O

26 병

26.1

1) 열이, 피가, 기침이 2) 콧물이 3) 코가
4) 감기에 5) 다리가, 손가락이 6) 발목을
7) 이가 8) 손가락을

26.2

1) 이가 썩어서 2) 체했어요
3) 다리를 다쳤어요/ 다리가 부러졌어요
4) 눈이 가려워서/ 빨개서 5) 두드러기가 나서

26.3

1) 안약을 2) 두통약을 3) 연고를 4) 깁스를
5) 파스를 6) 소화제를

26.4

예 어제 저녁에 비가 왔습니다. 그런데 우산이 없어서 비를 맞았습니다. 그 다음날 감기에 걸렸어요. 콧물이 나고 기침을 심하게 했어요. 그래서 병원에 가서 체온계로 체온을 쟀어요. 그리고 의사 선생님께 진찰을 받았어요. 그 다음 주사를 맞고 처방전을 받았어요. 지금은 약을 먹고 괜찮아졌어요.

27 감정

27.1

1) 다행이다 2) 부끄럽다 3) 슬프다
4) 행복하다 5) 화가 나다 6) 놀라다

27.2

1) ㉰ 2) ㉣ 3) ㉮ 4) ㉯ 5) ㉱

27.3

1) 슬펐어요 2) 심심했어요 3) 고마웠어요
4) 무서웠어요 5) 부끄러워서

27.4

1) 예
저는 화가 나면 조용한 음악을 들어요.
2) 예
심심할 때 게임을 해요.
3) 예
노래를 부를 때 행복해요.
4) 예
한국어를 잘 못해서 실수했을 때 부끄러웠어
요.
5) 예
친구에게 미안하면 편지를 써서 사과해요.

28 나라, 사람, 언어

28.1

1) 중국 2) 일본 3) 호주 4) 캐나다 5) 브라질
6) 인도 7) 프랑스

28.2

1) 중국 2) 스페인 3) 영국 4) 포르투갈
5) 일본 6) 독일 7) 베트남

28.3

1) 예
저는 한국에서 왔어요.
2) 예
한국은 제주도가 유명해요. 바다와 산이 있어
서 경치가 아주 예뻐요.
3) 예
제주도는 바다가 가깝기 때문에 신선한 회를 먹
을 수 있어요. 그리고 흑돼지가 아주 맛있어요.

29 도시와 시골

29.1

도시: 빌딩, 지하도, 네온사인
시골: 산, 언덕, 밭, 원두막, 비닐하우스, 논,
　　　허수아비

29.2

1) 가로등이 2) 주차장 3) 허수아비를
4) 비닐하우스 5) 원두막

29.3

1) 도시 2) 교통이 3) 쇼핑센터와 4) 공기가
5) 시골 6) 숲이 7) 마을 8) 시내로

29.4

1) 예 저는 도시에 살고 싶습니다.
2) 예 도시에는 지하철이나 버스가 밤늦게까지
　　　있어서 편리해요.

30 동물

30.1

1) 기린은 2) 토끼는 3) 뱀은 4) 코끼리는
5) 말을 6) 물고기, 거북이 7) 원숭이가
8) 코알라, 캥거루를 9) 판다
10) 사자와, 호랑이가

30.2

1) 꿀꿀, 음매 2) 야옹 3) 멍멍 4) 꼬꼬댁
5) 꽥꽥, 짹짹

30.3

1) ㉯ 2) ㉰ 3) ㉮ 4) ㉱

30.4

1) 예 12가지 동물이 있습니다. 쥐, 소, 호랑
　　　이, 토끼, 용, 뱀, 말, 양, 원숭이, 닭, 개, 돼
　　　지가 있습니다.
2) 예 저는 1987년에 태어나서 토끼띠예요.

31 식물

31.1

1) 잔디 2) 꽃 3) 뿌리 4) 나뭇가지 5) 열매

31.2

1) 벚꽃 2) 은행나무 3) 화분 4) 소나무
5) 백합 6) 유채 7) 풀

31.3

1) 카네이션을 2) 나무를 3) 꽃이 4) 무궁화는
5) 장미(꽃) 6) 코스모스가

31.4

1) 봄에 핍니다.
2) 여의도 벚꽃 축제에 다녀왔습니다.
3) 유채 꽃 축제를 합니다.
4) 제주도를 구경하고 유채 꽃 앞에서 사진을
　　찍을 겁니다.

32 과일과 채소

32.1

과일 : 딸기, 바나나, 레몬, 참외
채소 : 토마토, 오이, 옥수수, 고구마

32.2

1) 당근, 호박, 양파, 콩나물, 버섯
2) 파, 고구마, 깻잎, 양파, 당근

32.3

1) 송이를 2) 수박을 3) 딸기 4) 귤은
5) 배추로, 무로

32.4

1) 오렌지, 사과, 딸기
2) 딸기
3) 배
4) 토마토, 수박
5) 포도

33 한국지리

33.1

1) 서울
2) 한라산
3) 한강
4) 울릉도
5) 1개, 서울특별시
6) 6개, 인천, 대전, 대구, 광주, 울산, 부산광
　　역시
7) 5개, 경기도, 강원도, 경상도, 충청도, 전라도
8) 서울 여의도 불꽃 축제, 충청남도 보령 머
　　드 축제, 경상남도 진해 벚꽃 축제, 이천 도
　　자기 축제

33.2

1) 부산 2) 서해 3) 남해가 4) 독도 5) 제주도가

33.3

1) 1394년
2) 경복궁, 숭례문
3) 벚꽃 축제, 불꽃 축제

33.4

예 1)
가 : 한국에서 춘천에 가 봤어요?
나 : 아니요, 안 가 봤어요.
가 : 한번 가 보세요.
나 : 뭐가 유명해요?
가 : 남이섬이 유명해요. 그리고 닭갈비와
　　　막국수를 드셔 보세요.
나 : 그래요? 다음에 한 번 가 볼게요.

34 여행

34.1

1) ㉯ 2) ㉣ 3) ㉰ 4) ㉮ 5) ㉱

34.2

1) 비자를 2) 여권과 3) 배낭 4) 지도를
5) 여행 책자를

34.3

1) O 2) O 3) O 4) X 5) O

34.4

1) 패키지 여행을 했습니다.
2) 딸기 밭으로 여행을 갔습니다.
3) 인터넷으로 알아봤습니다.
4) 점심도 먹고 딸기 잼도 만들었습니다.

35 여행 장소

35.1

1) ㉯ 2) ㉰ 3) ㉣ 4) ㉮

35.2

1) 바다 2) 문화 유적지 3) 강 4) 산

35.3

1) 관광지로 2) 코스가 3) 문화 유적지
4) 드라마 촬영지로도 5) 국립공원

35.4

1) 해수욕장과 2) 경치가 3) 강
4) 드라마 촬영지로

36 여행과 교통 1

36.1

1) 배를 2) 전철을 3) 배를 4) 자전거로
5) 버스로

36.2

1) 기차을 타고 여행을 할 수 있습니다.
2) 물과 간식을 준비해야 합니다.
3) 강촌으로 가야 합니다.

36.3

1) X 2) O 3) X

37 여행과 교통 2

37.1

1) ㉯ 2) ㉰ 3) ㉭ 4) ㉣ 5) ㉮

37.2

1) 식당 칸이 2) 교통 카드, 환승 3) 주유소
4) 헬멧과, 자전거 전용 도로를 5) 인천공항

37.3

1) 공항 리무진(버스)이나 지하철을 탑니다.
2) 대중교통을 이용하는 것이 좋습니다.
3) 편의점이나 지하철역에서 살 수 있습니다.
4) 지하철을 타는 것이 좋습니다.

38 숙박시설

38.1

1) 민박 2) 게스트하우스 3) 레지던스
4) 콘도(미니엄)/리조트

38.2

1) 성수기라서 2) 잡아서 3) 머무르세요
4) 정할 때 5) 숙박비가

38.3

1) 다섯 명이 머무를 거예요/다섯 명이요
2) 숙박비가/요금은 얼마예요

38.4

1) 설악산에서 단풍 구경을 했습니다.
2) 성수기라서 방이 없었습니다.
3) 찜질방에서 잠을 잤습니다.

39 음식

39.1

1) 불고기 2) 된장찌개 3) 피자 4) 해물탕
5) 초밥 6) 보쌈 7) 잡채 8) 회

39.2

1) 삼겹살 2) 회 3) 삼계탕 4) 햄버거
5) 비빔밥

39.3

1) ㉯ 2) ㉮ 3) ㉭ 4) ㉲ 5) ㉳ 6) ㉣

39.4

1) 예 저는 한국에 와서 김치찌개를 처음 먹
어 봤어요. 김치찌개가 너무 매워서 물을 많
이 마셨어요. 하지만 지금은 매운 음식도 아
주 잘 먹어요.
2) 예 저는 햄버거를 자주 먹어요. 학교 근처에
햄버거 가게가 있어요. 시간이 없을 때 빨리
살 수 있어서 자주 먹는 것 같아요.

40 부엌

40.1

1) 냄비, 프라이팬
2) 그릇, 컵, 젓가락, 숟가락
3) 랩, 호일, 지퍼백

40.2

1) 선반 2) 칼 3) 컵 4) 행주

40.3

1) 냄비 2) 행주로 3) 도마 4) 프라이팬을
5) 국자로

40.4

1) 그릇에 담으세요
2) 물을 틀고/틀어 놓고
3) 싱크대에 가져다 놓으세요
4) 가스밸브를 잠그세요
5) 랩에 싸서
6) 전자레인지에 돌려요

41 방과 화장실

41.1

1) 침대 2) 이불 3) 베개 4) 수건
5) 샤워기 6) 스탠드 7) 변기 8) 알람 시계
9) 옷장 10) 세면대

41.2

1) 칫솔로 2) 면도기로 3) 책장
4) 알람 시계를 5) 침대 6) 이불을 7) 변기가
8) 선반 9) 시트를 10) 옷장

41.3

1) 걸었습니다 2) 닦고 3) 감고 4) 꺼내서
5) 맞춘 후 6) 누웠습니다 7) 덮었습니다

41.4

1) 예 침대, 이불, 베개, 책상, 의자, 책장, 옷
장, 스탠드 등이 있습니다.
2) 예 변기, 욕조, 세면대, 거울, 화장지, 수
건, 샤워기, 치약, 칫솔, 샴푸, 린스, 비누 등
이 있습니다.
3) 예 저는 먼저 이를 닦고 세수를 해요.

42 거실

42.1

1) 소파 2) 텔레비전 3) 스피커 4) 에어컨

5) 리모컨 6) 콘센트 7) 전화기 8) 스위치
9) 액자 10) 거실장

42.2

1) 쳤어요 2) 끄세요 3) 놓았어요 4) 꽂았어요
5) 켜세요 6) 놓았어요

42.3

예
- 커튼 앞에 소파가 있습니다.
- 스피커 사이에 텔레비전이 있습니다.
- 벽에 액자가 있습니다.
- 소파 위에 쿠션이 있습니다.
- 거실장 위에 텔레비전이 있습니다.
- 소파 앞에 테이블이 있습니다.
- 테이블 위에 잡지가 있습니다.
- 현관에 신발장이 있습니다.

42.4

1) 가족들과 함께 예쁘게 바꿨어요.
2) 예쁜 꽃 그림과 우리 가족들의 사진을 걸어
놓았어요.
3) 텔레비전도 보고 게임도 하고 이야기도 많
이 나눠요.

43 집의 구조

43.1

1) 정원 2) 주차장 3) 마당 4) 옥상
5) 쓰레기 버리는 곳

43.2

1) 마당 2) 옥상 3) 담장 4) 정원 5) 동, 호
6) 경비실이 7) 쓰레기 버리는 곳이

43.3

1) ㉮ 2) ㉯ 3) ㉮ 4) ㉯ 5) ㉯

43.4

1) 아파트에 살고 있습니다.
2) 혼자 살아도 무섭지 않습니다. 그리고 택배
가 오면 경비실에 맡길 수 있습니다.
3) 마당이 없어서 운동을 하거나 빨래를 널기
어렵습니다.
4) 단독 주택에 살고 싶어 합니다.

44 집의 종류

44.1

1) ㉯ 2) ㉰ 3) ㉱ 4) ㉲ 5) ㉮

44.2

1) 하숙비는 2) 도심 3) 투룸 4) 고시텔은
5) 단지

44.3

1) ㉮보증금 ㉯매매 ㉰월세
2) ㉮오피스텔 ㉯원룸 ㉰고시텔 ㉱아파트

45 직업

45.1

1) 경찰 2) 의사 3) 소방관 4) 운동선수

5) 가수 6) 선생님 7) 미용사 8) 회사원
9) 과학자 10) 변호사

45.2

1) 소화기 2) 주사 3) 극장 4) 숙제
5) 통역사 6) 카메라

45.3

1) ④ 2) ④ 3) ⑩ 4) ⑦ 5) ⑭ 6) ⑪

45.4

1) 영화감상입니다/영화 보는 것을 좋아합니다.
2) 이 사람은 영화배우가 되고 싶어 합니다.

46.1

1) 하다 2) 쓰다 3) 가다 4) 있다 5) 쓰다
6) 하다 7) 하다 8) 있다 9) 만나다 10) 가다

46.2

〈가로〉
1) 출근하다 2) 퇴근 3) 프레젠테이션
4) 일하다 5) 회의자료를 6) 복사
〈세로〉
1) 출장가다 2) 야근하다 3) 프로젝트
4) 이메일 5) 회사 6) 동료

46.3

예 로버트 씨는 항상 7시에 일어나서 출근 준
비를 합니다. 그런데 오늘 로버트 씨는 11시에
회사에 가서 부장님이 화가 났습니다. 로버트
씨는 12시에 동료들과 점심식사를 하러 갔습니
다. 오후 3시에 회의실에서 발표를 했습니다.
퇴근 시간에 지하철에 사람이 많아서 피곤했습
니다. 10시에 침대에 누워서 잤습니다.

47.1

1) 프린터 2) 사원증 3) 자판기 4) 서류가방

47.2

1) 사원증이 2) 비상구를 3) 회의실을
4) 휴게실 5) 팩스로 6) 정수기가 7) 서랍
8) 게시판

47.3

1) 떨어지면 2) 예약하기 때문에 3) 준비해서
4) 보고합니다 5) 정리하는

47.4

1) 냉장고에 있는 음료수와 과일을 항상 먹을
   수 있습니다. 또 사무실에서 운동도 할 수
   있습니다.
2) 출퇴근 시간이 자유롭고 월요일부터 일요일
   까지 40시간만 일하면 되기 때문입니다.

48.1

1) 초등학교 2) 유치원 3) 고등학교
4) 대학교를 5) 사이버대학에서 6) 노인대학

48.2

1) 수업이 2) 방학을 3) 시험을 4) 성적이
5) 냈어요 6) 받아서

48.3

1) 졸업하고 2) 수강 신청을 3) 강의를
4) 보고서를 5) 발표 6) 장학금을

48.4

1) 2004년에 입학했습니다.
2) 박사 학위를 받았습니다.
3) 열정과 노력을 배워야 합니다.

49.1

1) 책상 2) 칠판 3) 필통(연필,지우개)
4) 지도 5) 시간표

49.2

1) ⑩ 2) ④ 3) ④ 4) ④ 5) ⑦

49.3

1) 교복을 2) 소풍이 3) 수학여행을
4) 결석을 5) 장기 자랑을

49.4

예 머리를 염색하면 안 됩니다, 머리가 길면
안 됩니다, 핸드폰을 사용하면 안 됩니다, 귀
걸이를 하면 안 됩니다, 검은색 신발을 신어야
합니다 등

50.1

1) 리포트/보고서 2) 프로젝터 3) 컴퓨터
4) 스크린

50.2

1) ④ 2) ④ 3) ⑩ 4) ⑦ 5) ④

50.3

〈세로〉
1) 기말고사 3) 강사 5) 장학금 8) 선생님
〈가로〉
1) 기숙사 2) 보고서 3) 강의실 4) 테니스장
6) 학점 7) 신입생 8) 선배

50.4

예 친구들과 배낭여행을 갈 겁니다, 술을 많이
마실 겁니다, 외국어 공부를 많이 하고 싶습니
다, 아르바이트를 할 겁니다 등

51.1

1) ④ 2) ④ 3) ⑦ 4) ⑩ 5) ④

51.2

1) 우표 수집
2) 등산, 댄스, 운동, 당구 치기 등
3) 피아노 치기, 노래하기, 음악 감상 등
4) 여행, 낚시, 운동, 사진 찍기 등

5) 운동, 당구 치기, 바둑/장기 두기 등

51.3

1) 독서 2) 댄스 3) 낚시 4) 우표 수집 5) 요리

51.4

1) 매년 10월에 열립니다.
2) 댄스입니다.
3) 일주일에 두 번 밸리 댄스 동호회에 나가서
   연습을 합니다.

52.1

1) 탁구 2) 야구 3) 스키 4) 배드민턴
5) 스케이트 6) 태권도 7) 수영 8) 축구

52.2

1) 씨름, 태권도
2) 수영, 요가, 조깅, 스노보드, 인라인 스케이
   트, 스키, 스케이트, 자전거 등
3) 축구, 야구, 농구, 배구 등
4) 스노보드, 스케이트, 스키 등
5) 축구, 야구, 농구, 배구, 골프, 볼링, 탁구,
   당구 등

52.3

1) 타러 갑니다 2) 헬스클럽/헬스장 3) 농구장
4) 운동화를 5) 칠 수 없습니다

52.4

예 1)
가 : 무슨 운동을 좋아하세요?
나 : 야구를 좋아해요.
가 : 얼마나 배웠어요?
나 : 6개월 정도 됐어요.
가 : 저도 배우고 싶은데 뭐 준비해야 해요?
나 : 그래요? 그럼 같이 배워요.
     야구 방망이와 야구 글러브를 준비하면
     돼요.

53.1

1) SF영화 2) 로맨스 영화 3) 뮤지컬 영화
4) 액션 영화 5) 애니메이션 6) 가족 영화

53.2

1) 찍어서 2) 빠져요 3) 상영해요 4) 풀려고
5) 예매했어요 6) 매진돼서

53.3

1) 영화표를 2) 자리는 3) 주인공이에요
4) 매진이 5) 장면은

53.4

1) 아버지는 액션 영화를 좋아하시고 어머니는
   로맨스 영화를 좋아하십니다.
2) 애니메이션을 좋아합니다.
3) 무서워서 싫어합니다.
4) 가족 영화를 봅니다.

정답

54 음악

54.1

1) 클래식 2) OST 3) 동요를 4) 국악을
5) 록을

54.2

1) 쳤어요 2) 켜지 않아서 3) 불 수 있어요
4) 켜 보고 5) 쳐 봤는데 6) 연주하는

54.3

1) 팝송을 2) 가사가 3) 뮤지션이에요
4) 공연을

55 동호회

55.1

1) 물안경 2) 물 3) 구두 4) 등산화 5) 공

55.2

1) 가입했어요 2) 정모가 3) 인터넷 카페
4) 동호회 회원과 5) 회비를

55.3

예 2)
성태: 제니 씨는 어떤 동호회에 가입하고 싶어
　　　요?
제니: 저는 영화 보는 것을 좋아해요. 그래서 영
　　　화 동호회에 가입하고 싶어요.
성태: 그래요? 그럼 우리 동호회에 들어오세요.
제니: 회비는 얼마예요?
성태: 일주일에 만 원이에요.
제니: 좋아요. 그럼 다음 모임에 같이 가요.

55.4

1) 예 기타 동호회에 가입하고 싶어요.
2) 예 기타를 배우고 싶어서 가입하고 싶어요.

56 한국의 명절

56.1

1) 세배합니다 2) 차례를 지냅니다
3) 윷놀이를 합니다 4) 씨름을 합니다
5) 강강술래를 합니다 6) 성묘를 합니다
7) 송편을 만듭니다 8) 연날리기를 합니다

56.2

설날 : 세배, 윷놀이, 연날리기
추석 : 성묘
단오 : 그네뛰기, 씨름
정월대보름 : 강강술래, 쥐불놀이

56.3

1) 송편 2) 떡국 3) 세뱃돈 4) 창포물 5) 부럼

56.4

예 한국에는 설날이 있어요. 설날은 아주 큰 명
절이에요. 그래서 가족이 모두 모여서 식사를
해요. 그리고 가족과 윷놀이도 하고 연날리기
도 해요. 설날 아침에는 어른들께 세배를 해요.
그러면 어른들께서 세뱃돈을 주세요.

57 놀이

57.1

1) ㉱ 2) ㉯ 3) ㉰ 4) ㉮ 5) ㉲

57.2

1) 차 봤어요 2) 했어요 3) 치면서
4) 굴렸는데/굴려 봤는데 5) 내서
6) 숨은/숨어 있는 7) 노는

57.3

1) 민속촌에 갔습니다.
2) 옛날 사람들의 집과 옷과 음식을 봤습니다.
3) 윷놀이, 널뛰기, 투호를 했습니다.
4) 파전과 도토리묵을 먹어 봤습니다.

57.4

예 저는 어렸을 때 인형을 가지고 자주 놀았어
요. 인형의 옷을 입히고 머리를 해 주는 게 재미
있었어요. 한국의 여자 어린이가 하는 인형놀
이나 소꿉놀이와 비슷해요.

58 특별한 음식

58.1

1) 미역국 2) 국수 3) 삼계탕 4) 비빔밥

58.2

1) 식혜를 2) 인삼과 3) 팥죽이라고 4) 동지
5) 미역국을 6) 부럼은

58.3

1) 특별한 2) 송편은 3) 찝니다 4) 차례를

58.4

1) 아기가 태어난 후 첫 번째 생일에 합니다.
2) 백설기와 수수경단을 준비합니다.
3) 돌잔치 때 아기가 잡은 물건으로 아기의 미
래를 생각하는 것입니다.

59 한국의 예절

59.1

1) ㉯ 2) ㉮ 3) ㉰ 4) ㉱

59.2

1) 숙여서
2) 들고
3) 받아야 합니다
4) 돌려서 마셔야 합니다 / 돌려야 합니다
5) 따르면 안 됩니다

59.3

1) 어른이 드시기 전에 먼저 밥을 먹으면 안 됩
니다.
2) 밥그릇을 들고 먹으면 안 됩니다.
3) 두 손으로 술을 받아야 합니다.
4) 어른과 술을 마실 때는 몸을 옆으로 돌려서
마셔야 합니다.

60 기념일

60.1

1) ㉱ 2) ㉲ 3) ㉮ 4) ㉯ 5) ㉰

60.2

1) 카네이션이에요 2) 초콜릿이에요
3) 빼빼로를 4) 사탕이에요 5) 나무를

60.3

1) 한글날 2) 어버이날 3) 설날 4) 추석
5) 크리스마스

60.4

1) 예 저는 아일랜드 사람이에요. 아일랜드는
　　성 패트릭 데이(St. Patrick's Day)가 아주
　　유명해요.
2) 예 매년 3월 17일이 성 패트릭 데이예요.
3) 예 사람들이 모두 녹색 옷을 입어요.

1 단어와 문장

1.1

명사: 사람, 책, 가방, 사과
부사: 정말, 열심히, 빨리
동사: 가다, 보다, 말하다, 먹다, 쓰다
형용사: 예쁘다, 춥다, 좋다, 재미있다

1.2

1) 부사 2) 조사 3) 형용사 4) 조사
5) 명사 6) 동사

1.3

1) 열심히-부사 2) 에-조사
3) 비싸요-형용사 4) 책-명사
5) 공부할 거예요-동사 6) 빨리-부사

1.4

1) 이 옷이 아주 예뻐요.
2) 그 가방은 얼마예요?
3) 사과 한 개 주세요.
4) 친구하고 영화를 봤어요.
5) 이번 주말에 제주도에 갈 거예요.
6) 저는 비빔밥을 제일 좋아해요.

2 조사

2.1

1) 가 2) 를 3) 에게 4) 의 5) 와/하고/랑
6) 에서, 까지 7) 만 8) 보다 9) 와/랑/하고
10) 부터, 까지 11) 도 12) 은 13) 에
14) 에서 15) 에

2.2

1) 는 → 은 2) 가 → 를 3) 를 → 가
4) 까지 → 부터, 부터 → 까지 5) 에 → 에서
6) 에 → 으로 7) 에 8) 만 → 도
9) 도 → 만 10) 에 → 의 11) 이랑 → 랑
12) 에서 → 에 13) 와 → 과/하고/이랑
14) 에서 → 으로 15) 에는 → 에도

3 ⃞ 기본 동사와 형용사

3.1

1) 씻으세요 2) 배워요 3) 타세요 4) 받았어요
5) 써서 6) 읽어요 7) 켜 주시겠어요

3.2

1) 깨끗해요 2) 피곤해서 3) 작아서 4) 빨라요
5) 배고파요 6) 뜨거우니까 7) 바빠요

3.3

1) 싫어해요 2) 적어요 3) 열어 4) 같아요
5) 시끄러워요 6) 가까워서 7) 쉽지만

3.4

1) 만나서 2) 맛있는 3) 들으면서
4) 마셨어요

4 ⃞ 동사 –가다/오다/하다

4.1

1) 들어갑니다 2) 나갑니다 3) 내려옵니다
4) 올라옵니다 5) 올라갑니다 6) 나옵니다
7) 들어갑니다

4.2

1) 왔어요 2) 들어가세요 3) 들어오셨어요
4) 나와요 5) 돌아가면 6) 돌아올 거예요

4.3

1) 운동을 합니다 2) 전화를 합니다
3) 청소를 합니다 4) 컴퓨터를 합니다
5) 독서를 합니다 6) 요리를 합니다
7) 설거지를 합니다 8) 공부를 합니다

5 ⃞ 불규칙 동사

5.1

1) 깁니다, 길어요, 길어서, 기니까
2) 덥습니다, 더워요, 더워서, 더우니까
3) 듣습니다, 들어요, 들어서, 들으니까
4) 씁니다, 써요, 써서, 쓰니까
5) 빠릅니다, 빨라요, 빨라서, 빠르니까
6) 그렇습니다, 그래요, 그래서, 그러니까
7) 붓습니다, 부어요, 부어서, 부으니까

5.2

1) 아파서 2) 나았어요 3) 물어보세요
4) 달라요 5) 파래요 6) 만드세요 7) 추우니까

5.3

1) X, 끄어→꺼 2) X, 부르어서→불러서
3) X, 덥으니까→더우니까 4) ○ 5) ○
6) X, 울은→우는 7) X, 쓰어서→써서
8) X, 버어서→벗어서

5.4

1) 방이 어두우니까 불을 켭시다.
2) 구두가 예뻐서 한 켤레 샀어요.
3) 많이 걸어서 다리가 아파요.
4) 답을 모르면 선생님께 물어보세요.
5) 학교 근처에 사는데 매일 지각해요.

6 ⃞ 숫자

6.1

1) 백이십만 원
2) 공일공 오이삼팔에 칠구육사
3) 이백일 동 천칠백팔 호
4) 이천오 번
5) 삼 리터
6) 오월 사일
7) 스물다섯 살

6.2

1) 다섯 개를 2) 한 개 3) 세 병 4) 두 권과
5) 열 장을 6) 한 켤레

6.3

1) 일곱시에 일어납니다.
2) 여덟 시 삽십 분 / 여덟 시 반에 회사에 갑니다.
3) 열두 시부터 한 시까지입니다.
4) 네 시 이십 분에 회의를 합니다.
5) 여섯 시에 갑니다.

6.4

1) 예 서울특별시 강남구 도곡동 한국아파트 403동 202호예요/입니다.
2) 예 서른한 살이에요/입니다.
3) 예 칠 월 이십사 일이에요/입니다.
4) 예 일곱시 사십분이에요/입니다.
5) 예 공일공 이칠팔팔에 오구이오예요/입니다.

7 ⃞ 시제

7.1

1) 쳤어요/쳤습니다
2) 돌아갈 거예요/돌아갈 겁니다
3) 마셔요/마십니다
4) 쉴 거예요/쉴 겁니다
5) 했어요/했습니다
6) 만날 거예요/만날 겁니다
7) 불러요/부릅니다
8) 졸업했어요/졸업했습니다
9) 있어요/있습니다
10) 쇼핑할 거예요/쇼핑할 겁니다

7.2

1) 잠을 자고 있어요
2) 커피를 마시고 있어요
3) 책을 읽고 있어요
4) 음악을 듣고 있어요
5) 친구와 이야기를 하고 있어요

7.3

1) 봤어요
2) 마시고 있었어요/마셨어요
3) 만날 거예요
4) 해요
5) 먹고 있어요

8 ⃞ 높임법

8.1

1) 좋아하세요 2) 끊으셨어요 3) 읽으십니다
4) 아프셔서 5) 이세요 6) 크신데 7) 가세요
8) 오실 거예요 9) 요리하고 계세요
10) 있으시면

8.2

1) 계십니다 2) 댁 3) 주무시고 4) 드릴까요
5) 있으십니다 6) 돌아가셨어요 7) 말씀하실
8) 드셨어요 9) 생신 10) 연세

8.3

1) 살아요 2) 이셨어요 3) 운동하세요
4) 다니세요 5) 일하세요

9 ⃞ 위치

9.1

1) 위 2) 오른쪽 3) 위 4) 사이 5) 안

9.2

1) 화장실이 방 안에 없어요.
2) 냉장고가 책상 옆에 있어요.
3) 백화점 근처에 무엇이 있어요?

9.3

1) ○ 2) X 3) X 4) ○

9.4

1) 왼쪽 2) 사이 3) 오른쪽 4) 앞

10 ⃞ 관형형 어미

10.1

1) 듣는 2) 마시는 3) 이야기하는 4) 신은
5) 짧은 6) 오는

10.2

1) 부는 2) 긴 3) 할 4) 가까운 5) 가는

10.3

1) 여행할 2) 먹은 3) 먼 4) 사는 5) 매운
6) 쇼핑하는 7) 좋은 8) 높은 9) 무거운
10) 찍은

10.4

예 여기는 커피숍입니다. 친구와 이야기하는 사람은 제니 씨입니다. 음악을 들으면서 공부하는 사람은 나딤 씨입니다. 저기 짧은 치마를 입고 예쁜 모자를 쓴 사람이 레항 씨입니다. 커피를 마시면서 친구를 기다리는 사람은 준모 씨이고 컴퓨터를 하는 사람은 성태 씨입니다.

index

사흘	three days	三日	三天
새벽	dawn, daybreak	明け方	黎明
수요일	Wednesday	水曜日	周三
아침	morning	朝	早餐，早晨
어제	yesterday	昨日	昨天
열흘	ten days	十日	十天
오늘	today	今日	今天
오전	morning, a.m.	午前	上午
오후	afternoon, p.m.	午後	下午
월요일	Monday	月曜日	周一
이번 주	this week	今週	这周
이번 달	this month	今月	这个月
이틀	two days	二日	两天
일요일	Sunday	日曜日	星期日
일주일	a week	一週間	一周
작년	last year	昨年	去年
저녁	evening	夕方	晚上
지난 주	last week	先週	上周
지난달	last month	先月	上个月
토요일	Saturday	土曜日	星期六
하루	a day	一日	一天
화요일	Tuesday	火曜日	周二
날마다	every[each] day, daily	毎日	每天
매년	every year, annually	毎年	每年
매달	every month, monthly	毎月	每月
매월	every month, monthly	毎月	每月
매일	every[each] day, daily	毎日	每天
매주	every week, weekly	毎週	每周
매해	every year, annually	毎年	每年
해마다	every year, annually	毎年	每年

3 색깔 Colors | 色 | 颜色

갈색	brown	茶色	褐色
검은색	black	黒色	黑色
까만색	black	黒色	黑色
남색	dark blue, navy blue, indigo	藍色	蓝色
노란색	yellow	黄色	黄色
녹색	green	緑色	绿色
밤	night, nighttime	晩、夜	夜
밝은 색	bright colors	明るい色	亮色，鲜艳的色彩
벤치	bench	ベンチ	长椅(子)
별	star	星	星
보라색	purple, violet	紫色	紫色
분홍색	pink	ピンク色	粉红色
빨간색	red	赤色	红色

어두운 색	dark colors	暗い色	暗色
잔디	grass, lawn	芝生	草地
장미꽃	rose	ばら花	玫瑰花
정원	garden	庭園	庭院
주황색	orange	だいだい色	橘红色
파란색	blue	青色	蓝色
튤립	tulip	チューリップ	郁金香
하얀색	white	白色	白色
하늘	sky	空	天空
회색	grey	灰色	灰色
까맣다	to be black	黒い	黑的
노랗다	to be yellow	黄色い	黄的
빨갛다	to be red	赤い	红的
파랗다	to be blue	青い	蓝的
하얗다	to be white	白い	白的
어둡다	to be dark, to be somber	暗い	暗, 灰暗
어울리다	to match, to harmonize	似合う	般配, 适合

4 옷　Clothes | 衣服 | 衣服

구두	shoes	靴	皮鞋
귀걸이	earring	イヤリング	耳环
꽃무늬	flower[floral] pattern	花柄模様	花纹
모자	hat, cap	帽子	帽子
목걸이	necklace	ネックレス	项链
목도리	muffler, scarf	マフラー	围巾
무늬	pattern, design	模様	纹路, 花纹
물방울무늬	polka dot	水玉模様	水珠纹
반바지	shorts	半ズボン	短裤
반지	ring	指輪	戒指
벨트	belt	ベルト	腰带, 皮带
샌들	sandals	サンダル	凉鞋
속옷	underwear	下着	内衣
스카프	scarf	スカーフ	丝巾
스타일	style	スタイル	风格, 款式
스타킹	stockings	ストッキング	丝袜
슬리퍼	slippers	スリッパ	拖鞋
시계	watch, clock	時計	表, 手表
안경	glasses	眼鏡	眼镜
양말	socks	靴下	袜子
우산	umbrella	傘	雨伞
운동화	sneakers	運動靴	运动鞋
원피스	one-piece dress	ワンピース	连衣裙
장갑	gloves	手袋	手套
자켓	jacket	ジャケット	夹克
정장	suit	スーツ	正装

줄무늬(스트라이트)	stripes	ストライプ	条纹
청바지	jeans	ジーンズ	牛仔裤
체크무늬	check pattern, checkers	チェック柄	方格图案，格子纹
코트	coat, overcoat	コート	外衣
탈의실	fitting room	試着室	更衣室
티셔츠	T-shirt	Tシャツ	T恤衫
끼다	to wear, to put on	はめる	戴（手套，戒指等）
벗다	to take off, to undress	脱ぐ	脱
신다	to wear, to put on	履く	穿（鞋，袜子等）
쓰다	to wear, to put on	(帽子を)かぶる・(眼鏡を)かける・(傘を)さす	戴（帽子）
입다	to wear, to put on	着る	穿（衣服，裤子等）
차다	to wear, to put on	着ける・はめる	戴（手表等），系（皮带等）
하다	to wear, to put on, to do	する・絞める・結ぶ	戴/系（领带，项链等）
가방을 들다	to carry a bag	かばんを持つ	（表示动作）提包
가방을 메다	to carry[shoulder] a bag	かばんをかける・背負う	（表示动作）背包
넥타이를 매다	to wear[put on] a tie	ネクタイを締める	系领带
마음에 들다	to be in one's favor	気に入る	满意
잘 어울리다	to fit nicely, to match well	よく似合う	很配，很适合

5 돈 Money | お金 | 钱

거스름돈	change	お釣り	（找给的）零钱
교통카드	transportation card	交通カード	交通卡
달러	dollar	ドル	美元
돈	money	お金	钱
동전	coin	コイン	硬币
루피	rupee (Indian currency)	ルピー	卢比（印度、巴基斯坦等国的货币单位）
링깃	ringgit (Malaysian currency)	リンギット	令吉（马来西亚的货币单位）
바트	baht (Thai currency)	バーツ	铢（泰国的货币单位）
핸드백	handbag, purse	ハンドバッグ	手提包
신용카드	credit card	クレジットカード	信用卡
엔	yen (Japanese currency)	円	日元（日本的货币单位）
원	won (Korean currency)	ウォン	元（韩国的货币单位）
위엔	yuan (Chinese currency)	人民元	元（中国的货币单位）
유로	euro (currency of EU)	ユーロ	欧元
잔돈	small change	小銭	零钱
지폐	bill, note	紙幣、札	纸币
체크/직불카드	debit card, check card	デビットカード	支票卡/借记卡
파운드	pound (currency of UK)	ポンド	英镑（英国的货币单位）
페소	peso (Filipino currency)	ペソ	比索（菲律宾、墨西哥等国的货币单位）
현금카드	debit card	キャッシュカード	现金卡
짜리	worth	ぐらい（の物・人）	…的。表示货币的票面额或商品的单价
거스름돈을 받다	to get the change	お釣りをもらう	收找给的零钱

돈을 내다	to pay (for)	お金を払う	付钱
돈을 찾다	to withdraw money	お金を引き出す	取钱
잔돈으로 바꾸다	to make change	小銭に換える	换零钱
카드로 계산하다	to pay by credit card	カードで支払う	刷卡

6 인사말	Greetings | あいさつ言葉 | 问候语		
건배	toast	乾杯	干杯
생신	(hornorific form) birthday	（目上の人の）誕生日	生辰（"生日"的敬语）
생일	birthday	誕生日	生日
(이)라고 합니다	I am ~, My name is ~	と言います	（我）叫.....
감사합니다/감사해요	Thank you	感謝します	谢谢
고맙습니다/고마워요	Thank you	ありがとうございます	谢谢
다녀오겠습니다	I'll go out and come back	行ってきます	（我）出门了
다녀왔습니다	I'm home[back]	ただいま戻りました	（我）回来了
미안합니다/미안해요	I'm sorry	すみません	对不起
수고하셨습니다	Thank you for your effort	お疲れ様でした	（您）辛苦了
시험 잘 보세요	Good luck with the exam	試験、頑張ってください	好好考试，祝你考好
실례합니다	Excuse me	失礼します	不好意思，打扰一下，
아니에요	No problem	いいえ	不客气，没关系
안녕하십니까	Hello	こんにちは	您好！
안녕히 가세요	(to whom leave) Goodbye	さようなら（立ち去る人に）	请慢走，再见（留下的人说的）
안녕히 계세요	(when you leave) Goodbye, Take care	さようなら（残っている人に）	再见（离开的人说的）
안녕히 주무세요	Good night	お休みなさい	晚安
오랜만입니다	Long time no see	お久しぶりです	好久不见！
잘 먹겠습니다	Bon appetit	いただきます	我要吃了，我要开动了
잘 부탁드립니다	Please assist someone or something	よろしくお願いします	请多指教
죄송합니다/죄송해요	I'm sorry, My apologies	申し訳ありません	对不起
주말 잘 보내세요	Have a nice weekend	よい週末をお過ごしください	周末愉快！
처음 뵙겠습니다	How do you do	初めまして	初次见面
축하합니다	Congratulations	おめでとうございます	恭喜/祝贺

7 쇼핑	Shopping | ショッピング | 逛街		
결제	payment	お会計	结账
대형 마트	hypermarket	大型ディスカウントストア	大型超市
동대문/남대문시장	Dongdaemun/Namdaemun Market	東大門・南大門市場	东大门/南大门 市场
바꾸다	to change	換える	换
백화점	department store	百貨店、デパート	百货商店
사인	signature	サイン	签字
상품권	gift certificate, voucher	商品券	商品券
세일	sale	セール	打折
쇼핑백	shopping bag	紙袋	购物袋
신용/체크카드	credit/debit[check] card	クレジット・デビットカード	信用/借记卡
아울렛	outlet	アウトレット	品牌折扣商场
영수증	receipt	領収証	发票

일시불	lump sum payment	一括払い	一次性付清
할인매장	discount store	ディスカウントストア	折扣卖场
현금	cash	現金	现金
결제하다	to pay	決済する・支払う	（表示动作）结账
교환하다	to exchange	交換する	（表示动作）交换
사인하다	to sign	サインする	签字
쇼핑하다	to shop	ショッピングする	逛街
아이쇼핑하다	to window-shop	ウィンドウショッピングをする	逛街（只看不买）
인터넷 쇼핑하다	to shop online	インターネットで買い物をする	网上购物，网购
환불하다	to refund	払い戻す	退还，退钱

8 장소　Places｜場所｜场所

공원	park	公園	公园
공항	airport	空港	机场
교실	classroom	教室	教室
극장	theater	劇場	剧场，电影院
노래방	karaoke, noraebang	カラオケ	歌厅/KTV
놀이공원	amusement park	遊園地	游乐场
대형 마트	hypermarket	大型ディスカウントストア	大型折扣卖场
미용실	beauty salon	美容室	美容院
백화점	department store	百貨店、デパート	百货商店
병원	hospital	病院	医院
사무실	office	事務室	办公室
서점	bookstore	書店	书店
시장	market	市場	市场
식당	restaurant	食堂	食堂，餐厅
약국	pharmacy, chemist	薬屋	药店
우체국	post office	郵便局	邮局
은행	bank	銀行	银行
찜질방	jjimjilbang, Korean dry sauna	チムジルバン	桑拿房，桑拿中心
커피숍	coffee shop[house]	コーヒーショップ	咖啡厅
PC방	internet cafe	インターネットカフェ	网吧
회사	company	会社	公司

9 전화　Telephone｜電話｜电话

공중전화	public phone	公衆電話	公用电话
스마트폰	smartphone	スマートフォン	智能手机
인터넷 전화	Internet phone	インターネット電話	网上电话
집 전화	home phone	(家の)固定電話	家庭电话
통화중(이다)	(to be) busy	通話中(だ)	通话中
핸드폰 요금	mobile phone bill	携帯電話料金	手机话费
휴대전화	cell[mobile] phone	携帯電話	手机，移动电话
○○ 좀 바꿔 주세요	May I speak to ~, Please put ~ on	○○さんに代っていただけますか	请把电话给○○
○○(이)라고 하는데요	This is ~, My name is ~	○○と申しますが	我是….

○○(이)지요?	Is this ~?	○○でしょうか	是○○吧？
○○씨 계십니까?	Is ~ there?	○○さん、いらっしゃいますか	○○在吗？
그런데요	Yes, it is.	そうですけど	是的。
나중에 다시 전화드리겠습니다	I'll call you back later	あらためてお電話差し上げます	下次再给你打电话
답장을 보내다	to reply to a letter	返事を送る	答复，回复
맞나요?	Is this ~?, Is it right that ~?	合ってますか	对吗？
맞는데요	That's right	合ってますよ	对的。
메모를 남겨 드릴까요?	May I take your message?	ご伝言お預かりいたしましょうか	您要留言吗？
메모를 남기다	to leave a message	伝言を残す	留言
문자 메세지가 오다	to get a text message	メールが来る	短信来了
아닌데요	No, it isn't	違いますが	（我）不是。
잠시만 기다리세요	Wait a moment, please	少々お待ちください	请稍等
전화 잘못 거셨습니다	You have the wrong number	おかけ間違いのようですよ	打错电话了
전화를 받다	to answer the phone	電話を受ける	接电话
전화벨이 울리다	the phone rings	電話が鳴る	电话响了
진동으로 바꾸다	to put the cell phone on vibrate	マナーモードに切り替える	（把手机声音）换成振动

10 컴퓨터와 인터넷　　Computer and the Internet ｜ コンピューターとインターネット ｜ 电脑和网络

노트북	laptop, notebook computer	ノートパソコン	笔记本电脑
데스크톱	desktop (computer)	デスクトップ	台式电脑
마우스	mouse	マウス	鼠标
메신저	instant messenger	メッセンジャー	聊天软件
모니터	monitor	モニター	显示器
블로그	blog	ブログ	博客
블루투스	bluetooth	ブルートゥース	蓝牙
소셜 네트워크 서비스 (SNS)	Social Networking Service	ソーシャル・ネットワーキング・サービス	社交网络
스마트폰	smartphone	スマートフォン	智能手机
스캐너	scanner	スキャナー	扫描仪
음성 채팅	voice chatting	ボイスチャット	语音聊天
인터넷 카페	Internet cafe	インターネットカフェ	网络信息交流工具
키보드	keyboard	キーボード	键盘
태블릿	tablet PC	タブレット	平板电脑
프린터	printer	プリンター	打印机
헤드셋	headset	ヘッドセット	耳麦
화상 채팅	video chatting	ビデオチャット	视频聊天
검색하다	to search, to browse	検索する	搜索
다운로드하다	to download	ダウンロードする	下载
사진/글을 올리다	to post a picture/text	写真/文章をアップ(ロード)する	上传照片/发帖
클릭하다	to click	クリックする	点击
프린트하다	to print	プリントする	打印

내게쓰기	Send to Me	自分宛メール	给我写信（邮件）
내메일함	My Mail Boxes	メール箱	我的邮件箱
로그인	Sing in	ログイン	登录
메일쓰기	Compose	メール作成	写邮件
미리보기	Preview	プレビュー	预览
받은 메일함	Inbox	受信箱	收件箱
보내기	Send	送信	发送
보낸 메일함	Sent Mail	送信箱	发件箱
비밀번호	password	暗証番号	密码
수신확인	receipt confirmation	受信確認	确认收到邮件
스팸 메일함	Spam	迷惑メール	垃圾邮件箱
아이디	ID	ID	ID, 用户名
엽서	postcard	はがき	明信片
우체통	postbox, mailbox	郵便ポスト	邮政信箱/邮筒
우표	stamp	切手	邮票
이메일	e-mail	Eメール	电子邮件
이메일 주소	e-mail address	Eメールアドレス	电子邮件地址
임시보관함	Drafts	下書き	草稿箱
저장하기	Save	保存	保存
제목	Subject	件名	题目
주소록	Contacts	アドレス帳	地址簿, 通信录
찾아보기	Browse	検索	查找
카드	card	カード	卡
클릭하다	to click	クリックする	点击
파일첨부	Attach File	添付ファイル	添加附件
편지	letter	手紙	信
편지봉투	envelop	封筒	信封
편지쓰기	Compose	手紙を書く	写信
편지지	writing paper	便箋	信纸
휴지통	Trash	ごみ箱	垃圾桶
우표를 붙이다	to put a stamp	切手を貼る	贴邮票
클릭하다	to click	クリックする	点击
파일을 찾다	to search for a file	ファイルを検索する	查找文件

고속버스	express bus	高速バス	高速大巴
고속버스 터미널	express bus terminal	高速バスターミナル	高速大巴客运站
공항	airport	空港	机场
기차	train	汽車	火车
기차역	train[railway] station	(汽車)駅	火车站
누리로	Nuriro Train	ヌリロ(汽車名)	Nooriro（韩国火车种类之一）
마을버스	town shuttle bus	マウルバス(一般のバスが走らない狭い区域を運行するバス)	居民小区巴士
모범택시	deluxe taxi	模範タクシー	模范的士

index

무궁화호	Mugunghwa Train	ムグンファ号(汽車名)	无穷花号（韩国火车类型之一）
배	ship	船	船
버스	bus	バス	巴士/公交车
버스 노선도	bus route map	バス路線図	公交车线路图
버스 정류장	bus stop	バス停	公交车站
벨	bell	降車ボタン	电铃
비행기	airplane	飛行機	飞机
새마을호	Saemaeul Train	セマウル号(汽車名)	新乡村号（韩国火车类型之一）
선착장	dock, pier, wharf	乗船場	码头
손잡이	handle, strap	手すり	把手
시내버스	intra-city bus	市内バス	市内巴士
시외버스	intercity bus	市外バス	郊区巴士
요금함	fare box	料金箱	投币箱
우등버스	premium bus	優等バス	优等巴士
일반버스	general bus	一般バス	一般巴士
자리	seat	席	位置
잔액	balance	残額	余额
전철	subway	電車	电铁
전철역	subway station	(電車)駅	电铁站
좌석	seat	座席	座位
좌석버스	express city bus	座席バス	座席巴士
지하철	subway	地下鉄	地铁
지하철역	subway station	(地下鉄)駅	地铁站
카드 단말기	card reader	カード端末機	刷卡机
KTX	Korea Train eXpress	韓国高速鉄道	KTX（韩国火车类型之一）
택시	taxi	タクシー	的士
택시 승강장	taxi stand	タクシー乗り場	出租车乘坐站
환승역	transfer station	乗り換え駅	换乘站
부족하다	to be insufficient[short of]	足りない	不足
교통카드를 대다	to touch a transportation card	交通カードをタッチする	刷交通卡
교통카드를 충전하다	to charge a transportation card	交通カードにチャージする	交通卡充值
버스를 타다	to take a bus	バスに乗る	乘公交车
벨을 누르다	to press[ring] the bell	降車ボタンを押す	按电铃
잔액이 부족하다	the balance is insufficient	残額が足りない	余额不足
지하철로 갈아타다	to transfer to a subway	地下鉄に乗り換える	换乘地铁
지하철에서 내리다	to get off a subway	地下鉄を降りる	下地铁

13 식당　Restaurant ｜ 食堂 ｜ 食堂，餐厅

국	soup	汁・スープ	汤
그릇	bowl, dish	器	碗
냅킨	napkin	ナプキン	餐巾纸
메뉴판	menu	メニュー	菜单
물수건	wet towel	おしぼり	湿毛巾

반찬	side dish	おかず	饭馔，俗称伴菜，小菜
밥	cooked[boiled] rice	ご飯	米饭
분식집	snack bar	大衆食堂	面馆
불판	grill	鉄板	烧烤盘
삼겹살	pork belly, bacon	サムギョプサル	五花肉
상추	lettuce	レタス	生菜
숟가락	spoon	スプーン	勺子
인분	serving, portion	～人前	人份
일식집	Japanese restaurant	日本料理店	日本餐厅
젓가락	chopsticks	箸	筷子
중국집	Chinese restaurant	中華料理店	中餐厅
찌개	jjigae, stew	チゲ	浓汤
패밀리 레스토랑	family restaurant	ファミリーレストラン	餐厅（类似于自助餐厅）
패스트푸드점	fast-food restaurant	ファーストフード店	快餐店
한식집	Korean restaurant	韓国料理店	韩餐厅

14 미용실　Beauty Salon ｜ 美容院 ｜ 美容院

가위	scissors	はさみ	剪刀
거울	mirror	鏡	镜子
뒷머리	back hair	後ろ髪	后脑勺
드라이어	hair drier	ドライヤー	吹风机
린스	hair conditioner	リンス	护发素
미용사	hairdresser, hairstylist	美容師	美发师
빗	comb	くし	梳子
생머리	straight hair	ストレートヘア	直发
샴푸	shampoo	シャンプー	洗发水
스프레이	hair spray	スプレー	头发定型喷雾
앞머리	fringe	前髪	刘海
왁스	hair wax	ワックス	发蜡
다듬다	to trim	整える	修剪
드라이하다	to blow-dry	乾かす	吹干
묶다	to tie hair	結ぶ	绑，扎
빗다	to comb, to brush	（髪を）とかす	梳
뿌리다	to spray	つける	喷，洒
염색하다	to dye	染める	染色
파마하다	to get one's hair permed	パーマをかける	烫发
머리띠를 하다	to wear a hairband	ヘアバンドをする	戴发箍/发带
머리를 감다	to wash one's hair	髪を洗う	洗头发
비슷하게 해 주세요	I would like my hair to look like this please	似たようにしてください	请给我做相似的（发型）。
어떻게 해 드릴까요?	What style would you like	どうなさいますか	您想做什么样的（发型）呢？
왁스를 바르다	to apply hair wax	ワックスをつける	打发蜡
핀을 꽂다	to put a hairpin	ピンをつける	戴发卡

index

배달하다	to be deliver	配達する	配送/邮递（他动词）
할인받다	to get a discount	割引してもらう	享受折扣
할인하다	to offer a discount	割引する	打折
무료로	for free	無料で	免费
맛을 보다	to taste	味見する	试吃，尝试
장을 보다	to go grocery shopping	買物する	赶集，买东西

17 은행　Bank ｜ 銀行 ｜ 银行

경비원	security guard	警備員	警卫员
스마트폰 뱅킹	smartphone banking	スマートフォンバンキング	智能手机网上银行
신분증	ID card	身分証明書	身份证
신청서	application form	申込書	申请书
인터넷 뱅킹	Internet banking	インターネットバンキング	网上银行
자동현금인출기(ATM)	automated teller machine	現金自動預払機	自动取款机
창구	counter, teller's window	窓口	窗口
체크카드	debit[check] card	デビットカード	借记卡（check card）
텔레뱅킹	telebanking	テレフォンバンキング	电话银行
통장	bankbook, passbook	通帳	存折
핸드폰 요금	cell phone bill	携帯電話料金	手机话费
현금카드	cash card	キャッシュカード	现金卡
확인	confirmation	確認	确认
신청하다	to make an application	申し込む	申请
환전하다	to exchange	両替する	换钱
공과금을 내다	to pay utility bills	税金を払う	缴纳公共事业费
돈을 찾다/뽑다	to withdraw money	お金を引き出す	取钱
돈을 바꾸다	to change the money	両替する	换钱
버튼을 누르다	to press a button	ボタンを押す	按电钮
번호표를 뽑다	to pick a number ticket	番号札を引く	取号
비밀번호를 누르다	to enter the password	暗証番号を押す	按密码
비밀번호를 잊어버리다	to forget the password	暗証番号を忘れる	忘记密码
신분증을 보여 주다	to show one's ID	身分証明書を見せる	出示身份证
신청서를 작성하다	to fill out an application form	申込書を作成する	填写申请书
통장을 만들다	to open a bank account	口座を開設する	开户

18 공항　Airport ｜ 空港 ｜ 机场

공항 리무진	airport limousine	リムジンバス	机场巴士
라운지	lounge	ラウンジ	（宾馆、剧场、机场等的）休息室
면세점	duty free shop	免税店	免税店
셀프 체크인	self check-in	セルフチェックイン	自助登记
안내 데스크	information desk	案内所	咨询台
여행객	traveler	旅行客	游客
입국 심사	(entrance) immigration	入国審査	入境审查
체크인 카운터	check-in counter	チェックインカウンター	登机台
추가요금	additional charge	追加料金	额外费用

index

출국 심사	(departure) immigration	出国審査	出境审查
카트	cart, trolley	カート	手推车
탑승권	boarding pass	搭乗券	登机牌
항공사 직원	airline personnel	航空会社の職員	航空公司职员
환전소	currency exchange office	両替所	换钱所
초과하다	to exceed	超過する	超过, 超出
비행기를 타다	to board[get on] a plane	飛行機に乗る	坐飞机
비행기에서 내리다	to get off a plane	飛行機を降りる	下飞机
요금을 지불하다	to pay a fee	料金を払う	支付费用
입국 심사를 받다	to go through immigration	入国審査を受ける	接受入境审查
짐을 부치다	to check in one's baggage	荷物を送る	寄行李
짐을 빼다	to lighten a baggage, to take some away from a baggage	荷物を減らす	减行李
짐을 찾다	to pick up one's baggage	荷物を受け取る	提取行李
출구로 나오다	to come out of an exit	出口に出る	从出口出来
출국 심사를 받다	to go through departure immigration	出国審査を受ける	接受出境审查
탑승권을 확인하다	to check a boarding pass	搭乗券を確認する	确认登机牌

19 커피숍 | Coffee Shop | コーヒーショップ | 咖啡厅

냅킨	napkin	ナプキン	餐巾纸
녹차	green tea	緑茶	绿茶
메뉴	menu	メニュー	菜单
물티슈	wet towel	ウェットティッシュ	湿巾纸
빨대	straw	ストロー	吸管
샌드위치	sandwich	サンドイッチ	三明治
설탕	sugar	砂糖	砂糖
세트	combo	セット	套, 份
시나몬	cinnamon	シナモン	肉桂粉
시럽	syrup	シロップ	糖浆
아메리카노	americano	アメリカーノ	美式咖啡
아이스 아메리카노	iced americano	アイスアメリカーノ	冰美式咖啡
오렌지주스	orange juice	オレンジジュース	橙汁
와플	waffle	ワッフル	华夫饼
접시	dish, plate	皿	盘子, 碟子
주스	juice	ジュース	果汁
진동벨	vibration alarm	振動ベル(注文した商品が出来上がったことを知らせるベル)	振动铃
차	tea	お茶	茶
초콜릿	chocolate	チョコレート	巧克力
카페라떼	caffe latte	カフェラテ	拿铁咖啡
칼	knife	ナイフ	刀
커피	coffee	コーヒー	咖啡
케이크	cake	ケーキ	蛋糕
쿠폰	coupon	ポイントカード	优惠券
키위주스	kiwi juice	キウィジュース	猕猴桃汁

토스트	toast	トースト	吐司
포크	fork	フォーク	餐叉
할인 카드	discount card	割引カード	打折卡
햄버거	hamburger	ハンバーガー	汉堡包
홍차	black tea	紅茶	红茶
넣다	to put (in)	入れる	放（进）
데우다	to warm (up)	温める	加热
리필하다	to refill	おかわりする	续杯
빼다	to except, to take away	抜く(入れない)	拿掉，减去
울리다	to ring	鳴る	响
주문하다	to order	注文する	点（菜），下单
테이크아웃하다	to take out	テイクアウトする	打包
할인하다	to offer a discount	割引する	打折
진동벨이 울리다	the vibration alarm is activated	振動ベルが鳴る	振动铃响了

20 백화점　Department Store ｜ デパート ｜ 百货商店

가방	bag	かばん	包
가전제품	home appliances	家電製品	家用电器
고객	customer	お客様	顾客
고객센터	customer service center	お客様センター	客服中心
남성복	men's wear	紳士服	男装
멤버십 카드	membership card	メンバーシップカード	会员卡
명품관	luxury boutique	ブランド品売り場	名品馆
무이자 할부	interest-free installment plan	手数料なしの分割払い	无利息分期付款
문화센터	cultural center	文化センター	文化中心
보석	jewelry	宝石	宝石
세일 기간	discount period	セール期間	促销期间
숙녀복	women's wear	婦人服	淑女装
스포츠용품	sporting goods	スポーツ用品	体育用品
식품	food, groceries	食料品	食品
신발	shoes	靴	鞋子
신사복	men's wear	紳士服	绅士装，即男装
안내 데스크	information desk	インフォーメーションデスク	咨询服务台
액세서리	accessories	アクセサリー	首饰
아동복	children's wear	子供服	儿童装
에스컬레이터	escalator	エスカレーター	自动扶梯
엘리베이터	elevator	エレベーター	电梯
영캐주얼	young casual	ヤングカジュアル	休闲装
유아복	baby wear	ベビー服	婴儿装
전문 식당가	food court	レストラン街	专门美食街
주차장	parking lot	駐車場	停车场
직원	staff, personnel	店員	职员
탈의실	fitting room	試着室	更衣室
포장 코너	gift-wrapping service corner	ラッピングカウンター	包装中心
행사장	event hall	イベントホール	促销活动区

index

현금 영수증	cash receipt	現金領収証	现金发票
화장품	cosmetics	化粧品	化妆品
회원 서비스센터	membership service center	会員サービスセンター	会员服务中心
할인하다	to offer a discount	割引する	打折

21 병원　Hospital | 病院 | 医院

가루약	powdered medicine	粉薬	药粉
건강 보험증	medical insurance card	健康保険証	医疗保险证
내과	internal[general] medicine	内科	内科
링거	Intravenous(IV)	点滴	输液
물약	liquid medicine	シロップ剤	药水
병실	sickroom	病室	病房
병원 로비	hospital lobby	病院のロビー	医院大厅
산부인과	obstetrics and gynecology, ob-gyn	産婦人科	妇产科
소아과	pediatrics	小児科	儿科
수납처	reception desk	会計窓口	收费处
수술실	operating room	手術室	手术室
안과	ophthalmic clinic	眼科	眼科
알약	tablet	錠剤	药丸
응급실	emergency room	救急医療センター	急救室
이비인후과	ENT clinic	耳鼻咽喉科	耳鼻喉科
정형외과	orthopedics	整形外科	骨外科
주사	injection	注射	注射
주사실	injection room	注射室	注射室
진찰실	doctor's office, examination room	診察室	诊疗室
처방전	prescription	処方せん	处方单
체온계	thermometer	体温計	体温计
치과	dental clinic	歯科	牙科
피부과	dermatologist clinic	皮膚科	皮肤科
약을 먹다	to take medicine	薬を飲む	吃药
접수하다	to register	受付をする	登记
링거를 맞다	to get an IV	点滴をする	输液，打点滴
주사를 맞다	to get an injection	注射をする	打针
진찰을 받다	to see a doctor, have a check-up	診察を受ける	接受诊断
처방전을 내다	to prescribe	処方せんを出す	开药方
처방전을 받다	to get a prescription	処方せんをもらう	拿到处方单
체온을 재다	to take one's temperature	体温を測る	测体温

22 일생　Lifetime | 一生 | 一生

고등학교	high[secondary] school	高校	高中
대학교	university, college	大学	大学
대학생활	college life	大学生活	大学生活
돌잔치	first-birthday party	トルジャンチ (満1才の誕生日パーティー)	周岁宴
동아리	club, society	サークル	社团

수능 시험	college scholastic ability test	大学修学能力試験 (大学共通の入学試験)	入学能力考试。
일	work	仕事	事情，工作
전공	major	専攻	专业
중학교	middle[junior-high] school	中学校	初中
초등학교	elementary school	小学校	小学
회사	company	会社	公司
결혼하다	to get married	結婚する	结婚
마치다	to finish, to complete	終える	结束，完成
입학하다	to enter a school	入学する	入学
제대하다	to discharge	除隊する	退伍
졸업하다	to graduate	卒業する	毕业
태어나다	to be born	生まれる	出生
군대에 가다	to join the military	軍隊に行く	入军队，入伍
돌잔치를 하다	to have a first-birthday party	トルジャンチをする	摆周岁宴
세상을 떠나다	to pass away	この世を去る	离世，去世
아이를 낳다	to give birth to a child	子どもを産む	生小孩儿
중학교에 들어가다	to enter middle school	中学校に入る	进初中

23 가족　Family｜家族｜家族, 家人

고모	aunt (father's sister)	父の姉妹	姑母
고모부	uncle (father's sister's husband)	父の姉妹の夫	姑父
사촌 누나/언니	elder female cousin	年上の女のいとこ	表姐
사촌 동생	younger cousin	年下のいとこ(男女両方)	堂弟
사촌 형	elder mail cousin	年上の男のいとこ/年下のいとこ (男女両方)	堂兄
쌍둥이	twins	双子	双胞胎
아버지	father	父	父亲，爸爸
외사촌	maternal cousin	母方のいとこ	表兄弟，表姐妹
외삼촌	uncle (mother's brother)	母の兄弟	舅舅
외숙모	aunt (mother's brother's wife)	母の兄弟の妻	舅母
외할머니	maternal grandmother	母方の祖母	外婆
외할아버지	maternal grandfather	母方の祖父	外公
이모	aunt (mother's sister)	母の姉妹	姨母
이모부	uncle (mother's sister's husband)	母の姉妹の夫	姨父
큰아버지	uncle (father's elder brother)	父の兄	大伯
큰어머니	uncle (father's elder brother's wife)	父の兄の妻	伯母, 大妈
할머니	grandmother	父方の祖母	奶奶
할아버지	grandfather	父方の祖父	爷爷

24 신체　Body｜身体｜身体

가슴	chest, breast	胸	胸
간	liver	肝臓	肝
귀	ear	耳	耳朵
눈	eye	目	眼睛

뇌	brain	脳	大脑
다리	leg	足	腿
머리	head	頭	头
목	neck	首	喉咙
몸	body	体	身体
발	foot	足	脚
발가락	toe	足の指	脚趾
발톱	toenail	足の爪	脚趾甲
배	stomach, belly	腹	肚子
손	hand	手	手
손가락	finger	指	手指
손톱	nail	爪	手指甲
심장	heart	心臓	心脏
어깨	shoulder	肩	肩膀
얼굴	face	顔	脸
엉덩이	hip	尻	屁股，臀部
이	tooth	歯	牙齿
입	mouth	口	嘴巴
장	intestine, bowel, gut	腸	肠
코	nose	鼻	鼻子
팔	arm	腕	手臂
폐	lung	肺	肺
허리	waist	腰	腰
인사하다	to bow	挨拶する	打招呼
눈을 감다	to close one's eyes	目を閉じる	闭眼睛
립스틱을 바르다	to put on lipstick	口紅を塗る	涂口红
머리카락을 빗다	to comb one's hair	髪の毛をとかす	梳头发
손을 잡다	to hold hands	手を握る	牵手
숨을 쉬다	to breathe	息をつく	呼吸
심장이 뛰다	to heart beats	心臓が鼓動する	心跳，心脏跳动
음식을 씹다	to chew food	食べ物を噛む	咀嚼食物
코를 풀다	to blow one's nose	鼻をかむ	擤鼻涕
허리를 굽히다	to bend the body[back]	腰をかがめる	弯腰，鞠躬

25 외모　Appearance ｜ 外貌 ｜ 外貌

쌍꺼풀	double eyelid	二重まぶた	双眼皮
이상형	ideal man/woman	理想のタイプ	理想型
입술	lips	唇	嘴唇
점	spot	ほくろ	痣
귀엽다	to be cute	可愛い	可爱
길다	to be long	長い	长
날씬하다	to be slim	すらっとしている	苗条
낮다	to be flat, to be low	低い	矮
높다	to be high, to be tall	高い	高
동그랗다	to be round	丸い	圆

두껍다	to be thick	厚い	厚
뚱뚱하다	to be overweight, to be fat	太っている	胖
마르다	to be thin, to be skinny	痩せている	瘦
멋있다	to be nice	かっこいい	帅
못생기다	to be ugly	不細工だ	长得丑
얇다	to be thin	薄い	薄
예쁘다	to be pretty	きれいだ	漂亮
작다	to be small	小さい	小
잘생기다	to be handsome	ハンサムだ	长得漂亮，长得帅
체격이 좋다	to be well-built	体格がいい	体格好
크다	to be big	大きい	大
키가 작다	to be short (height)	背が低い	个子小，个子矮
키가 크다	to be tall (height)	背が高い	个子大， 个子高

26 병　Illness | 病 | 病

감기약	medicine for cold	風邪薬	感冒药
깁스	plaster cast	ギブス	石膏
두통약	headache pill	頭痛薬	头痛药
밴드	Band-Aid	絆創膏	创口贴
소화제	medicine for digetion	消化薬	消化剂
안약	eye drops	目薬	眼药
연고	ointment	軟膏	药膏，软膏
증상	symptom	症状	症状
지사제	antidiarrheal	下痢止め	止泻药
질병	disease, illness	病気	疾病
처방	prescription	処方	处方
파스	medicated patch	湿布	膏贴 ，膏药
가렵다	to be itchy	かゆい	痒
기침하다	to cough	咳をする	咳嗽
깁스하다	to wear a cast	ギブスをする	打石膏
다치다	to get hurt, to be injured	怪我をする	摔伤
감기에 걸리다	to catch a cold	風邪を引く	染上感冒
교통사고가 나다	to have a car accident	交通事故に遭う	出交通事故
기침이 나다	to cough	咳が出る	咳嗽
눈병이 나다	to have an eye disease	目の病気にかかる	得眼病
눈이 가렵다	to have itchy eyes	目がかゆい	眼睛痒
눈이 빨갛다	to have red eyes	目が赤い	眼睛红了
다리가 부러지다	to break one's leg	足を骨折する	腿折了
두드러기가 나다	to have a rash	じんましんが出る	起风疹
목이 붓다	to have swollen throat	喉が腫れる	咽喉肿
머리가 아프다	to have a headache	頭が痛い	头疼
무릎에서 피가 나다	my knee is bleeding	膝から血が出る	膝盖出血
발목을 삐다	to sprain one's ankle	足首を捻挫する	崴了脚踝
배가 아프다	to have a stomach ache	お腹が痛い	肚子疼
배탈이 나다	to have an upset stomach	お腹をこわす	腹泻

밴드를 붙이다	to put on a bandaid	絆創膏を貼る	贴创口贴
소화가 안 되다	to have trouble with digestion	消化できない	消化不良
설사하다	to have diarrhoea	下痢する	拉肚子
안약을 넣다	to apply eye drops	目薬を挿す	滴眼药水
연고를 바르다	to apply ointment	軟膏を塗る	抹软膏
열이 나다	to have a fever	熱が出る	发烧
이가 썩다	to tooth decay	虫歯になる	长蛀牙
이가 아프다	to have a toothache	歯が痛い	牙疼
잇몸에서 피가 나다	to one's gums are bleeding	歯茎から血が出る	牙龈出血
잇몸이 붓다	to one's gums are swollen	歯茎が腫れる	牙龈肿了
체하다	to have an upset stomach	胸焼けする	积食
칼에 손가락을 베다	to cut one's finger on a knife	ナイフで指を切る	被刀割伤了手指头
코가 막히다	to one's nose is stuffy	鼻がつまる	鼻塞
콧물이 나오다	to have a runny nose	鼻水が出る	流鼻涕，鼻涕流出来了
파스를 붙이다	to put on a medicated patch	湿布を貼る	贴膏药
피부병이 나다	to have a skin disease	皮膚病になる	得皮肤病

27 감정　Feelings | 感情 | 感情

고맙다	to be grateful, to be thankful	ありがたい	谢谢
기쁘다	to be glad, to be pleased	嬉しい	高兴，愉快
놀라다	to be surprised	驚く	吃惊
다행이다	to be fortunate, to be relieved	幸いだ・よかった	幸亏，庆幸
무섭다	to be scared	怖い	害怕
미안하다	to be sorry	すまない	对不起，抱歉
부끄럽다	to be shy, to be ashamed	恥ずかしい	害羞，惭愧
슬프다	to be sad	悲しい	伤心，难过
심심하다	to be bored	退屈だ	无聊
외롭다	to be lonely	寂しい	孤独，孤单
재미있다	to be fun	面白い	有趣，有意思
좋아하다	to like	好きだ	喜欢
행복하다	to be happy	幸せだ	幸福
기분이 나쁘다	to feel bad	気分が悪い	心情坏
화가 나다	to get angry	腹が立つ	发火，生气

28 나라, 사람, 언어　Country, People, Language | 国、人、言語 | 国家，人，语言

나이지리아	Nigeria	ナイジェリア	尼日利亚
남극	South Pole	南極	南极
남아메리카	South America	南アメリカ	南美洲
남아프리카공화국	the Rep. of South Africa	南アフリカ共和国	南非共和国
뉴질랜드	New Zealand	ニュージーランド	新西兰
대만	Taiwan	台湾	台湾
독일	Germany	ドイツ	德国
러시아	Russia	ロシア	俄国
멕시코	Mexico	メキシコ	墨西哥

몽골	Mongolia	モンゴル	（外）蒙古
문자	letter	文字	文字
미국	USA	アメリカ	美国
베트남	Vietnam	ベトナム	越南
북극	North Pole	北極	北国
북아메리카	North America	北アメリカ	北美洲
브라질	Brazil	ブラジル	巴西
사우디아라비아	Saudi Arabia	サウジアラビア	沙特阿拉伯
수도	capital	首都	首都
스위스	Switzerland	スイス	瑞士
스페인	Spain	スペイン	西班牙
아르헨티나	Argentina	アルゼンチン	阿根廷
아시아	Asia	アジア	亚洲
아프리카	Africa	アフリカ	非洲
언어	language	言語	语言
영국	England, UK	イギリス	英国
오세아니아	Oceania	オセアニア	大洋洲
유럽	Europe	ヨーロッパ	欧洲
이탈리아	Italy	イタリア	意大利
인도	India	インド	印度
일본	Japan	日本	日本
중국	China	中国	中国
캐나다	Canada	カナダ	加拿大
케냐	Kenya	ケニア	肯尼亚
태국	Thailand	タイ	泰国
터키	Turkey	トルコ	土耳其
특징	feature, characteristic	特徴	特征
프랑스	France	フランス	法国
필리핀	Philippines	フィリピン	菲律宾
호주	Australia	オーストラリア	澳洲

29 도시와 시골   City and Country | 都市と田舎 | 城市与乡下

가로등	street light	街灯	路灯，街灯
공기	air	空気	空气
공원	park	公園	公园
네온사인	neon sign	ネオン	霓虹灯
논	rice paddy	田んぼ	稻田
도로	road, street	道路	道路
마을	town	村	村子
밭	field, farm	畑	田地
정류장	(bus) stop, station	停留所	停车站
비닐하우스	vinyl greenhouse	ビニールハウス	塑料大棚
빌딩	building	ビル	大厦，大楼
산	mountain	山	山
쇼핑센터	shopping center	ショッピングセンター	购物中心

index

숲	forest	森	树丛
시골	country, rural area	田舎	乡下，农村
시내	downtown	小川	市内
시냇가	streamside	小川のほとり	溪边，河畔
언덕	hill	丘	山坡
원두막	shed, hut	番小屋	瓜棚
주차장	parking lot	駐車場	停车场
지하철역	subway station	(地下鉄)駅	地铁站
허수아비	scarecrow	かかし	稻草人

30 동물　Animals　|　動物　|　动物

강아지	puppy, (small) dog	子犬	小狗
개	dog	犬	狗
거북이	turtle, tortoise	亀	乌龟
고양이	cat	猫	猫
기린	giraffe	キリン	长颈鹿
나뭇잎	leaf	木の葉	树叶
닭	chicken, hen, rooster	鶏	鸡
동물	animal	動物	动物
동물원	zoo	動物園	动物园
돼지	pig	豚	猪
망아지	foal, colt	子馬	马驹
말	horse	馬	马
물고기	fish	魚	鱼
뱀	snake	蛇	蛇
병아리	chick	ひよこ	小鸡，雏鸡
사자	lion	ライオン	狮子
새	bird	鳥	鸟
새끼	young, baby	(動物の)子	(动物的）崽子
소	cow	牛	牛
송아지	calf	子牛	牛犊
악어	crocodile, alligator	ワニ	鳄鱼
양	sheep	羊	羊
오리	duck	あひる	鸭子
원숭이	monkey	猿	猴子
캥거루	kangaroo	カンガルー	袋鼠
코끼리	elephant	象	大象
코알라	koala	コアラ	考拉，树袋熊
토끼	rabbit	ウサギ	兔子
판다	panda	パンダ	熊猫
호랑이	tiger	虎	老虎
기르다	to raise, to breed	飼う	喂养，饲养
울다	to cry	泣く	哭
즐겁다	to be pleasant	楽しい	开心
꼬꼬댁	cluck, cackle	コケコッコー(鶏の鳴き声)	咯咯咯（鸡叫的声音）

꽥꽥	quack-quack	ガーガー（アヒルの鳴き声）	呱呱，嘎嘎（鹅、鸭叫的声音）
꿀꿀	oink-oink	ブーブー（豚の鳴き声）	哼哼（猪发出的声音）
멍멍	bow-wow	ワンワン（犬の鳴き声）	汪汪（狗叫的声音）
사이좋게	friendly, in harmony	仲良く	友好地，亲密地
야옹	meow	ニャオーン（猫の鳴き声）	喵喵（指猫叫的声音）
음매	moo	モー（牛の鳴き声）	哞哞（牛叫的声音）
짹짹	tweet tweet	チュンチュン（雀の鳴き声）	喳喳（鸟叫的声音）
동물을 기르다	to raise[breed] an animal	動物を飼う	喂养动物

31 식물 Plants ｜ 植物 ｜ 植物

개나리	forsythia	レンギョウ	迎春花
국화	chrysanthemum	菊	菊花，秋菊
금잔화	marigold	キンセンカ	金盏花
꽃	flower	花	花
(나뭇)가지	branch	(木の)枝	树枝
(나뭇)잎	leaf	木(こ)の葉	树叶
느티나무	zelkova tree	ケヤキ	榉树
단풍나무	maple tree	カエデ	枫树
대나무	bamboo	竹	竹子
동백꽃	camellia	ツバキの花	山茶花
무궁화	Hibiscus syriacus, Rose of Sharon	ムクゲ	木槿花
백합	lily	百合	百合
버드나무	willow tree	柳	柳树
벚꽃	cherry blossom	桜	樱花
봉선화	garden balsam	ホウセンカ	凤仙花
뿌리	root	根	根
소나무	pine tree	松	松树
수선화	narcissus, daffodil	スイセン	水仙花
심다	to plant	植える	种，种植，栽种
씨	seed	種	种子
어버이날	Parents' Day	両親の日	双亲节（韩国节日，5月8号）
연꽃	lotus flower	蓮の花	莲花
열매	fruit	実	果实
유채꽃	rape blossoms	菜の花	油菜花
은행나무	ginkgo, maidenhair tree	イチョウ	银杏树
잔디	grass, lawn	芝生	草坪
장례식장	funeral hall[home]	葬儀場	殡仪馆
장미	rose	薔薇	玫瑰
진달래	azalea	ツツジ	金达莱花
카네이션	carnation	カーネーション	康乃馨
코스모스	cosmos	コスモス	大波斯菊
풀	grass	草	草
화분	flowerpot	植木鉢	花盆
자라다	to grow	育つ	生长

32 과일과 채소	Fruits and Vegetables	果物や野菜	水果和蔬菜
가을	fall, autumn	秋	秋天
감	persimmon	柿	柿子
감자	potato	じゃがいも	土豆
겨울	winter	冬	冬天
계절별 과일	seasonal fruits	旬の果物	季节性水果
고구마	sweet potato	さつまいも	地瓜，番薯
고추	chilli pepper	とうがらし	辣椒
과일	fruit	果物	水果
귤	mandarin, tangerine	みかん	橘子
깻잎	perilla leaf	エゴマの葉	芝麻叶
당근	carrot	にんじん	胡萝卜
딸기	strawberry	苺	草莓
레몬	lemon	レモン	柠檬
마늘	garlic	ニンニク	大蒜
망고	mango	マンゴー	芒果
무	daikon, white radish	大根	（白）萝卜
바나나	banana	バナナ	香蕉
방울토마토	cherry tomato	ミニトマト	圣女果，小西红柿
배	pear	梨	梨
배추	Chinese cabbage	白菜	白菜
버섯	mushroom	キノコ	蘑菇
복숭아	peach	桃	桃(子)
봄	spring	春	春天
사과	apple	りんご	苹果
상추	lettuce	レタスの一種	生菜
수박	water melon	スイカ	西瓜
수입 과일	imported fruits	外国産の果物	进口水果
양파	onion	玉ねぎ	洋葱
여름	summer	夏	夏天
오렌지	orange	オレンジ	橙子
오이	cucumber	キュウリ	黄瓜
옥수수	corn	トウモロコシ	玉米
자몽	grapefruit	グレープフルーツ	葡萄柚，西柚
참외	oriental melon	マクワウリ	甜瓜
채소	vegetable	野菜	蔬菜
체리	cherry	チェリー	樱桃
콩	ean	豆	豆
콩나물	bean sprouts	豆もやし	豆芽
키위	kiwi	キウイ	猕猴桃
토마토	tomato	トマト	西红柿
파	Welsh onion, green onion	ネギ	葱
파인애플	pineapple	パイナップル	菠萝
포도	grape	ぶどう	葡萄
호박	zucchini, pumpkin	かぼちゃ	南瓜

개	unit, piece	〜個	个（量词）
그램(g)	gram	グラム	克（量词）
단	bundle, bunch	〜把	捆，束（量词）
송이	bunch, cluster	〜房	朵，枝
어치	worth	〜分・程度	表示买卖相当于若干钱数的东西，相当于"…的"。
통	head	〜玉	棵（白菜等），个（西瓜等）

33 한국 지리　Korean Geography ｜ 韓国の地理 ｜ 韩国地理

갈비	rib	カルビ	排骨
강원도	Gangwon-do	江原道	江原道
경기도	Gyeonggi-do	京畿道	京畿道
경복궁	Gyeongbokgung Palace	景福宮	景福宮
경상남도	Gyeongsangnam-do	慶尚南道	庆尚北道
경상북도	Gyeongsangbuk-do	慶尚北道	庆尚北道
경주	Gyeongju	慶州	庆州
광주광역시	Gwangju Metropolitan City	光州広域市	光州广域市
남해	Namhae	南海	南海
닭갈비	stir-fried chicken ribs	タッカルビ	鸡排骨
대구광역시	Daegu Metropolitan City	大邱広域市	大邱广域市
대전광역시	Daejeon Metropolitan City	大田広域市	大田广域市
막국수	makguksu, buckwheat noodles	マッククス	凉拌荞麦面
바다	sea	海	大海
보령 머드 축제	Boryeong Mud Festival	保寧マッドフェスティバル	保宁泥浆节
부산광역시	Busan Metropolitan City	釜山広域市	釜山广域市
불국사	Bulguksa Temple	仏国寺	佛国寺
비빔밥	bibimbap	ビビンバ	拌饭
서울특별시	Seoul Metropolitan City	ソウル特別市	首尔特别市
서해	the West[Yellow] Sea	西海	西海
석굴암	Seokguram Grotto	石窟庵	石窟庵
섬	island	島	岛
수도	capital	首都	首都
수원	Suwon	水原	水原
안동	Andong	安東	安东
여의도 불꽃 축제	Yeouido Fireworks Festival	汝矣島花火祭り	汝矣岛烟花节
울릉도	Ulleungdo Island	鬱陵島	郁陵岛
울산광역시	Ulsan Metropolitan City	広域市	蔚山广域市
유적지	historic site	遺跡地	遗址
이천 도자기 축제	Icheon Ceramics Festival	利川陶磁器祭り	利川陶瓷节
인천광역시	Incheon Metropolitan City	仁川広域市	仁川广域市
전라남도	Jeollanam-do	全羅南道	全罗南道
전라북도	Jeollabuk-do	全羅北道	全罗北道
전주	Jeonju	全州	全州
제주도	Jeju-do	済州道	济州岛
지도	map	地図	地图

index

진해 벚꽃 축제	Jinhae Cherry Blossoms Festival	鎮海桜祭り	鎮海櫻花节
찜닭	jjimdak, marinated chicken stew	チムタク(鶏肉のピリ辛煮込み)	大盘酱鸡
춘천	Chuncheon	春川	春川
충청남도	Chungcheongnam-do	忠清南道	忠清南道
충청북도	Chungcheongbuk-do	忠清北道	忠清北道
포천	Pocheon	抱川	抱川（市）
한강	Han River	漢江	汉江
한라산	Hallasan Mountain	漢拏山	汉拿山
해수욕장	bathing beach	海水浴場	海水浴场
화성	Hwaseong Fortress	華城(城壁・城郭)	华城（市）
유명하다	to be famous	有名だ	有名

34 여행 Travel | 旅行 | 旅游

관광 안내소	tourist information	観光案内所	旅游咨询处
광고	advertisement	広告	广告
국내 여행	domestic travel	国内旅行	国内旅游
매주	every week	毎週	每周
무료	free (of charge)	無料	免费
배낭	backpack	リュックサック・バックパック	背包
배낭여행	backpacking	バックパック旅行	背包旅行
비자	visa	ビザ	签证
사우나	sauna	サウナ	桑拿
수영장	swimming pool	プール	游泳场
시티투어	city tour[sightseeing]	シティツアー	城市观光
신혼여행	honeymoon	新婚旅行	新婚旅游，蜜月旅行
여권	passport	パスポート	护照
여행	travel, trip	旅行	旅游，旅行
여행 가방	suitcase	旅行かばん	旅行包
여행비	travel expense	旅行費	旅行费用
여행 상품	tour package	旅行商品	旅行商品
여행자 보험비	traveler's insurance premium	旅行者保険費	旅行者保险费
여행 책자	travel brochure	旅行パンフレット・ガイドブック	旅游手册
관광하다	to go sightseeing	観光する	观光
제공하다	to provide	提供する	提供
출발하다	to depart, to leave, to set off	出発する	出发
포함되다	to be included	含まれる	包含
필요하다	to be necessary	必要だ	需要
2박 3일	two nights and three days	2泊3日	3天2夜

35 여행 장소 Places to travel | 旅行の場所 | 旅行场所

강	river	川・河	江
경치	scenary, view	景色	风景，景色
관광지	tourist attraction	観光地	观光地, 旅游胜地
국립공원	national park	国立公園	国立公园

동대문 시장	Dongdaemun Market	東大門市場	东大门市场
드라마 촬영지	filming location	ドラマの撮影地	电视剧拍摄地
등산 코스	hiking course[route]	登山コース	登山路线
명동	Myeong-dong	明洞	明洞
문화 유적지	cultural heritage site	文化遺跡地	文化遗址
바닷가	beach	海辺	海滩
박물관	museum	博物館	博物馆
선탠	suntan, tanning	日焼け	日光浴
섬	island	島	岛
수영	swimming	水泳	游泳
유적	ruins	遺跡	遗迹
낚시하다	to fish	釣りをする	钓鱼
물놀이하다	to play in the water	水遊びをする	玩水
래프팅을 하다	to go rafting	ラフティングをする	漂流运动
캠핑을 하다	to go camping	キャンプをする	露营
텐트를 치다	to set up a tent	テントを張る	搭帐篷, 支帐篷

36 여행과 교통 1　Travel and Transportation 1　|　旅行と交通 1　|　旅行和交通 1

기차	train	汽車	火车
도보	walking	徒歩	徒步
렌터카	rent-a-car	レンタカー	租赁车
비행기	airplane	飛行機	飞机
오토바이	motorcycle	オートバイ	摩托车
올레길	Olle (pathway)	オルレキル(済州島の散策路)	(济州岛的) 偶来路
요트	yacht, sailboat	ヨット	快艇
유람선	cruise ship	遊覧船	游船
자전거	bycicle	自転車	自行车
전철	subway	電車	电铁
택시	taxi	タクシー	的士
헬리콥터	helicopter	ヘリコプター	直升飞机

37 여행과 교통 2　Travel and Transportation 2　|　旅行と交通 2　|　旅行和交通2

공항 리무진 버스	airport limousine bus	リムジンバス	机场巴士
교통 카드	transportation card	交通カード	交通卡
김포공항	Gimpo International Airport	金浦空港	金浦机场
대중교통	public transportation	公共交通機関	大众交通
버튼	button	ボタン	按钮
보호 장비	protective gear	保護装備	防护装备
식당 칸	dining section	食堂車	餐车
인천공항	Incheon International Airport	仁川空港	仁川机场
자전거 전용 도로	bicycle lane	サイクリング・ロード	自行车专用车道
출근시간	morning rush hour	出勤時間	上班时间
퇴근시간	evening rush hour, the closing hours	退勤時間	下班时间
편의점	convenient store	コンビニ	便利店

할인	discount	割引	折扣
헬멧	helmet	ヘルメット	头盔
갈아타다	to transfer one to another	乗り換える	换乘
환승하다	to transfer one to another	乗り換える	换乘
벨을 누르다	to press[ring] the bell	降車ボタンを押す	按电铃
자리가 없다	There is no seat	席がない	没有位子

38 숙박시설　Accommodations ｜ 宿泊施設 ｜ 住宿设备

객실	room	客室	客厅
게스트하우스	guest house	ゲストハウス	招待所
날짜	date	日にち	日期
레지던스	serviced residence	レジデンス	服务公寓（是酒店的一种）
리조트	resort	リゾート	度假村（resort）
모텔	motel	モーテル	宾馆（韩式motel）
민박	B&B(bed and breakfast)	民泊	民宿
방값	room charge	宿泊代	房费
성수기	peak season	繁忙期	旺季
숙박기간	length of stay	宿泊期間	住宿期限
숙박비	lodging charge, hotel bill[rate]	宿泊費	住宿费
숙소	lodging, accommodation	宿	住所
여관	inn	旅館	旅馆
요금	rate	料金	费用
찜질방	Jjimjilbang, Korean dry sauna	チムジルバン(韓国式サウナ)	桑拿房
콘도(미니엄)	resort condominium	コンドミニアム	公寓式酒店
펜션	resort pension	ペンション	私人小旅馆
호텔	hotel	ホテル	酒店
머무르다	to stay	泊まる	停留，停驻
방을 예약하다	to reserve[book] a room	部屋を予約する	预约客房
방을 잡다	to reserve[get] a room	部屋を取る(予約する)	找房间，订房间
숙소를 정하다	to choose[arrange] accommodation	宿を決める	选择住所

39 음식　Food ｜ 食べ物 ｜ 食物

갈비	Galbi(rib)	カルビ	排骨
감자튀김	a fried potato, a potato chip	チップ	油炸马铃薯
고추장	Gochujang (red pepper paste)	コチュジャン	辣椒酱
김밥	Gimbap (dried laver rice roll)	のりまき	紫菜包饭
김치찌개	Kimchi-jjigae (kimchi stew)	キムチチゲ	泡菜汤
나물	Namul (seasoned wild vegetables)	ナムル	野菜, 蔬菜
냉면	Naengmyeon (Korean cold noodles)	冷麺	冷面
된장찌개	Deonjang-jjigae (soybean paste stew)	テンジャンチゲ	大酱汤
떡볶이	Tteokbokki	トッポッキ	炒年糕
라면	instant noodles, ramen	ラーメン	拉面，方便面
맛	taste	味	味道
보쌈	Bossam (boiled port wrapped in greens)	ポッサム	菜包白切肉

분식	snack	プンシク（韓国の軽食）	面食
불고기	Bulgogi, Korean barbecue	ブルコギ	烤肉
비빔밥	Bibimbap (rice mixed with vegetables)	ビビンパ	拌饭
삼겹살	Pork belly, bacon	サムギョプサル	五花肉
삼계탕	Samgyetang (chicken soup with ginseng)	サムゲタン	参鸡汤
샤브샤브	shabu-shabu, hot pot	しゃぶしゃぶ	火锅
설렁탕	Seolleongtang (beef soup with rich stock)	ソルロンタン	牛杂碎汤
스테이크	stake	ステーキ	牛排
스파게티	spaghetti	スパゲッティ	意大利面
양식	Western dish	洋食	西餐
요리방법	way of cooking	料理法	料理方法，烹饪方法
음식	food	食べ物	食物
일식	Japanese food	日本料理・和食	日式料理
자장면	Jajangmyeon (black-bean-sauce noodles)	ジャージャー麺	炸酱面
잡채	Japchae (glass noodles mixed with vegetables and pork)	チャプチェ	杂烩
종류	kind, sort	種類	种类
중식	Chinese food	中華料理	中餐
짬뽕	Jjamppong (spicy noodles with seafood soup)	チャンポン	海鲜面
초밥	sushi	寿司	饭团
치킨	(fried) chicken	チキン	炸鸡
탕수육	sweet and sour pork	酢豚	糖醋肉
패스트푸드	fast food	ファーストフード	快餐
피자	pizza	ピザ	比萨，也译作披萨，匹萨
한식	Korean food	韓国料理	韩食，韩国料理
해물탕	seafood stew	海鮮鍋	海鲜汤
햄버거	hamburger	ハンバーガー	汉堡包
회	sashimi	刺身	生鱼片
굽다	to grill, to roast	焼く	烤
끓이다	to boil	煮る	煮
만들다	to make	作る	做
볶다	to stir-fty	炒める	炒
비비다	to mix	混ぜる	拌
요리하다	to cook	料理する	料理
느끼하다	to be greasy	油っこい	腻，油腻
달다	to be sweet	甘い	甜
맵다	to be hot, to be spicy	辛い	辣
시다	to be sour	すっぱい	酸
싱겁다	to be bland	(味が)薄い	淡
싸다	to wrap	安い	包
쓰다	to be bitter	苦い	苦
짜다	to be salty	しょっぱい	咸

수도꼭지를 틀다	to turn the faucet on	蛇口をひねる	打开水龙头
전자레인지에 돌리다	to cook by microwave	電子レンジで温める	用微波炉加热

41 방과 화장실 Room and Bathroom | 部屋および洗面所 | 房间和洗手间

거울	mirror	鏡	镜子
린스	hair conditioner	リンス	护发素
면도기	razor	かみそり	刮胡刀
바디클렌저	body cleanser	ボディソープ	沐浴露
베개	pillow	枕	枕头
변기	toilet	便器	马桶
블라인드	window blind	ブラインド	百叶窗
비누	soap	石けん	肥皂
샤워기	shower	シャワー	淋浴器
선반	shelf, rack	棚	置物架
세면대	sink, washbasin	洗面台	洗漱台
수건	towel	タオル	毛巾
스탠드	table lamp	スタンド	台灯
시트	sheet	シート	床单
옷장	closet	たんす	衣橱
욕조	bathtub	浴槽	浴缸
의자	chair	椅子	椅子
이불	duvet, blanket	布団	被子
책장	bookshelf	本棚	书桌
치약	toothpaste	歯磨き粉	牙膏
침대	bed	ベッド	床
칫솔	toothbrush	歯ブラシ	牙刷
클렌징폼	foaming cleanser	洗顔フォーム	泡沫洁面乳
화장지	toilet paper	ティッシュ	卫生纸
걸다	to hang	掛ける	挂
닦다	to wipe, to clean	磨く	擦
면도하다	to shave	剃る	刮胡子
묻히다	to apply, to coat	つける	使~沾上
알람 시계를 맞추다	to set the alarm clock	目覚まし時計をセットする	设闹钟

42 거실 Living Room | 居間 | 客厅

소파	sofa, couch	ソファー	沙发
스위치	switch	スイッチ	开关
스피커	loudspeaker	スピーカー	音响
신발장	shoe rack[shelf]	靴箱	鞋柜
액자	picture frame	額	相框
전화기	telephone	電話機	电话机
커튼	curtain	カーテン	窗帘
콘센트	(wall) socket, outlet	コンセント	插座
쿠션	cushion	クッション	垫子, 坐垫

탁자	table	テーブル	桌子
텔레비전	television	テレビ	电视
현관문	front door	玄関	室外门，玄关
화분	flower pot	鉢植え	花盆
콘센트에 꽂다	to plug into an outlet	コンセントに差し込む	插入插座

43 집의 구조　House layout ｜ 住居 ｜ 家

경비실	security office	警備室	警卫室
단독 주택	detached house	一戸建て	独立住宅，独门独户
단지	complex	団地	区，单元
담장	wall, fence	塀	院墙，围墙
대문	gate	門	大门
동	apartment building	棟	栋
마당	yard	庭	院子
베란다	veranda	ベランダ	阳台
쓰레기통	garbage can, dustbin	ごみ箱	垃圾桶
아파트	condo, apartment	アパート	公寓
옥상	rooftop	屋上	屋顶
입구	entrance	入り口	入口
잔디	grass, lawn	芝生	草坪
장독대	jangdokdae (platform for sauce jars)	甕(かめ)を置く台	（放泡菜或酱的）坛子
정문	main gate[entrance]	正門	正门
정원	garden	庭園	庭院
주차장	parking lot	駐車場	停车场
지붕	roof	屋根	屋顶
층	floor, level	階	层
동료	colleague	同僚	同事
빨래를 널다	to hang out laundry	洗濯物を干す	晾衣服
택배를 맡기다	to leave a parcel	宅配物を預ける	寄放包裹

44 집의 종류　Types of houses ｜ 住居の種類 ｜ 家（住宅）的种类

고시원	small rented room with public bath	コシウォン(公務員や司法試験受験生のための勉強部屋)	考试院
고시텔	small rented room with private bath	コシテル(造語：コシウォン＋ホテル、コシウォンよりも設備がよい)	考试旅馆
교통	transportation	交通	交通
기숙사	dormitory	寮	宿舍
도심	downtown	都心	市中心
아파트	apartment	マンション	公寓
오피스텔	efficiency apartment, residential office	オフィステル(造語：オフィス＋ホテル、事務所兼住居に使える部屋)	（廉价的）办公用楼
원룸	efficiency[studio] apartment	ワンルーム	独居，单人间
하숙집	boarding house, homestay house	下宿	寄宿家庭
하숙비	room and board charges	下宿代	寄宿费
호	house number	号	号

45 직업 Jobs | 職業 | 职业

가수	singer	歌手	歌手
간호사	nurse	看護師	护士
과학자	scientist	科学者	科学家
꿈	dream	夢	梦
미용사	hairdresser, hairstylist	美容師	美发师
배우	actor[actress]	俳優	演员
변호사	lawyer	弁護士	律师
선생님	teacher	先生	老师
소방관	fire fighter	消防士	消防员
운동선수	athlete	運動選手	运动员，运动选手
의사	doctor	医者	医生
장래희망	future dream	将来の希望	志向
직업	job, occupation, profession	職業	职业
통역사	interpretor	通訳(者)	翻译（员）
회사원	company staff	会社員	公司职员
도와주다	to help	手伝う	给予帮助
물어보다	to ask	尋ねる	询问
존경하다	to respect	尊敬する	尊重
기분이 좋다	to feel good	気分がいい	心情好
잘못하다	to perform poorly	間違える	做错
직업에 대해서	about one's job	職業について	对于职业
통역사가 되다	to become an interpretor	通訳になる	成为翻译
회사에 다니다	to work for a company	会社に通う	在公司上班

46 회사생활 Office Life | 会社の生活 | 公司生活

동료	colleague, coworker	同僚	同事
서류	document	書類	文件
자료	material	資料	资料
프레젠테이션	presentation	プレゼンテーション	发表
프로젝트	project	プロジェクト	项目
회식	dining together, coperate dinner	飲み会	会餐
회의록	proceedings, manuals	会議録	会议记录
복사하다	to photocopy	コピーする	复印
출근하다	to go to work	出勤する	上班
퇴근하다	to leave work	退勤する	下班
발표를 하다	to present	発表をする	发表
보고서를 작성하다	to make[write] a report	報告書を作成する	写报告书
이메일을 확인하다	to check one's e-mail	メールを確認する	确认电子邮件
출장을 가다	to go on a business trip	出張する	出差

47 회사와 사무실 Business and Office | 会社とオフィス | 公司与办公室

| 게시판 | bulletin board | 掲示板 | 留言板 |
| 다이어리 | diary, planner | ダイアリー | 日记 |

복도	hallway, corridor	廊下	走廊
복사기	photocopier, copy machine	コピー機	复印机
비상구	emergency[fire] exit	非常口	紧急出口
사원증	staff ID card	社員証	员工卡
사장실	president's office	社長室	经理室
서랍	drawer	引き出し	抽屉
소화기	fire extinguisher	消火器	灭火器
쓰레기통	wastebasket	ごみ箱	垃圾桶
자판기	vending machine	自動販売機	自动售货机
정수기	water purifier	浄水器	饮水机
출입구	doorway, entrance	出入口	进出口
파일	file	ファイル	文件
팩스	fax machine	ファックス	传真
회의실	meeting[conference] room	会議室	会议室
휴게실	lounge	休憩室	休息室
보고하다	to report	報告する	作报告
용지가 떨어지다	to be out of paper	(用)紙がなくなる	纸张用完了

48 학교　School ｜ 学校 ｜ 学校

강의	lecture	講義	课
고등학교	high school	高校	高中
고등학생	high school student	高校生	高中生
결석	absence	欠席	缺席
기말고사	final exam	期末試験	期末考试
나이	age	歳	年龄
노인대학	elder college	シルバー大学	老年大学
대학교	university, college	大学	大学
대학생	university[college] student	大学生	大学生
대학원	graduate school	大学院	研究生院
대학원생	graduate student	大学院生	研究生
박사	Ph.D.	博士	博士
방학	vacation	休み	放假
사이버대학교	cyber[online] university	通信制大学	网络大学
상	award, prize	賞	奖
석사	master's degree	修士	硕士
성적	grade, mark	成績	成绩
성적표	report card	成績表	成绩表
수업	class, lesson	授業	上课
어린이	child	子ども	小孩
유치원	kindergarten	幼稚園	幼儿园
유치원생	kindergartener	幼稚園生	幼儿园学生
장학금	scholarship	奨学金	奖学金
중간고사	midterm exam	中間試験	期中考试
초등학교	elementary school	小学校	小学
초등학생	elementary school student	小学生	小学生

출석	attendance	出席	出席，出勤
학교	school	学校	学校
학교 생활	school life	学校生活	学校生活
학생	student	学生	学生
학위	degree	学位	学位
학점	grade	(学科履修の)単位	学分
한글	Hangeul, Korean alphabet	ハングル	韩字
결석하다	to be absent	欠席する	缺勤
다니다	to go, to attend	通う	上，去，探，来往
발표하다	to present	発表する	发表
방학하다	to be on vacation	(学校が)休みになること	放假
배우다	to learn	学ぶ	学习
입학하다	to enter a school	入学する	入学
수강 신청하다	to register a lecture[course]	受講の申し込みをする	选课申请
졸업하다	to graduate	卒業する	毕业
출석하다	to attend	出席する	出勤
강의를 듣다	to take a lecture	講義を受ける	听课
대학원에 가다	to go to graduate school	大学院に進学する	上研究生（院）
보고서를 내다	to submit[send in] a report	報告書を出す	提交报告
성적을 받다	to get a grade	成績をとる	取得成绩
수업을 받다	to take a class	授業を受ける	上课
수업이 있다	to have a class	授業がある	有课
시험을 보다	to take an exam	試験を受ける	考试
출석을 잘 하다	to attend diligently	休まずにきちんと出席している	出勤好
학기가 시작하다	a semester starts	新学期が始まる	新学期开始

49 중학교와 고등학교　Middle and High School ｜ 中学校および高校 ｜ 初中与高中

가을 소풍	autumn excursion[picnic]	秋の遠足	秋游
강당	hall, auditorium	講堂	讲堂
게임	game	ゲーム	游戏
공책	notebook	ノート	笔记本
과학	science	科学	科学
교무실	teacher's toom	職員室	教务室
교문	school gate	校門	校门
교복	school uniform	制服	校服
교실	classroom	教室	教室
교탁	lectern for teacher	教卓	讲台
국어	the national language (Korean)	国語	语文
규칙	rule, regulation	規則	规则
미술	art	美術	美术
미술실	art room	美術室	美术室
복도	hallway, corridor	廊下	走廊
봄 소풍	spring excursion[picnic]	春の遠足	春游
분필	chock	チョーク	粉笔
사회	society, sociology	社会	社会

선생님	teacher	先生	老师
수학	mathematics	数学	数学
수학여행	school trip	修学旅行	修学旅行
시간표	time table	時間割	时间表
시설	facility	施設	设备
실험실	science lab	実験室	实验室
역사	history	歴史	历史
영어	English	英語	英语
운동장	playground	運動場	操场
음악	music	音楽	音乐
음악실	music room	音楽室	音乐室
의자	chair	椅子	椅子
자율학습	self-study	自習	自习
장기 자랑	talent show	出し物・余興	专长表演
지도	map	地図	地图
책가방	schoolbag, backpack	通学用かばん	书包
책상	desk	机	书桌
체육	physical education(PE)	体育	体育
칠판	blackboard	黒板	黑板
칠판지우개	blackboard eraser	黒板消し	黑板擦
필통	pencil case	筆箱・ペンケース	笔筒
학생식당	school cafeteria	学食	学生食堂
학생	student	学生	学生
결석하다	to be absent	欠席する	缺勤
지각하다	to be late	遅刻する	迟到

50 대학교　College ｜ 大学 ｜ 大学

MT	excursion (the short form of membership training)	合宿(造語:membership training の略)	新生集体旅行
강사	lecturer	講師	讲师
과 방	department room	(学科の)研究室・ゼミ室	系学生休息室
교수	professor	教授	教授
교수 연구실	professor's office	(教授の)研究室	教授研究室
기말고사	final exam	期末試験	期末考试
농구코트	basketball court	バスケットコート	篮球场
도서관	library	図書館	图书馆
동아리방	club room	サークルルーム	社团房间
보고서(리포트)	report	レポート	报告（书）
보드마카	board marker	ホワイトボード用のペン	白板笔
본관	main building	本館	本馆，主楼
선배	senior student	先輩	前辈
스크린	screen	スクリーン	屏幕
신입생	freshman	新入生	新生
여름방학	summer vacation	夏休み	暑假
운동장	playground	運動場	操场

정문	main gate[entrance]	正門	正门
축제	festival	学園祭	庆典
캠퍼스	campus	キャンパス	校园
컴퓨터	computer	コンピューター	电脑
테니스장	tennis court	テニスコート	网球场
프로젝터	overhead projector	プロジェクター	投影仪
학과 사무실	department office	学務室・教務室	系办公室
학번	year number of colleage entrance, student number	学生番号	学号
학생 식당	college cafeteria	学生食堂	学生食堂
학생회관	student union building	学生会館	学生会馆
화이트보드	whiteboard	ホワイトボード	白板
후배	junior student	後輩	后辈

K-POP	Korean pop music	韓国の大衆音楽	韩国的大众音乐
그림 그리기	drawing	絵を描くこと	画画
꽃꽂이	flower arrangement	生け花	插花
낚시	fishing	釣り	钓鱼
노래하기	singing	歌を歌うこと	唱歌
당구 치기	playing billiards	ビリヤードをすること	打台球
댄스	dancing	ダンス	舞蹈
독서	reading books	読書	读书
등산	mountain climbing	登山	登山
뜨개질	knitting, crochet	編み物	（针）织
바둑 두기	playing Baduk[igo]	碁を打つこと	下围棋
사진 찍기	taking pictures	写真を撮ること	照相
쇼핑	shipping	ショッピング	逛街购物
여기저기	here and there	あちこち	到处
여행	traveling	旅行	旅行
영화 감상	watching movies	映画鑑賞	电影欣赏
요리	cooking	料理	料理
우표 수집	collecting stamps	切手集め	集邮
운동	exercising	運動	运动
음악 감상	listening to music	音楽鑑賞	音乐欣赏
장기 두기	playing Janggi[Korean chess]	将棋を指すこと	下象棋
취미	hobby	趣味	兴趣
컴퓨터 게임하기	playing a computer game	パソコンゲームをすること	玩电脑游戏
피아노 치기	playing the piano	ピアノを弾くこと	弹钢琴
새롭다	to be new	新しい	新的
보통	usually	大抵	普通，通常
요즘	these days, recently	最近	最近
자주	often	頻繁に	经常
시간이 나다	to have spare time	時間があく	有空
시간이 있다	to have time	時間がある	有时间

index

유도	judo	柔道	柔道
유도복	judo suit	柔道着	柔道服
인라인스케이트	inline skate	インラインスケート	溜冰鞋
자전거	bicycle	自転車	自行车
조깅	jogging	ジョギング	慢跑
축구	soccer, football	サッカー	足球（体育运动项目）
축구공	soccer ball	サッカーボール	足球（足球比赛时用的球）
축구장	soccer field	サッカー場	足球场
축구화	soccer shoes	サッカーシューズ	足球鞋
탁구	table tennis	卓球	乒乓球（体育运动项目）
탁구공	table tennis ball	ピンポン球	乒乓球（乒乓球比赛时用的球）
탁구채	table tennis racket	卓球ラケット	乒乓球拍
태권도	taekwondo	テコンドー	跆拳道
태권도복	taekwondo uniform	テコンドー着	跆拳道服
태권도장	taekwondo gym	テコンドー道場	跆拳道场
테니스	tennis	テニス	网球（指运动）
테니스공	tennis ball	テニスボール	网球
테니스채	tennis racket	テニスラケット	网球拍
헬스클럽(헬스장)	gym, fitness center	フィットネスクラブ・スポーツジム	健身俱乐部（健身场）
치다	to hit	打つ	打（乒乓球，羽毛球等）
타다	to ride, to do (skiing, skating, etc.)	乗る	骑，乘
하다	to do	する	做

53 영화　Movie ｜ 映画 ｜ 电影

가족	family	家族	家人
공포	horror	恐怖	恐怖
관	hall, screen (in a multiplex)	館	馆
로맨스	romance	ロマンス	浪漫，罗曼史
매진	sold out	売り切れ・完売	卖光，售空
뮤지컬	musical	ミュージカル	音乐剧
스릴러	thriller	ホラー	惊悚
애니메이션	animation	アニメーション	动画
액션	action	アクション	武打
열	row	列	列
영화배우	actor[actress]	映画俳優	电影演员
자리	seat	席	座位
장르	genre	ジャンル	体裁
장면	scene	場面	场面
전쟁	war	戦争	战争
주인공	hero[heroine], leading character	主人公	主人公
코미디	comedy	コメディー	喜剧
매진되다	to be sold out	売り切れる・完売する	卖光了，售空了（自动词）
상영하다	to screen, to show	上映する	放映

영화를 찍다	to make[film] a movie	映画を撮る	拍电影

54 음악　Music ｜ 音楽 ｜ 音乐

OST	original sound track	オリジナル・サウンドトラック	（影视，动漫等的）电影原声音乐
R&B	rhythm and blues	リズム・アンド・ブルース	R&B（节奏蓝调）
가사	lyrics	歌詞	歌词
가수	singer	歌手	歌手
가요	pop song	歌謡	歌谣
공연	performance, show	公演	公演
국악	the national music (Korean music)	国楽	国乐
기타	guitar	ギター	吉它
꽹과리	Kkwaenggwari (Korean small gong)	ケンガリ(小型のドラ)	锣
단소	Danso (Korean short bamboo flute)	タンソ(竹製のたて笛)	短箫
동요	children's song	童謡	童谣
드럼	(western) drum	ドラム	鼓(西洋打击乐器的一种)
록	rock	ロック	摇滚
뮤지션	musician	ミュージシャン	音乐家
바이올린	violin	バイオリン	小提琴
발라드	ballad	バラード	情歌；叙事歌
북	drum	太鼓	鼓(韩国打击乐器的一种)
연주자	performer, player	演奏者	演奏家
작곡가	composer	作曲家	作曲家
장구	Janggu (Korean hourglass-like drum)	チャング(細腰鼓)	长鼓
재즈	jazz	ジャズ	爵士
첼로	cello	チェロ	大提琴
클래식	classical music	クラシック	古典
트로트	trot (a genre of Korean pop music)	トロット(韓国の演歌)	trot，韩国早期流行音乐
팝송	pop song (from English speaking countries)	ポップス	通俗歌曲
플루트	flute	フルート	长笛
피아노	piano	ピアノ	钢琴
해금	Haegeum (Korean string instrument)	ヘグム(擦弦楽器)	奚琴 （类似二胡）
힙합	hip hop	ヒップホップ	hippop，嘻哈
불다	to blow, to wind	吹く	吹(长笛等等)
켜다	to play, to saw	弾く	拉(小提琴，大提琴等等)

55 동호회　Clubs ｜ 同好会 ｜ 俱乐部

가방	bag	かばん	包
건강	health	健康	健康
낚시	fishing	釣り	钓鱼
낚싯대	fishing pole[rod]	釣り竿	钓鱼竿
누구든지	anyone	誰でも	任何人
동호회 회원	club[society] member	同好会のメンバー	俱乐部会员
등산	mountain climbing, hiking	登山	登山
라틴댄스	Latin dance	ラテンダンス	拉丁舞

룸바	rumba	ルンバ	伦巴舞
리본아트	ribbon crafts	リボンアート	工艺（用绸带做的工艺品）
물고기	fish	魚	鱼
수공예	hand crafts	手工芸	手工艺
스트레스	stress	ストレス	压力
옷	clothes	服	衣服
인터넷 카페	online community site	インターネットカフェ	网络咖啡屋
자이브	jive	ジャイブ	摇摆舞、捷舞，牛仔舞
자전거 전용 도로	bicycle lane	サイクリング・ロード	自行车专用道路
정모	regular gathering	定例会	定例会
직접	oneself, with one's own hands	直接	亲自，直接
차차차	cha-cha	チャチャチャ	恰恰舞
축구	soccer, football	サッカー	足球
탱고	tango	タンゴ	探戈舞
테디베어	teddy bear	テディ・ベア	泰迪熊
헬맷	helmet	ヘルメット	头盔
회비	membership fee[dues]	会費	会费
가입하다	to join	入会する	加入

56 한국의 명절　Korean Holidays | 韓国の祝日 | 韩国的节日

강강술래	Ganggangsullae (Korean circle dance)	カンガンスルレ（女性が歌いながら輪になって踊る遊び）	圆圈舞
그네뛰기	riding a swing	クネティギ(ぶらんこ遊び)	荡秋千
단오	Dano	端午	端午
떡국	Tteokguk (rice-cake soup)	韓国風雑煮	年糕汤
명절	holiday	韓国の祝祭日	节日
부럼	Bureom (hard nuts)	栗、胡桃、銀杏、落花生、松の実などの堅果類	（正月十五人们嗑的栗子、松子等带硬皮的）干果
설날	Lunar New Year's Day	正月	春节（大年初一）
성묘	visiting family graves	墓参り	扫墓
세뱃돈	New year's cash gift, handsel	お年玉	压岁钱
송편	Songpyeon (stuffed rice cake)	ソンピョン	松饼（中秋节的代表性食物）
씨름	Ssireum (Korean wrestling)	シルム(韓国式相撲)	摔跤
양력	solar calender	陽暦	阳历
연날리기	kite-flying	凧揚げ	放风筝
오곡밥	Ogokbap (rice with five cereals)	五穀飯	五谷饭
윷놀이	Yunnori, playing yut	ユンノリ（４本の棒を使った韓国式すごろく）	投骰游戏
음력	lunar calender	陰暦	阴历
정월 대보름	the first full moon of the year	小正月(旧暦の1月15日)	元宵节
조상	ancestor	先祖	祖宗
쥐불놀이	Jwibullori (setting and spinning fire)	チブルノリ（豊作を祈る火遊び）	点鼠火游戏
추석	Chuseok (Korean thanksgiving)	中秋節(陰暦8月15日)	中秋
한가위	Hangawi (=추석)	中秋節(陰暦8月15日)	中秋节
세배하다	to take a New Year's bow	年始回りをする	拜年

차례를 지내다	to perform an ancestral ritual	祭祀を執り行なう	祭祀
창포물에 머리를 감다	to wash one's hair with sweet flags infused water	菖蒲湯で髪を洗う	用菖蒲水洗头

57 놀이   Games ｜ 遊び ｜ 游戏

가위바위보	rock-paper-scissors	じゃんけん	剪刀石头布
고무줄	rubber[elastic] band	ゴムひも	橡皮筋
고무줄놀이	jumping-over-rubber-band game	ゴム飛び	跳皮筋儿
공기	gonggi	お手玉	子儿
공기놀이	a game with marbles (gonggi)	お手玉遊び	抓子儿游戏
구슬	marble	ビー玉	玻璃珠
구슬치기	play marbles	ビー玉遊び	弹玻璃球
굴렁쇠	hoop	フラフープ	铁环
굴렁쇠 굴리기	rolling[trundling] a hoop	フラフープ回し	滚铁环
널뛰기	Neolttwigi (Korean seesawing)	板跳び	跳跳板
놀이	play, game	遊び	游戏
마당	yard	庭	院子
보드 게임	board game	ボードゲーム	棋牌游戏
보드 게임방	board game cafe	ボードゲームカフェ	棋牌游戏房
소꿉놀이	playing house	ままごと遊び	过家家游戏
술래	tagger, it	(遊びの中での)おに	（捉迷藏游戏中）找人者
숨바꼭질	hide-and-seek	かくれんぼう	捉迷藏
얼음	ice	氷	冰
연	kite	凧	风筝
연날리기	kite-flying	凧揚げ	放风筝
윷	Yut (4 semicircle wooden sticks)	ユッ(ユンノリに使う棒)	翻板子
윷놀이	Yunnori, playing yut	ユンノリ（4本の棒を使った韓国式すごろく）	投骰游戏
인형	doll	人形	玩偶
인형놀이	playing with dolls	人形遊び	玩偶游戏
제기	Jegi (small weight with tassel)	チェギ(紙で巻いた小銭)	毽子
제기차기	Jegichagi, kicking jegi	チェギチャギ（紙で巻いた小銭を地面に落とさないように蹴る遊び）	踢毽子（游戏）
줄넘기	jump rope	縄跳び	跳绳（游戏）
컴퓨터 게임	computer game	コンピューターゲーム	电脑游戏
투호	Tuho (throwing arrows)	トゥホ（矢を壺の中に投げ入れる遊び）	套圈儿（游戏）
팽이	top	こま	陀螺
팽이치기	top-spinning game	こま回し	玩陀螺
모으다	to gather	集める	攒（钱），聚集
게임에서 이기다	to win a game	ゲームに勝つ	比赛赢了
게임에서 지다	to lose a game	ゲームに負ける	比赛输了

58 특별한 음식   Special Dishes ｜ 特別な食事 ｜ 特别的食物

갈비탕	Galbitang (beef rib soup)	カルビタン	排骨汤

국수	noodles	グクス（麺類の総称）	面条
귀밝이술	ear-quickening wine	クィバリスル(耳がよく聞こえるようになる酒)	耳明酒（阴历正月十五早晨喝的酒）
나물	Namul (seasoned wild vegetables)	ナムル（野菜のあえもの）	野菜, 蔬菜
닭찜	Chicken stew	タクチム（鶏の蒸し焼き）	清蒸鸡
동치미	Dongchimi (watery radish kimchi)	トンチミ（キムチの一種で香辛料を入れた薄い塩水に大根を漬けたもの）	腌萝卜泡菜
떡국	Tteokguk (rice-cake soup)	韓国風雑煮	年糕汤
만두	Dumpling	韓国風餃子	饺子
백설기	Baekseolgi (steamed rice cake)	ペクソルギ（米粉を蒸して作った餅）	白蒸糕
복날	canicular day	暑気払いのために滋養食を食べる日	伏天
뷔페	buffet	バイキング、ビュッフェ	自助餐
송편	Songpyeon (stuffed rice cake)	ソンピョン	松饼（中秋节时韩国人吃的糕饼）
수수경단	Susugyeongdan (ball-shaped rice cake with sorghum flakes)	きび団子	高粱（糯米）团子
수정과	Sujeonggwa (cinnamon and persimmon punch)	スジョンガ	柿饼汁
식혜	Ssikhye (sweet rice punch)	シッケ（韓国風甘酒）	米酿饮料
오곡밥	Ogokbap (rice with five cereals)	五穀飯	五谷饭
전	Jeon, Korean pancake	ジョン	煎饼
케이크	cake	ケーキ	蛋糕
팥죽	adzuki bean porridge	小豆粥	豆粥

59 한국의 예절 Korean Manners | 韓国のマナー | 韩国的礼仪

그릇	bowl, dish, plate	器	碗
어른	elders	目上の人	大人
돌리다	to turn	回る	转动
세배(하다)	to take a New Year's bow	新年の挨拶をする	拜年
인사하다	to greet	挨拶する	打招呼，问候
그릇을 들다	to lift up a bowl[dish]	器を持つ	端起碗
많이 드세요	Help yourself	遠慮なく召し上がってください	请多吃点
손을 흔들다	to wave one's hand	手を振る	挥手
술을 따르다	to pour a drink	酒を注ぐ	斟酒，倒酒
자리를 양보하다	to yield a seat up	席を譲る	让位
잘 먹었습니다	I've enjoyed the meal	ごちそうさまでした	我吃完了，我吃好了
허리를 숙이다	to bend the body[back]	腰をかがめる	弯腰（行礼）

60 기념일 Anniversaries | 記念日 | 纪念日

가정	family, home	家庭	家庭
개천절	National Foundation Day	建国記念日	开天节
공휴일	public holiday	祝祭日	公休日
과자	cracker, cookie, biscuit	お菓子	饼干
광복절	Independence Day	独立記念日	光复节

index

감탄사	interjection	感嘆詞	叹词
관형사	determiner	冠形詞	冠词
글	writing	文	文字
단락	paragraph	段落	段落
대명사	pronoun	代名詞	代词
동사	verb	動詞	动词
명사	noun	名詞	名词
문장	sentence	文章	句子，文章
수사	numeral	数詞	数词
조사	particle	助詞	助词
형용사	adjective	形容詞	形容词

거리	distance	距離	距离
나열	list	一覧	罗列
방법	way, method	方法	方法，方式
방향	direction	方向	方向
비교	comparison	比較	比较
선택	choice, selection	選択	选择
소개	introduction	はじめに	介绍
시간	time	時間	时间
장소	place, location	場所	地点
첨가	addition	添加	加入
한정	limitation	限定	限制
(으)로	with, to	〜で（手段、道具）、〜へ（方向）	用…（表示手段、方式）；表示方向
(이)나	or	〜や（列挙）	或者
(이)랑	and, with	〜と（主に会話で使用、動作の相手、並列）	…．．和…．
까지	until, to	〜まで	…．为止
도	also, as well	〜も	也
만	only	〜だけ	只有，只是
보다	than	〜より（比較）	比（用于比较时使用）
부터	from, since	〜から（時間）	从…．开始
에	at[on, in] (time); to[on, in] (place)	〜に、〜へ	助词，表示时间、目的地等
에게	to, for	（人・動物）〜に	助词，表示动作涉及的对象
에서	at, in	〜から（場所）	助词，表示动作所进行的场所，空间和时间的出发点等
와/과	and, with	〜と	和
은/는	(subjective case particle)	〜は	助词，表示对比、强调、主题
을/를	(objective case particle)	〜を、〜に	宾语助词
이/가	(subjective case particle)	〜が、〜は	主语助词

맛없다	to taste bad	まずい	不好吃
맛있다	to taste good, to be delicious	おいしい	美味
멀다	to be far	遠い	远
바쁘다	to be busy	忙しい	忙
밝다	to be bright	明るい	光明
배고프다	to be hungry	空腹だ	饿了
배부르다	to be full	満腹だ	饱了
불편하다	to be uncomfortable	不快である	不方便
비싸다	to be expensive	高い	贵
빠르다	to be fast	速い	快
쉽다	to be easy	簡単	容易
시끄럽다	to be noisy	うるさい	喧闹
싫다	to dislike, to hate	嫌い	讨厌
싸다	to be cneap	安い	便宜
어둡다	to be dark	暗い	黑暗
어렵다	to be difficult	難しい	难
없다	not to be, not to have	ない	没有
있다	to be, to have	ある、いる	有
작다	to be small	小さい	小
재미없다	to be uninteresting, to be boring	面白くない	没意思
재미있다	to be interesting, to be fun	おもしろい	有趣的
적다	to be small, to be few[little]	少ない	少
조용하다	to be quiet	静かである	安静
춥다	to be cold, to be chilly	寒い	冷
좋다	to be good	いい	好
짧다	to be short	短い	短
차갑다	to be cold, to be icy	冷たい	冰
크다	to be big, to be large	大きい	大
편하다	to be comfortable	楽だ	方便，舒服
피곤하다	to be tired	疲れている	疲倦
힘들다	to be hard, to be tough	難しい	累，困难

4 동사 – 가다/오다/하다   Go/Come/Do | 同社-行く/織田/である | 动词-去/来/做

게임하다	to play a game	ゲームする	玩游戏
공부하다	to study	勉強する	学习
나가다	to go out, to leave	出る、出かける	出去
나오다	to come out	出る、出てくる	出来
내려가다	to go down	降りる、下りてゆく	下去
내려오다	to come down	降りる、下りてくる	下来
노래하다	to sing	歌う	唱歌
돌아가다	to go back	帰る	回去
돌아오다	to come back	帰ってくる	回来
들어가다	to go into, to enter	入る	进去
들어오다	to come in(to), to enter	入ってくる	进来
사랑하다	to love	愛する	爱

샤워하다	to take a shower	シャワーする	淋浴
쇼핑하다	to shop	ショッピングする	购物
올라가다	to go up	上がる、登る	上去
올라오다	to come up	上がってくる	上来
만	only	～だけ	只，仅仅
보다	than	～より	比（用于比较时）
부터	from, since	～から	助词，表示时间、地点、或者事情的起点，相当于汉语中的"从"
에	at[on, in] (time); to[on, in] (place)	～に、～へ（場所、期間など）	助词，表示时间、目的地等
컴퓨터하다	to use a computer	コンピュータをする	用电脑
거기	there	そこに	那里（离听话人较近的地方）
여기	here	ここ	这里
저기	there, over there	そこ	那里（离说话人或听话人较远的地方）

5 불규칙 동사 Irregular Verbs | 不規則動詞 | 不规则动词

걷다	to walk	歩く	步行
고르다	to choose, to select	選ぶ	选择
끄다	to turn off	消す	关掉
돕다	to help	助ける、手伝う	帮助
듣다	to listen, to hear	聞く	听
만들다	to make	作る	做
묻다	to ask	尋ねる、伺う	问
믿다	to believe	信じる	相信
받다	to get, to receive	受ける、もらう	收到
부르다	to call	呼ぶ	叫，唱（歌）
뽑다	to pick, to get (a drink from a vending machine)	抜く	抽，取
쓰다	to write	苦い	写
알다	to know	知る、わかる	知道
입다	to wear	着る、履く	穿
크다	to be big, to be large	大きい	大
그렇다	to be like that	そうだ	是的
길다	to be long	長い	长
노랗다	to be yellow	黄色い	黄的
다르다	to be different	違う	不同
빠르다	to be fast	速い	快
빨갛다	to be red	赤い	红的
아프다	to be sick, to be sore	痛い	生病
어렵다	to be difficult	難しい、大変だ	难
좁다	to be narrow	狭い	窄
좋다	to be good, to be nice	いい	好
춥다	to be cold, to be chilly	寒い	冷
힘들다	to be hard, to be tough	難しい	难

마흔	forty	四十	四十
명/분	unit for people; person	人/分	人/分钟
병	unit for bottles; bottle	病気	瓶
서른	thirty	三十	三十
쉰	fifty	五十	五十
스물	twenty	二十	二十
아흔	ninety	九十	九十
여든	eighty	八十	八十
열	ten	十	十
예순	sixty	六十	六十
일흔	seventy	七十	七十
개	piece, unit, item	～本、個	个
권	unit for books; copy (of a book)	～巻	本
그릇	unit for food; bowl (of food)	～杯、わん	碗
대	unit for cars	～台	台
리터	liter	リットル	升
마리	unit for animals	～匹	只
센티미터	centimeter	センチメートル	厘米
송이	unit for flowers or some fruits; bunch (of grape)	～輪（花など）	束，枝（量词）
잔	unit for drinks; glass (of water)	～杯	杯
장	unit for paper; piece (of paper)	～枚	张
칼로리	calorie	カロリー	卡路里
켤레	unit for shoes; pair (of shoes)	～足	双
퍼센트	percent	パーセント	百分比
2 분의 1	one-nalf	2分の1	二分之一

과거	past	過去	过去
미래	future	未来	未来
추측	conjecture	推測	推测
현재	present	現在	当前，现在
듣다	to listen, to hear	聞く	听
만들다	to make	作る	使，做

댁	house	お宅	住宅（家的尊称）
생신	birthday	誕生日	寿辰
성함	name	お名前	姓名
연세	age	お年（目上の人に歳をたずねる時）	年龄
계시다	to be, to exist	いらっしゃる	在
돌아가시다	to pass away	亡くなる	去世
드리다	to give	差し上げる	给

드시다	to eat, to drink	召し上がる	喝，吃
말씀하시다	to say, to tell	おっしゃる	说
있으시다	to have	おありだ	有
잡수시다	to eat	召し上がる	吃
주무시다	to sleep	お休みになる	睡觉

9 위치　Location ｜ 場所 ｜ 位置

위	the top	上	上边
아래	the foot, the bottom	下	下边
밑	the foot, the bottom	下、底	底下
옆	side	横	旁边
앞	the front	前	前边
뒤	back, the rear	後	后边
오른쪽	the right	右	右边
왼쪽	the left	左	左边
안	the inside, interior	内	里面
밖	the outside, exterior	外	外面
가운데	center, the middle	真ん中	中间
사이	gap, space (between)	間	…之间

10 관형형 어미　Adnominal Endings ｜ 冠形形語尾 ｜ 定语词尾

지금	now	今	现在
이미	already	すでに	已经
아까	a while ago, earlier	さっき	（作名词和副词）刚才，此前
이따가	later, after a while	後で	过一会儿